国内首套系统研究强势股战法丛书

炒股就炒强势股④

强势均线形态

操盘跟庄实战技法

明发◎著

中国经济出版社
CHINA ECONOMIC PUBLISHING HOUSE
北京

图书在版编目（CIP）数据

强势均线形态操盘跟庄实战技法／明发著.--北京：
中国经济出版社，2023.6

（炒股就炒强势股；④）

ISBN 978-7-5136-7328-0

Ⅰ.①强… Ⅱ.①明… Ⅲ.①股票交易-基本知识
Ⅳ.①F830.91

中国国家版本馆 CIP 数据核字（2023）第 090900 号

责任编辑　叶亲忠
责任印制　马小宾
封面设计　久品轩

出版发行　中国经济出版社
印　刷　者　北京富泰印刷有限责任公司
经　销　者　各地新华书店
开　　　本　710mm×1000mm　1/16
印　　　张　17.75
字　　　数　270 千字
版　　　次　2023 年 6 月第 1 版
印　　　次　2023 年 6 月第 1 次
定　　　价　68.00 元

广告经营许可证　京西工商广字第 8179 号

中国经济出版社 网址 www.economyph.com 社址 北京市东城区安定门外大街 58 号 邮编 100011
本版图书如存在印装质量问题，请与本社销售中心联系调换（联系电话：010-57512564）

国内股市是从 1990 年 12 月 19 日，时任上海市市长朱镕基在浦江饭店敲响上海证券交易所开业的第一声锣，开始踏上历史征程的；1991 年 7 月 3 日，深圳证券交易所也正式开业；当时上海证券交易所挂牌股票仅有 8 只，人称"老八股"（延中、电真空、大飞乐、小飞乐、爱使、申华、豫园、兴业）。2021 年 11 月 15 日，北京证券交易所揭牌开业，北京市委书记蔡奇与中国证监会党委书记、主席易会满共同为北京证券交易所揭牌并敲钟开市。从上海证券交易所开业至今的 30 多年来，股市虽风云变幻，但大盘指数整体上处于上涨态势，股票从当初的 8 只发展到如今的 5000 多只，市场机制正日趋走向成熟，市场监管越来越严格、力度也越来越大，股市投资越来越被广大民众所认识、接受、喜爱。

股市如人生，人生亦如股市，跌跌宕宕，起起伏伏；人生艰难，岁月知晓，股市艰辛，账户知道。股市作为证券投资交易市场，其实是一个零和博弈的市场，虽然所有投资者的机会都是平等的，但由于不同程度地受到诸如国内外经济形势不景气、上市公司信息造假、主力机构内幕交易、老鼠仓利益输送、投资者个人能力素质不足等因素的影响，能在股市中赚到钱的只是少数人，正所谓"七亏二平一赚"，多数人都承担着不同程度的亏损。

股市不同情弱者，马太效应（Matthew Effect）——"强者愈强、弱者愈弱"的现象，是国内股市的真实写照，也是做股票就要做强势股的依据。就目前形势而言，国内股市并不完全存在巴菲特所倡导的那种长期的价值投资机会，要想在股市上尽快赚到钱，寻找强势股进行短线操作，快进快出，是包括主力机构在内的广大投资者的较好选择。

大道至简，顺势而为，做强势股、做上升趋势，获利立竿见影。一般情况下，当天买入当天就能产生收益。市场上的许多大牛股、大黑马都是从强势股中走出来的。强势股中必定有主力机构在坐庄运作，主力机构操作一只股票，无论是有意还是无意，都会留下蛛丝马迹，这就为普通投资者操盘跟庄强势股提供了机遇。

做强势股、做上升趋势其实就是做强势节点，只做启动至拉升（拔高）这几节，就如竹笋破土见日成长最快的阶段，并在其生长速度变慢之前撤退离场，这样做不仅省时省力，还省资金。要想发掘强势股、抓住强势股，做强势节点，就必须学好基础理论，练好基本功，在操盘实践中真实感悟市场，不断累积实战经验，形成自己的操盘思路、操盘风格和操盘模式。

"炒股就炒强势股"系列丛书，以短线交易或短期行情操盘跟庄为主，运用大量实战案例，详细解析主力机构在操盘强势股过程中的思路、方法、技巧，举一反三，引导普通投资者准确分析和理解机构操盘手的操盘细节、做盘手法和操纵目的，精准把握买卖点，做到与庄同行，实现短线快速赢利。实战操盘中，普通投资者一定要结合目标股票股价在K线走势中所处的位置、成交量、均线形态等各种因素，进行综合分析研判后，慎重决策。

股市有风险，跟庄需谨慎。作者将20多年操盘跟庄强势股的经验和感悟诉诸笔端、融入书中，仅仅为普通投资者提供一些操盘跟庄的思路和技法，普通投资者千万不能照搬照抄，一定要根据手中目标股票的具体情况，通盘分析考虑后再做出是否买卖的决策。

路虽远，行则将至；事虽难，做则必成。做股票如同盖房子一样，要从打基础开始，既要有丰富的理论知识，又要有足够的经验教训积累。本人虽然从事证券投资20多年，但在证券专业知识结构、投资理念风格、操盘风险控制等方面还有薄弱环节，必然导致本书会有一些缺失和不足。还请各路投资大家和读者批评指正。

真心希望本书对读者有所启发和帮助。

CONTENTS 目 录

第一章 强势均线形态

第二章 常用均线的实战运用

第三章 均线组合与实战运用

第一章

▼

强势均线形态

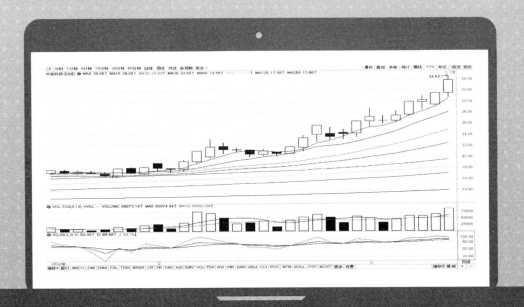

均线，全称为移动平均线，英文简称为 MA，是指一定交易时间内的算术均线。它是以收盘价为数据，利用加权平均算法为公式推算出来的一根曲线，用来显示股价或指数的历史波动情况。比如某只股票的 5 日均线，就是该股 5 个交易日的收盘价之和再除以 5，形成 5 日平均点，然后依次连成线即形成 5 日均线。

均线又可称为成本线，它代表一定时间内买入股票的平均成本，反映了股价在一定时期内的强弱和运行趋势。所以，均线也可称为趋势线，既可以用来追踪既往股价或指数的走势变化情况，又可以根据过去股价或指数的走势变化情况，预测后市的发展趋势，为广大投资者提供操盘和决策依据。

均线既然是趋势线，那么，其运行就具有方向性和角度性。方向性是指，当均线向上运行时，股价或指数整体趋势应该是向上的；当均线黏合（或平行）运行时，股价或指数的整体趋势应该是横盘震荡状态；当均线向下倾斜时，股价或指数的整体趋势应该是趋于下跌的。角度性是指均线向上或向下的倾斜程度，即股价或指数运行方向的强弱程度。投资者可以根据均线的运行方向和角度，来研判股价或指数运行的发展趋势以及这种趋势的强弱程度。当然，均线的运行方向和角度是不断变化的，这是由股价或指数运行（涨跌）的发展趋势所决定的。

均线形态，是均线系统本身在一定时间和一定条件下，反映出的股价或指数运行方向和运行趋势的表现形式。这种表现形式按照均线系统排列的样式，可以分为多头、空头、平行（黏合）和交叉等均线形态。

强势均线形态，是指均线系统在一定时间和一定条件下，反映出的股价或指数向上运行的表现形式。当股价或指数呈上升趋势时，均线起着支撑或助涨的作用。均线形态越上翘，对股价或指数的支撑或助涨作用就越明显。

比如多头排列、黄金交叉、黏合向上发散等均线形态。

第一节　读懂均线

均线是技术指标中的重要指标之一，是投资者常用的关键的技术分析工具。它是一个时间区间内平均价格和趋势的反映，通过均线，我们可以直观地看见过去一个时间区间内股价的总体运行情况，对我们实战操盘有着重要的指导意义。但由于均线的滞后性特征，我们在研判个股发展趋势或操盘跟庄时，还要结合其他技术指标进行综合分析判断。

一、均线的本质

简单地说，均线就是将一个时间区间内每天的收盘价统计平均，然后将得到的各平均值连成线。不论短期均线、中期均线还是长期均线，其本质意义都是反映股价在不同周期内的平均成本，是平均成本平滑运行的趋势。其主要作用是消除股价随机波动的影响，寻找股价波动的趋势或方向。它主要有以下5个方面的含义：

（1）均线实质上是持股成本，或者说是市场的成本趋势。

（2）不是均线改变了股价的运行方向，而是股价方向的改变牵引均线的移动。

（3）单条均线没有多大意义，3条以上均线之间的交叉黏合或发散才是应该把握的重点。

（4）数条均线之间距离收窄，交叉黏合在一起，说明市场成本趋于一致，一旦产生向上或向下的趋势，这种趋势会延续很长时间。

（5）均线和其他技术指标一样，是对过去价格走势的反映，明显缺陷是滞后性。

图1-1是002779中坚科技2022年3月9日星期三下午收盘时的K线走势图。从该股K线走势可以看出，5日、10日、20日、30日、60日、90日、

120日和250日均线呈多头排列，可称之为强势均线形态。

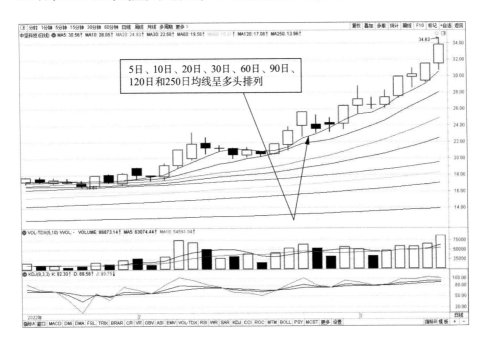

5日、10日、20日、30日、60日、90日、120日和250日均线呈多头排列

图1-1

二、均线与股价的关系

均线与股价之间的上穿（突破）、下穿（跌破）是由均线的本质所决定的，正是因为股价的上涨下跌变化才有了均线与股价之间的上下穿越，而均线的上下穿越，蕴藏着其运行的趋势或方向。两者之间是密切的相互作用的关系。

（一）均线与股价互为牵引关系

均线与股价之间，股价是起主导作用的。当股价向上或向下运行时，牵引着均线展开平滑移动。但在平滑移动的过程中，均线平滑移动方向的延续性又引导着股价的运行。这种互为牵引的关系，随着股价的变化而发展变化。

（二）均线与股价互为制约关系

均线的平滑移动受制于股价的运行变化，同时，股价的运行变化也受均线的制约。比如，股价距离均线太远了，就会规律性地向均线靠拢。均线的支撑压力或助涨助跌作用就是其表现形式，股价上涨时，均线在股价下方起着支撑或助涨的作用；股价下跌时，均线在股价的上方起着压力或助跌的作用。

（三）均线与股价互为确认关系

均线是一定时间内每个交易日收盘价统计平均后点与点之间的连线。可以看出，不管是上涨还是下跌，股价的运行速度要快于均线的平滑移动速度，当股价远离均线时，由于均线与股价的相互牵引，股价就会展开回调或反弹进行确认，然后沿大趋势方向继续运行。

另外，均线的扭转（或转向）运行同样要慢于股价的反转（或转向）运行，当股价反转（或转向）后，会展开震荡（整理）进行确认，确认后的股价走势，应该延续反转后的趋势运行。对于这种情况，普通投资者要综合股价在个股 K 线走势中所处的位置、成交量等情况进行判断和决策。

还有一种情况，就是均线在平行（或黏合）运行状态时，股价在均线的缠绕或围绕（或黏合）下展开横盘震荡整理，以短期均线上穿或下穿中长期均线来展开突破方向的确认。这种确认本身具有不确定性，作为突破方向的确认，普通投资者要综合股价在个股 K 线走势中所处的位置、成交量等情况进行综合判断和决策。比如，相对低位的放量或放巨量大阳线涨停板突破，就是个股展开短期快速拉升行情的标志，普通投资者可以积极寻机跟庄进场买进筹码。

图 1-2 是 000856 冀东装备 2022 年 2 月 11 日星期五下午收盘时的 K 线走势图。从 K 线走势看，该股的均线系统可称为强势均线形态，既有平行（或黏合）形态，又有突破形态，还有即将扭转（或转向）的趋势。

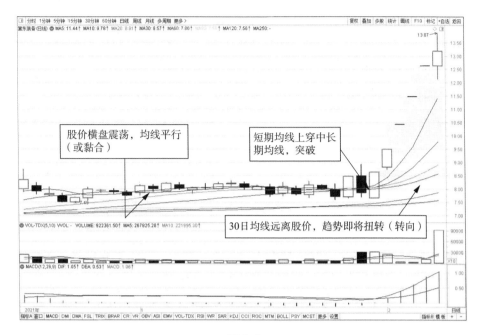

图 1-2

三、均线的技术特性

（一）成本性

均线是某一时间区间内每天的收盘价统计平均，然后将得到的各平均值连成的线。这条线就是市场的平均成本，它是客观存在的，普通投资者可以根据市场成本来分析研判大盘和个股走势，指导跟庄操盘和买卖决策。

（二）趋势性

由于均线代表市场成本，所以能够反映出股价在一定时间区间内的强弱和运行趋势，比如上升趋势、下降趋势、横盘震荡洗盘吸筹趋势。普通投资者可以依据均线所表现出来的趋势，对大盘和目标股票进行分析研究，指导跟庄操盘和买卖决策。

（三）稳定性

严格来说，均线的稳定性是一种相对的稳定性。它是相对 K 线而言的，K

线每一天都有变化，而均线的变化是多个交易日的平均，变化相对较小，从而显示出一定的稳定性。这种稳定性既有其优点也有其缺点，优点是趋势牵引，缺点是相对滞后。

（四）支撑压力性

有的观点认为，均线没有支撑和压力作用的特性，主要依据是股价先于均线、股价牵引均线。但是，如果我们从均线本质出发去分析，它应该是具有支撑和压力作用特性的。

均线代表的是市场成本，包括短期成本、中期成本和长期成本。股价回调或下跌至任一成本区（即某一均线上方或附近）后，会止跌企稳回升或震荡横盘整理，这就是均线的支撑作用。至于压力作用，和支撑作用是同样的道理，当股价上涨至前期成本区或前期下跌密集成交区（即某一均线下方或附近），股价就会遇到阻力展开回调、整理或下跌，这就是均线的压力作用。

（五）助涨助跌性

助涨助跌性和支撑压力性的原理基本一致。股价上涨突破前期成本区或前期下跌密集成交区（即某一均线上方或附近），均线呈多头排列或黄金交叉或黏合向上发散等均线形态时，投资者都倾向于做多而不做空，均线就体现出了其助涨的特性。股价下跌穿破前期成本区或前期上涨密集成交区（即某一均线下方或附近），均线呈空头排列或死叉或黏合向下发散等均线形态时，投资者都倾向于做空而不做多，均线就体现出了其助跌的特性。

（六）滞后性

均线是某一时间区间平均成本的本质，决定了均线是滞后于股价的。这种滞后性尤其是在股价反转（或转向）时，表现得更为突出一些。比如股价反转（或转向）的幅度已经很大了，均线才跟上或才发出趋势扭转（或转向）的信号。

图 1-3 是 300841 康华生物 2022 年 3 月 10 日星期四下午收盘时的 K 线走势图。从该股 K 线走势可以看出，5 日均线与 10 日均线黏合多日后，于 2021

年 12 月 27 日抬头上翘，28 日该股跳空高开，收出一根大阳线，留下向上突破缺口，29 日、30 日股价强势调整 2 个交易日后，主力机构正式开启拉升行情。此后 5 日均线和 10 日均线一直起着支撑和助涨的作用。

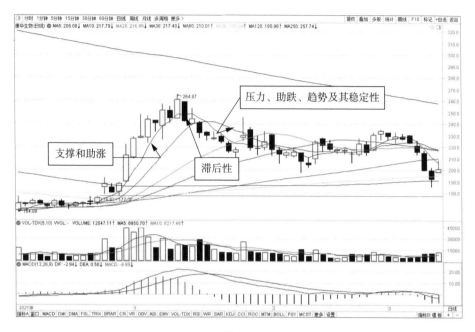

图 1-3

2022 年 1 月 13 日，该股低开，收出一根大阴线，收盘涨幅为 -7.13%，此时 5 日均线走平还没扭转方向（或掉头）、10 日均线远离，股价先于均线掉头向下，显示出均线的滞后性。

从 1 月 14 日起，股价持续下跌，5 日均线和 10 日均线一直压着股价（K 线）下行，均线起着压力和助跌的作用。股价一路震荡下跌，下跌的趋势短期内难以改变，显示出均线的趋势性和稳定性的特征。

四、均线的作用

应该说，均线的作用是由均线的本质和技术特征派生出来的，其主要作用可归纳为以下 3 个方面。

（一）揭示股价发展趋势的作用

均线的主要功能就是揭示股价波动的方向，是投资者判断大盘和个股走向的主要技术指标。根据均线记录的股票价格历史波动平均成本曲线变化情况，可以分析和研判股价未来的发展趋势。如果均线呈黄金交叉、交叉黏合向上发散、多头排列等形态，则趋势向上；如果均线呈死叉、交叉黏合向下发散、空头排列等形态，则趋势向下；如果均线呈平行或黏合形态，则趋势为横盘震荡整理状态。普通投资者可以依据短中长期均线所表现出来的趋势，进行分析研究，指导跟庄操盘和买卖决策。

（二）提示当前市场平均成本的作用

均线是某一时间区间的平均成本。普通投资者可以依据当前均线形态，来估算和预测未来趋势可能出现的赢利机会，从而决定是否跟庄进场买卖股票。比如股价经过长期下跌后止跌回升，5 日均线向上穿过 10 日均线形成金叉后继续上行，大概率是赢利机会。又如，股价经过长期下跌、初期上涨，然后展开较长时间的横盘震荡整理（其间可能还有挖坑打压股价走势），股价止跌回升，均线由平行或黏合状态抬头上翘（或交叉黏合且向上发散），大概率是赢利机会已经来临。

图 1-4 是 002932 明德生物 2022 年 1 月 14 日星期五下午收盘时的 K 线走势图。在软件上将该股整个 K 线走势图缩小后可以看出，该股从前期相对高位，即 2021 年 4 月 29 日的最高价 114.47 元震荡下跌，至 2021 年 10 月 8 日的最低价 60.05 元止跌企稳，下跌时间虽然不长，但跌幅大，震荡下跌期间股价有过多次反弹，且反弹幅度较大。

2021 年 10 月 8 日股价止跌企稳后，主力机构开始推升股价，收集筹码。10 月 11 日，受股价牵引，5 日均线开始掉头向上，10 月 12 日，5 日均线向上穿过 10 日均线形成金叉，当日收出大阳线涨停板，说明主力机构正在积极推升股价，该股展开初期上涨行情。

11 月 5 日，该股平开，股价冲高至当日最高价 74.75 元回落，收出一根中阴线，展开回调洗盘吸筹行情，洗盘吸筹期间 30 日均线起到了很好的支撑作用。11 月 25 日，5 日均线再次向上穿过 10 日均线形成金叉，股价开始上行。

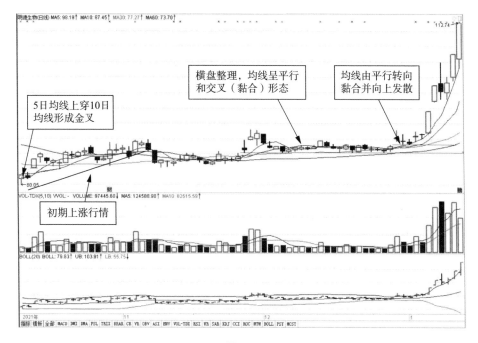

图 1-4

12 月 1 日，该股低开，股价回落，展开横盘震荡洗盘吸筹行情，均线系统呈平行和黏合形态。12 月 29 日，5 日、10 日均线与 30 日均线由黏合状态开始上翘并向上发散。12 月 30 日，5 日均线向上穿过 10 日均线形成金叉，当日该股跳空高开，收出一根长上影线大阳线，留下向上跳空突破缺口，收盘涨幅为 4.02%。2021 年 12 月 31 日、2022 年 1 月 4 日，股价强势调整了 2 个交易日，随后该股展开了一波快速拉升行情。拉升期间，短中长期均线呈多头排列形态，支撑（助涨）股价向上运行。

（三）对股价的支撑（助涨）和压力（助跌）作用

对股价的支撑（助涨）压力（助跌）作用，是指均线不管是向上平滑移动或是向下平滑移动（平行或黏合平滑移动为中性趋势），是具有方向性和趋势性的，趋势一旦形成，就会朝该趋势方向运行一定时间，待多空双方力量对比发生重大变化后，才会出现反转（转向）。

各均线代表的是不同时间区间的平均成本，不管股价是上涨还是下跌，均线都会起到支撑（助涨）和压力（助跌）作用。

比如股价处于上升趋势时，均线呈多头排列，股价在均线的上方运行，这种均线的多头排列就是多头的防线，对股价起着支撑（助涨）的作用。反之，股价处于下跌趋势时，均线呈空头排列，股价在均线的下方运行，这种均线的空头排列就是一种压力，对股价起着压制（助跌）的作用。

第二节 均线形态看盘要点

均线是股票技术分析中最强大实用且运用最广泛的技术指标之一，具有较强的趋势性特征。在一定时间和条件下由短中长期均线形成的均线形态，代表着一种运行趋势，且这种趋势具有一定的延续性。要准确判断目标股票的运行趋势，把握跟庄进场的最佳买卖点，除对均线的一般认识外，还要对影响股价运行方向的均线相关因素进行分析了解。

一、均线方向

顺应均线的方向往往可以把握目标股票发展趋势的方向。基于均线滞后性的特征，均线的方向和股价的方向其实是基本一致的。由于股价的方向牵引均线的方向，股价在上涨、下跌和横盘时，均线也紧随股价向上、向下和走平。向上的均线具备支撑作用，向下的均线具有压制作用，走平的均线也具有牵引的作用。趋势的方向具有延续性，普通投资者在操盘过程中，一定要把握大势，顺应均线趋势的方向，在均线多头排列（或金叉或黏合向上发散）时做多，在均线空头排列（或死叉或黏合向下发散）时做空，在均线平行（或交叉黏合）排列时跟踪观察，等待均线的突破方向。

图 1-5 是 002621 美吉姆 2022 年 2 月 10 日星期四下午收盘时的 K 线走势图。从该股 K 线走势可以看出，2 月 7 日，5 日均线拐头向上；2 月 8 日，该股收出一个大阳线涨停板，一阳穿七线，均线蛟龙出海形态形成，当天 5 日均线上穿 10 日、60 日和 90 日均线，股价的强势特征已经显现，普通投资者可以在当日或次日跟庄进场分批买入筹码。

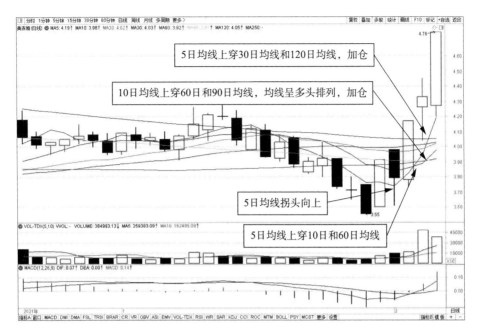

图 1-5

　　2月10日截图当日，该股再次收出一个大阳线涨停板，当日 5 日均线上穿 30 日、120 日均线，10 日均线上穿 60 日、90 日均线，股价在均线上方运行，均线呈多头排列之势，股价的强势特征已经十分明显。像这种情况，普通投资者可以在当日或次日跟庄进场加仓买入筹码。

二、均线距离

　　均线距离，是指不同均线之间空间的大小。其实战意义同 K 线（股价）与均线的距离，比如股价远离均线，大概率即将调整。

　　均线就是成本线，均线之间的距离所反映出的就是成本的差值（乖离值）。比如 5 日均线和 10 日均线之间的距离就是最近 5 个交易日和最近 10 个交易日市场平均成本的差值。

　　由于长期均线对短期均线具有支撑和吸引作用，如果均线之间的距离过大，则短期均线会向长期均线靠拢；如果距离适中，则会延续原有趋势；如果距离过近（比如缠绕黏合），均线就会慢慢向上（或向下）发散。

实战操盘中，股价在上涨过程中，短期均线与中长期均线之间以适中的距离向上移动时，可继续持股；在上涨过程中特别是加速上升阶段，如果股价远离短期均线，就要考虑卖出手中筹码；股价到达顶部拐头向下，均线向下发散，均线的夹角越来越大，距离越来越远（即均线空头排列）时，切勿盲目跟庄进场。

图1-6是600318新力金融2022年1月25日星期二下午收盘时的K线走势图。从该股K线走势可以看出，2021年10月28日，该股收出一根放量大阳线，突破前高和平台，股价向上突破5日、10日、30日、60日和90日均线（一阳穿五线），20日均线在股价下方向上移动，120日均线在股价上方向上移动，250日均线在股价上方下行，均线蛟龙出海形态形成；当日5日均线向上穿过10日和20日均线形成金叉，10日均线向上穿过20日均线形成金叉，股价的强势特征已经显现，普通投资者可以在当日或次日跟庄进场分批买入筹码。随着股价的逐步上行，均线逐渐形成多头排列，均线之间的夹角越来越大，距离越来越远。12月1日，股价远离短期均线展开回调洗盘行情，

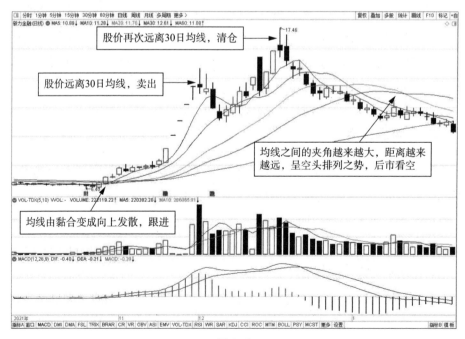

图1-6

普通投资者可先卖出手中筹码；12 月 7 日，回调洗盘到位后，股价依托 10 日均线继续上行；12 月 17 日，股价又一次远离短期均线，且当日收出一根放量的假阴真阳螺旋桨 K 线，显露出主力机构已经开始高位派发出货的迹象。像这种情况，普通投资者如果手中还有筹码当日没有出完，次日要逢高卖出。之后，5 日均线拐头向下穿过 10 日均线形成死叉，短中长期均线逐步拐头向下呈空头排列之势，均线之间的夹角越来越大，距离越来越远，股价也呈现逐步下跌之势。

三、均线拐点

均线拐点是指均线的方向出现扭转（或转向或拐头），致使均线原运行趋势和方向发生改变。拐头处即拐点，常常是行情转折的重要标志，这就是普通投资者为什么要高度重视均线拐点的原因。均线拐点一般以短期均线作为参考标准，早期拐点也是从短期均线开始的，短期均线方向出现扭转（或转向或拐头）后，向前移动与中长期均线发生交叉，此时目标股票趋势的发展方向开始改变。值得注意的是，运用均线进行个股趋势方向的研判，一定要重点关注中长期均线趋势的方向。

当然，对个股趋势发展方向的判断，要综合考虑各种因素，尤其是股价在整个 K 线走势中所处位置。如果股价处于高位，只要短期均线走平或拐头下行，对于"小本生意"的普通投资者来说，还是应该立马离场，落袋为安。

图 1-7 是 300351 永贵电器 2021 年 12 月 21 日星期二下午收盘时的 K 线走势图。从该股 K 线走势可以看出，2021 年 11 月 1 日，该股收出一根大阳线（收盘涨幅为 13.03%），突破前高，成交量较前一交易日放大 2 倍多，当日股价向上突破 30 日、60 日、90 日和 250 日均线（一阳穿四线），5 日、10 日、20 日和 120 日均线在股价下方向上移动，均线蛟龙出海形态形成；当日 5 日均线向上穿过 10 日、20 日和 120 日均线形成金叉，均线（除 250 日均线外）呈多头排列，股价的强势特征已经相当明显，普通投资者可以在当日或次日跟庄进场分批买入筹码。之后，主力机构依托 5 日均线逐步拉升股价，随着股价的逐步上行，均线之间的夹角越来越大，距离越来越远。

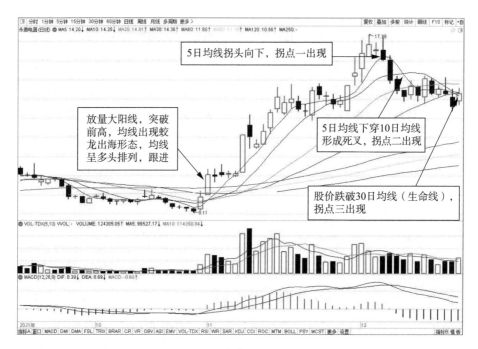

图 1-7

12月6日，5日均线拐头向下，拐点出现，普通投资者可以在当日或次日逢高卖出部分筹码；12月9日，5日均线下穿10日均线，拐点二出现，股价的弱势特征已经非常明显，普通投资者可以在当日或次日逢高卖出手中筹码。

12月21日截图当日，该股高开，收出一根中阳线，成交量较前一交易日略有放大，当日5日、10日均线向下穿过30日均线形成死叉，跌破生命线（30日均线），拐点三出现，普通投资者手中如果还有筹码没有出完，次日一定要逢高清仓。其实，由于均线的滞后性特征，普通投资者并不一定要完全依据均线拐点来判断买卖点，可以结合如K线形态、成交量、MACD和KDJ等指标来研判。如在12月1日收出放量螺旋桨阳K线、12月3日收出缩量假阳真阴高位十字星的当日或次日，普通投资者就可以卖出手中筹码，确保利润最大化。

四、均线交叉黏合

均线交叉黏合是指股价经过较长时间的下跌止跌回升，或股价经过较长时间的横盘震荡整理走势之后，中长期均线逐渐走平，短期均线围绕中长期均线上下穿行交叉黏合在一起。这种交叉黏合形态多数出现在股价止跌筑底、横盘震荡洗盘调整以及高位筑顶期间，是个股走势即将变盘的信号。

均线交叉黏合，意味着股价止跌筑底、横盘震荡洗盘调整或顶部筑顶期间筹码进行了比较彻底的大量转换，且持筹者的平均成本基本一致，股价一旦选择突破方向，行情展开的速度和力度都是十分惊人的。

实战操盘中，普通投资者可以通过均线交叉黏合形态，跟踪筛选强势股，即通过浏览个股均线走势，找出股价处于低位或相对低位横盘震荡整理时间较长，中长期均线走平、短期均线围绕中长期均线上下穿行交叉黏合的个股，作为自选股进行跟踪观察，待均线交叉黏合向上发散、呈多头排列之势且成交量放大时，择机跟庄进场买进筹码积极做多（最好选择均线交叉黏合向上发散时，主力机构拉出大阳线或涨停板，或跳空高开高走的目标股票跟进）。

图 1-8 是 000868 安凯客车 2022 年 3 月 14 日星期一下午收盘时的 K 线走势图。从该股 K 线走势可以看出，这是相对低位均线黏合向上发散形态。该股呈横盘震荡洗盘吸筹态势，横盘震荡期间，中长期均线（60 日、90 日、120 日、250 日）基本走平，短期均线（5 日、10 日、20 日、30 日）围绕中长期均线上下穿行交叉黏合。

3 月 14 日截图当日，该股高开，收出一个大阳线涨停板，突破前高，成交量较前一交易日放大 3 倍多，形成大阳线涨停 K 线形态。当日 5 日均线已经上穿 250 日和 10 日均线形成金叉；20 日均线已经上穿 250 日均线形成金叉；30 日均线已经上穿 60 日均线形成金叉；90 日和 120 日均线已经抬头上翘，短中长期均线呈多头排列之势，此时 MACD、KDJ 等技术指标已经走强，股价的强势特征相当明显。像这种情况，普通投资者可以在当日或次日跟庄进场加仓买入筹码。

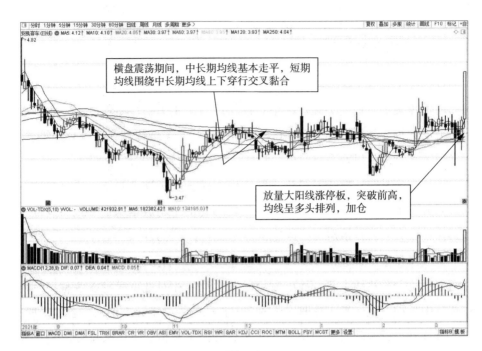

横盘震荡期间，中长期均线基本走平，短期均线围绕中长期均线上下穿行交叉黏合

放量大阳线涨停板，突破前高，均线呈多头排列，加仓

图 1-8

第三节　均线的分类与运用

这里探讨的均线分类，是以平时操盘过程中比较常用或比较常见的均线指标为标准的。当然，普通投资者也可以在分析软件中自行设置各类均线指标。

一、均线的分类

按照均线的计算周期或者说时间长短，可把均线分为短期移动平均线、中期移动平均线和长期移动平均线三大类。

按照市场普遍常用的均线进行分类，一般会把 5 日、10 日、20 日和 30 日均线列为短期均线类（有的把 3 日均线设置为短期均线），其特点是稳定性一般，有一定的滞后性，主要用于了解掌握市场行情，预测股价的短期变化趋势，指导短线操盘跟庄。

把 60 日、90 日均线列为中期均线类（有的把 45 日均线设置为中期均线），其特点是稳定性较好，但滞后性较强，主要用于预测股价的中期变化趋势，指导中线操盘跟庄。

把 120 日、250 日均线列为长期均线类，其特点是极具稳定性，但也极具滞后性，主要用于把握大势，预测股价的中长期变化发展趋势。

图 1-9 是 600523 贵航股份 2021 年 12 月 31 日星期五下午收盘时的 K 线走势图。从该股 K 线走势可以看出，5 日、10 日、20 日、30 日、60 日、90 日、120 日、250 日短中长期均线呈多头排列，可谓是强势均线形态。

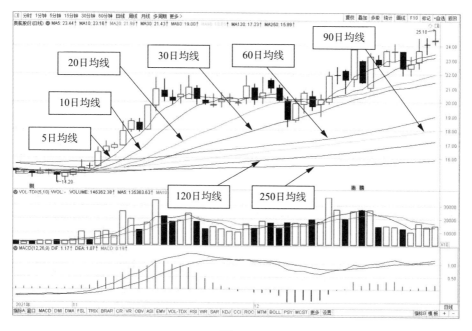

图 1-9

二、均线排列形态及其寓意

实战操盘中，我们使用 3 条以上均线来研判大势或确定个股买卖点位，肯定比使用单条或 2 条均线要准确可靠得多。这就涉及均线的排列关系问题，不同的均线排列关系形成不同的均线排列形态，不同的均线排列形态有其不同的寓意，蕴藏着个股后市不同的发展方向和趋势，且这种趋势会延续较长时间。当然，市场没有一成不变的均线排列形态，随着股价的涨跌变化，均线排列形态也必然发生改变。在这里，我们主要分析 4 种基本的均线排列形态。

（一）多头排列形态

均线多头排列形态，由 3 条以上均线组成，股价在均线的上方运行，均线由近及远排列的顺序为短期均线、中期均线和长期均线。这种排列揭示出股价正处于上涨趋势之中，是一种积极做多的信号，这种趋势将会持续一定时间，后市可继续看涨。由于均线的滞后性特征，普通投资者可以在均线多头排列形态形成的初期，积极跟庄进场买入筹码，但跟进后要注意盯盘，观察 K 线、均线、成交量和其他技术指标的变化，待出现顶部特征时，立马卖出。

图 1-10 是 002053 云南能投 2022 年 3 月 18 日星期五下午收盘时的 K 线走势图。从该股 K 线走势可以看出，股价在均线的上方运行，依次是 5 日、10 日、20 日、30 日、60 日、90 日、120 日和 250 日短中长期均线，由近及远向上呈多头排列，起着支撑（助涨）的作用，股价的强势特征相当明显，股价处于快速上涨之中。

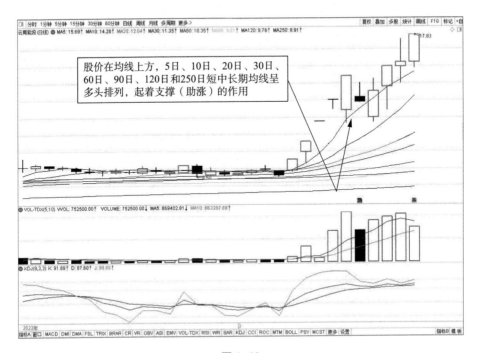

图 1-10

（二）空头排列形态

均线空头排列形态，由 3 条以上均线组成，股价在均线的下方运行，均线由近及远排列的顺序为短期均线、中期均线和长期均线。这种排列说明股价正处于下跌趋势中，是一种做空的信号，下跌趋势一旦形成，将会持续一定时间，后市看跌。由于均线的滞后性特征，普通投资者可以在短期均线拐头向下、空头排列形态形成的初期及时卖出手中筹码，谨慎看空做空。

图 1-11 是 600660 福耀玻璃 2022 年 3 月 18 日星期五下午收盘时的 K 线走势图。从该股 K 线走势可以看出，股价在均线的下方运行，依次是 5 日、10 日、20 日、30 日、60 日、90 日、120 日和 250 日短中长期均线，由近及远向下呈空头排列，起着压力（助跌）的作用，股价的弱势特征十分明显，股价处于持续下跌中。

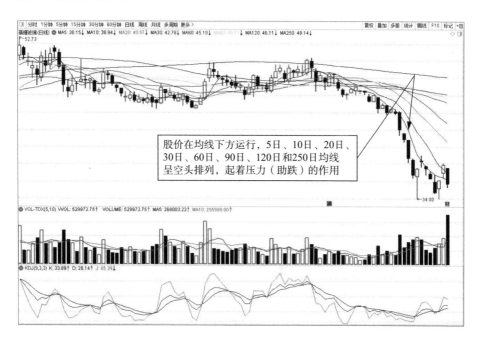

图 1-11

（三）平行（黏合）排列形态

均线平行（黏合）排列形态，由 3 条以上均线组成，中长期均线大体走平，短期均线围绕中长期均线上下穿行交叉黏合而形成。这种排列说明股价正处于横盘震荡整理中，正在寻找突破方向。均线平行（黏合）的时间越长，变盘后上涨或下跌的空间就越大。按照均线平行（黏合）排列形态出现的位置不同，一般分为低位平行（黏合）排列形态和高位平行（黏合）排列形态。普通投资者要多关注和分析均线低位平行（黏合）排列形态的方向选择，谨慎对待均线高位平行（黏合）排列形态的方向选择。

图 1-12 是 600388 龙净环保 2022 年 2 月 25 日星期五下午收盘时的 K 线走势图。从该股 K 线走势可以看出，这是低位均线平行（黏合）排列形态。此时该股呈横盘震荡洗盘吸筹态势（截图当日股价已选择向上突破方向）。横盘震荡洗盘吸筹期间，长期均线（120 日、250 日均线）基本走平，短中期均线（5 日、10 日、20 日、30 日、60 日和 90 日均线）围绕长期均线上下穿行交叉黏合。

图 1-12

（四）交叉排列形态

均线交叉排列形态，由 3 条以上均线组成，当短期均线向上（下）穿过中长期均线金（死）叉时形成。这种排列说明股价已经明确发展方向和趋势。均线交叉排列有两种形态，即黄金交叉和死亡交叉。黄金交叉是由短期均线向上穿过中长期均线，且均线向上运行形成，预示股价上升趋势基本形成，是普通投资者跟庄进场买入筹码的时机。死亡交叉是由短期均线向下穿过中长期均线，且均线向下运行形成，预示股价下跌趋势基本形成，是普通投资者卖出筹码的时机。当然，由于均线的滞后性特征，普通投资者可以在短期均线走平或拐头向上（下）金叉（死叉）形成初期及时买进（卖出）手中筹码。

图 1-13 是 002370 亚太药业 2021 年 12 月 27 日星期一下午收盘时的 K 线走势图。从该股 K 线走势可以看出，此时该股处于主力机构挖坑洗盘吸筹、股价止跌回升趋势中。12 月 21 日，5 日均线向上穿过 10 日均线形成金叉；2 月 23 日，5 日均线向上穿过 20 日均线形成金叉；2 月 24 日，10 日均线向上穿过 20 日均线形成金叉，且形成均线银山谷形态。

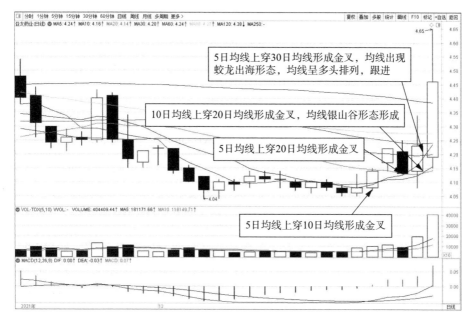

图 1-13

12 月 27 日截图当日，该股低开收出一根大阳线（收盘涨幅为 5.44%），成交量较前一交易日放大 2 倍多，5 日均线向上穿过 30 日均线形成金叉。当日股价向上突破 5 日、30 日、60 日、90 日和 120 日均线（一阳穿五线），10 日和 20 日均线在股价下方向上移动，均线蛟龙出海形态形成。此时，均线呈多头排列，MACD、KDJ 等技术指标已经走强，股价的强势特征相当明显。像这种情况，普通投资者可以在当日或次日跟庄进场买入筹码。

三、均线的基本运用方法

所有技术指标包括均线、MACD、KDJ 等，都是根据已有价格计算得出的，都有其滞后性的缺陷。均线是技术分析的基础，是一种重要的技术指标，但普通投资者在研判大盘或个股走势时不能仅凭均线这一种技术指标，尤其是操盘跟庄买卖股票时，一定要结合如大盘走势、基本面、政策面、消息面、K 线、成交量及其他技术指标进行综合分析后，再做出买卖决策。这里只简单叙述一下均线的基本使用方法。

比如，当收盘价（K 线）突破均线且站在均线之上时买入，下穿均线且站在均线之下时卖出；均线由下行拐头向上时买入，由上行拐头向下时卖出；均线由黏合向上发散时买入，由黏合向下发散时卖出；均线出现金叉时买入，出现死叉时卖出；等等。

图 1-14 是 002514 宝馨科技 2022 年 6 月 8 日星期三下午收盘时的 K 线走势图。在软件上将该股整个 K 线走势图缩小后可以看出，此时该股处于上升趋势中。股价从前期相对高位，即 2019 年 4 月 18 日的最高价 8.14 元，一路震荡下跌，至 2021 年 2 月 4 日的最低价 3.20 元止跌企稳，下跌时间长、跌幅大，下跌期间有过多次反弹，且反弹幅度较大。

2021 年 2 月 4 日股价止跌企稳后，主力机构快速推升股价，收集筹码。然后该股展开大幅震荡盘升行情，主力机构高抛低吸赚取差价赢利与洗盘吸筹并举，折磨和考验普通投资者的信心和耐力，震荡盘升期间，该股成交量呈间断性放大状态。

2021 年 12 月 20 日，该股高开，股价冲高回落，收出一根螺旋桨阴 K 线，

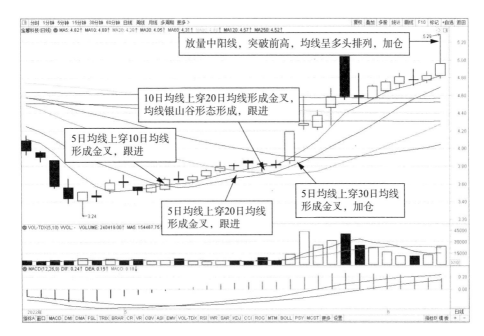

图 1-14

展开初期上涨之后的回调（挖坑）洗盘吸筹行情。

2022 年 4 月 27 日，该股低开，收出一根长下影线中阳线，当日股价最低探至 3.24 元止跌回升，回调（挖坑）洗盘行情结束。此时，普通投资者可以考虑跟庄进场逢低分批买进筹码。

从该股均线形态看，2022 年 5 月 10 日，5 日均线向上穿过 10 日均线形成金叉，股价站上 5 日、10 日均线，普通投资者可以跟庄进场买入筹码；5 月 17 日，5 日均线向上穿过 20 日均线形成金叉，股价站上 20 日均线，普通投资者可以在当日或次日跟庄进场买入筹码；5 月 19 日，10 均线向上穿过 20 日均线形成金叉，股价站上 20 日均线，均线银山谷形态形成，普通投资者可以在当日或次日跟庄进场买入筹码。

5 月 23 日，该股高开，收出一个大阳线涨停板，突破前高，成交量较前一交易日放大 2 倍多，形成大阳线涨停 K 线形态。当日 5 日均线向上穿过 30 日均线形成金叉，30 日均线即将走平，股价站上 30 日均线，短期均线有形成多头排列之势。此时，MACD、KDJ 等技术指标开始走强，股价的强势特征已经显现。像这种情况，普通投资者可以在当日或次日跟庄进场加仓买入筹码。之后，主力机构稳步推升股价。

6月8日截图当日，该股平开，收出一根长上影线中阳线，突破前高，成交量较前一交易日放大近2倍。此时，均线呈多头排列势，MACD、KDJ等技术指标走强，股价的强势特征相当明显，后市股价持续快速上涨的概率大。像这种情况，普通投资者可以在当日或次日跟庄进场逢低加仓买进筹码。

图1-15是002514宝馨科技2022年7月28日星期四下午收盘时的K线走势图。从该股K线走势可以看出，6月8日，该股收出一根放量长上影线中阳线，突破前高，均线呈多头排列，股价的强势特征已经显现。之后，该股展开了一波大幅拉升行情。

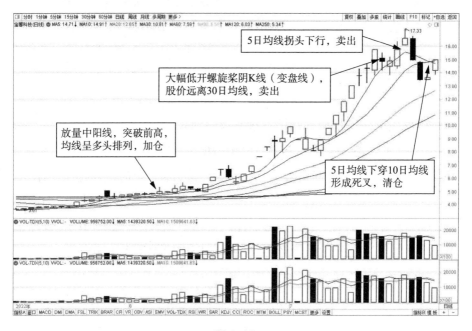

图1-15

从拉升情况看，主力机构基本依托5日均线拉升股价，其间有3次强势回调洗盘，股价回调跌（刺）破10日均线但很快收回，其他小调整基本都是盘中洗盘。股价上涨过程中，10日均线起到了较强的支撑和助涨作用。

从K线角度来分析研判，7月19日，该股大幅跳空低开（向下跳空

-4.00%开盘），收出一根螺旋桨阴K线（高位或相对高位的螺旋桨K线又称变盘线或转势线），成交量较前一交易日略有萎缩。从当日分时看，早盘大幅低开后，股价展开横盘震荡走势，下午多次跌停且跌停时间长，尾盘有所拉高，显露出主力机构利用低开后横盘震荡、跌停打压、尾盘拉高等操盘手法，引诱跟风盘进场而大量派发出货的迹象。此时，股价远离30日均线且涨幅大，KDJ等部分技术指标开始走弱，盘口的弱势特征已经显现。像这种情况，普通投资者如果手中还有筹码当天没有出完，次日应该逢高卖出。

从均线角度来分析研判，7月22日，5日均线拐头下行，普通投资者应该在当日或次日卖出手中筹码。从K线与均线的分析研判对比，均线的滞后性缺陷比较突出。

7月28日截图当日，该股大幅高开，收出一个大阳线涨停板，成交量较前一交易日萎缩，此时5日均线向下穿过10日均线形成死叉，鉴于股价已经处于高位，普通投资者手中如果还有筹码当日没有出完，应该在次日逢高清仓。由于均线的滞后性特征，普通投资者在分析把握买卖点时，第一，要综合K线形态、成交量和其他各项技术指标进行全面分析判断。第二，在确定买点时，可侧重均线、成交量的运用；在确定卖点时，可侧重K线、成交量的运用，均线可作为分析判断的参考。

第四节　关于格兰维尔均线八大法则

20世纪60年代，美国著名投资家格兰维尔提出了均线交易八大法则，其中前4条为买进法则（信号），后4条为卖出法则（信号），准确度比较高，值得普通投资者学习参考。但在实战操盘中，我们还是要根据我国股市特点，比如政策面、基本面、消息面、技术面以及目标股票盘口实际变化情况，来把握目标股票的买卖点和发展趋势，千万不可生搬硬套。

一、四大买进法则

格兰维尔均线四大买进法则如下：

（1）移动平均线从下降逐渐走平转为上升，而股价从移动平均线的下方向上突破移动平均线时，为买进信号。

在实战操盘中运用这条法则时，股价处于蓄势突破之初。5日均线由走平到拐头上穿10日均线，形成金叉，股价站上5日或10日均线，其他均线逐渐走平或拐头向上，呈多头排列之势，向上突破走势确立。普通投资者即可跟庄进场买入或加仓买入筹码，积极做多。

（2）股价在移动平均线之上运行，回调时未跌破移动平均线，后再度上升时为跟庄进场买进时机。

在实战操盘中运用这条法则时，股价已处于上升趋势。主力机构为了清洗获利盘，开始强势调整洗盘，由于均线的支撑作用，股价没有跌破均线，5日均线与10日均线交叉纠缠，洗盘行情结束，股价突破盘整区，5日、10日、30日均线再次呈多头排列之势。普通投资者即可跟庄进场加仓买入筹码。

（3）股价在移动平均线之上运行，回调时跌破移动平均线，但不久短期移动平均线拐头向上穿过长期移动平均线形成金叉，此时为跟庄进场买进时机。

在实战操盘中运用这条法则时，股价仍处于上升趋势，主力机构开始较大幅度地回调洗盘，股价跌破5日或10日均线，甚至下穿30日均线但马上拉回，30日均线仍向上移动，这是主力机构为了清洗获利盘有意进行的深度回调，或者说是一种趋势背离。只要30日均线向上运行，普通投资者就可以跟庄进场适当买入筹码。

（4）股价在移动平均线之下运行，股价突然暴跌，远离移动平均线。此时，股价极有可能向移动平均线靠拢，遂产生一波强劲的反弹，当短期均线拐头向上时，为跟庄进场买进时机。

在实战操盘中运用这条法则时，股价处于急速下跌之势。股价在5日、10日均线之下运行，恐慌性抛盘较多，成交量放大，且下跌幅度较大，乖离率增大，此时是比较激进的投资者抢反弹的大好时机。这种情况属于乖离反弹，因为大势已去，不能过度追高，要适可而止。

图1-16是600148长春一东2021年12月17日星期五下午收盘时的K线走势图。由于找不到更具代表性的个股K线走势图，只能以此图对格兰维尔均线八大法则的运用进行实战分析。以下先对四大买进法则进行分析。

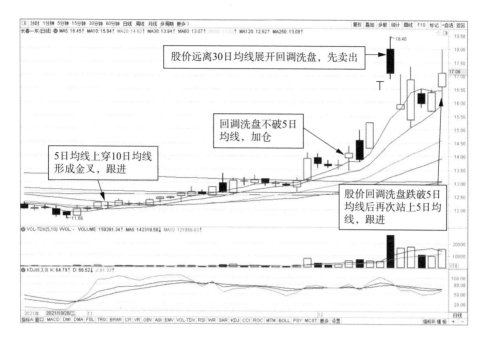

股价远离30日均线展开回调洗盘，先卖出

回调洗盘不破5日均线，加仓

5日均线上穿10日均线形成金叉，跟进

股价回调洗盘跌破5日均线后再次站上5日均线，跟进

图 1-16

2021 年 11 月 3 日，5 日均线上穿 10 日均线形成金叉；11 月 4 日，5 日均线上穿 20 日均线形成金叉；11 月 5 日，5 日均线上穿 30 日均线形成金叉，30 日均线走平；11 月 10 日，10 日均线上穿 20 日、30 日均线形成金叉，均线银山谷形态形成，此时短期均线又呈多头排列之势，向上突破走势确立。普通投资者可以跟庄进场逢低分批买入筹码。

12 月 1 日，该股高开，股价回落，收出一根小螺旋桨阴 K 线，成交量较前一交易日大幅萎缩，展开强势调整洗盘行情，调整没有跌破 5 日均线；12 月 6 日，股价站上 5 日均线，此时 5 日、10 日、30 日、60 日、90 日和 120 日均线呈多头排列之势。普通投资者可跟庄进场加仓买入筹码。

12 月 10 日，该股大幅跳空高开（向上跳空 7.27% 开盘），收出一根假阴真阳螺旋桨 K 线，成交量较前一交易日放大 5 倍多。此时，股价远离 30 日均线，该股展开深幅回调洗盘行情，回调洗盘跌破 5 日均线。

12 月 17 日截图当日，该股高开，收出一根大阳线，成交量较前一交易日大幅放大，股价站上 5 日均线，回调洗盘行情结束。此时，均线呈多头排列之势，MACD、KDJ 等技术指标走强，股价的强势特征相当明显。像这种情况，普通投资者可以在当日或次日跟庄进场适当买入筹码。

二、四大卖出法则

格兰维尔均线四大卖出法则如下：

（1）移动平均线从向上移动到逐渐走平再到开始下行，而股价从移动平均线的上方向下跌破移动平均线时，为卖出信号。

在实战操盘中运用这条法则时，股价处于上涨行情的末期或下跌行情的初期。股价由上向下跌破 5 日、10 日均线，且 5 日均线下穿 10 日均线形成死亡交叉，30 日移动平均线有走平的迹象，此时下跌趋势基本形成，普通投资者应立即卖出手中筹码。其实在实战操盘中，当股价远离 30 日均线或 5 日均线开始走平时，就可以逐步减仓。

（2）股价在移动平均线下方运行，然后反弹至移动平均线附近，但未突破移动平均线即受阻回落，为卖出信号。

在实战操盘中运用这条法则时，股价处于下跌行情中。股价经过快速下跌之后反弹，无力突破 10 日均线的压力或突破后无功而返，属于受到均线压制，反弹受阻，股价将继续下跌，手中还有筹码没有卖出的普通投资者应该立即清仓。

（3）股价反弹突破移动平均线，但不久又跌回移动平均线之下，此时移动平均线仍向下运行，为卖出信号。

在实战操盘中运用这条法则时，股价处于下跌行情中。股价先后跌破 5 日、10 日均线甚至跌破 30 日均线，然后股价依托 30 日均线展开反弹行情，突破 10 日均线后无功而返，属于趋势背离现象，股价将继续下跌，跌幅会更大。此时普通投资者手中如果还有筹码不及时卖出的话，可能就要被套牢了。

（4）股价反弹后远离移动平均线展开整理行情，而移动平均线却继续向下移动，为卖出信号。

在实战操盘中运用这条法则时，股价仍处于下跌行情中。由于反弹无果，股价下跌一定幅度后展开整理行情，属于趋势背离现象，整理之后，股价将继续下跌。整理期间仍属于卖出时机，但此时股价基本回到原点，也即出发时的位置。

图 1-17 是 600148 长春一东 2022 年 1 月 25 日星期二下午收盘时的 K 线走势图。以此图对格兰维尔均线八大法则中的四大卖出法则的运用进行实战分析。

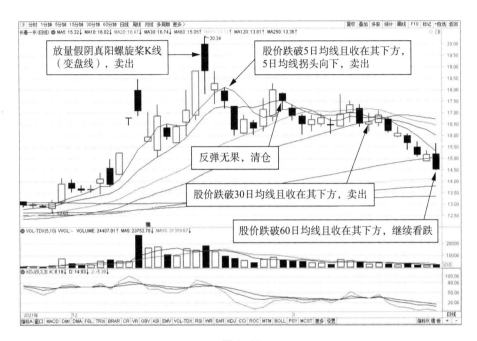

图 1-17

2021 年 12 月 23 日，该股低开，收出一根大阴线，成交量较前一交易日萎缩，股价跌破 5 日均线且收在其下方，5 日均线拐头向下，下跌趋势初步形成，普通投资者要卖出手中筹码。

12 月 31 日，该股低开，收出一根中阴线，成交量较前一交易日萎缩，股价反弹无果受阻回落，5 日、10 日均线拐头向下，普通投资者应该清仓离场。

2022 年 1 月 12 日，该股高开，收出一根中阳线，成交量较前一交易日萎缩，股价突破且站上 30 日均线；1 月 14 日，股价跌破 30 日均线且收在 30 日均线下方，反弹又一次无功而返，后市看跌。

1 月 25 日截图当日，该股高开，收出一根大阴线，成交量较前一交易日放大，股价跌破 60 日均线且收在 60 日均线下方。此时，短期均线呈空头排列，MACD、KDJ 等技术指标走弱，盘口弱势特征十分明显，后市继续看跌。

第二章

常用均线的实战运用

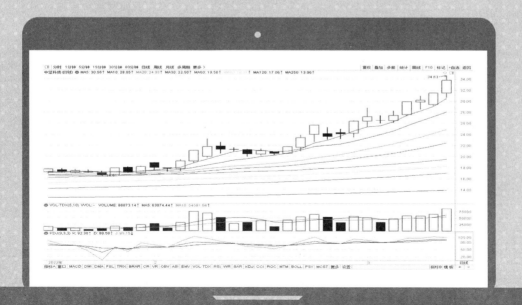

这里所说的常用均线，是软件自动生成的均线，也是绝大多数普通投资者实战操盘时使用的均线。当然，普通投资者也可以根据自己的操盘需求，调整指标参数，设置自己喜欢的均线系统。

第一节　短期均线的实战运用

常用的短期均线有 5 日、10 日、20 日和 30 日均线，基本的实战运用技巧如下。

一、5 日均线

5 日均线也称攻击线，是一周交易的平均价格，是短线操盘分析判断的依据，只要股价站在 5 日均线上方，不跌破 5 日均线，并呈现向上移动趋势，说明股价仍处于强势状态，短期内将看涨。如果股价远离 5 日均线（离 5 日均线距离过大），就是 5 日乖离率太大，是短线卖出的时机。如果 5 日均线走平，个股应该处于横盘震荡整理状态，等待选择突破方向，但普通投资者要小心高位的横盘震荡整理走势。如果股价跌破 5 日均线，站在 5 日均线下方，且 5 日均线掉头向下移动，则短线看空。

图 2-1 是 002107 沃华医药 2021 年 12 月 20 日星期一下午收盘时的 K 线走势图。在软件上将该股整个 K 线走势图缩小后可以看出，此时该股处于高位下跌之后的反弹趋势中。股价从前期相对高位，即 2020 年 5 月 21 日的最高价 15.20 元震荡下跌，至 2021 年 10 月 28 日的最低价 6.06 元止跌企稳，下跌时间长、跌幅大，其间有过多次反弹，且反弹幅度较大。

2021 年 10 月 28 日股价止跌企稳后，主力机构开始推升股价，收集筹码。

11月9日，该股收出一根阳 K 线，突破前高，成交量较前一交易日明显放大，股价牵引 5 日均线拐头向上，股价收在 5 日均线上方。普通投资者可以在当日或次日跟庄进场逢低分批买入筹码。

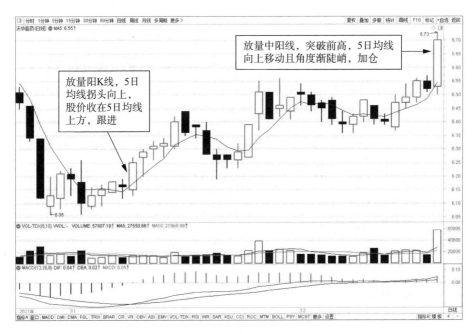

图 2-1

12月20日截图当日，该股高开，收出一根中阳线，突破前高，成交量较前一交易日放大近 4 倍。此时，5 日均线角度开始由平缓向上移动，逐渐向陡峭向上移动转变。此时，短期均线呈多头排列，MACD、KDJ 等技术指标走强，股价的强势特征已经显现。像这种情况，普通投资者可以在当日或次日跟庄进场加仓买入筹码。

图 2-2 是 002107 沃华医药 2022 年 3 月 8 日星期二下午收盘时的 K 线走势图。从 K 线走势可以看出，2021 年 12 月 20 日，该股收出一根放量中阳线，突破前高，5 日均线向上移动角度逐渐陡峭，股价的强势特征已经显现。之后主力机构稳步推升股价。

从该股的上涨走势看，主力机构依托 5 日均线快速拉升股价，其间调整洗盘时，股价偶尔向下跌（刺）破 5 日均线，但很快收回。从 2021 年 12 月

31日起，主力机构加速拉升股价，拉出了2个涨停板（其中1个一字涨停板、1个T字涨停板），整个上涨走势比较顺畅，涨幅较大。

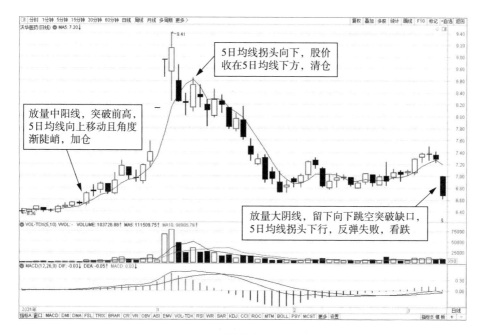

图 2-2

2022年1月6日，该股低开，股价冲高回落，收出一根螺旋桨阳K线（高位或相对高位的螺旋桨K线又称变盘线或转势线），成交量较前一交易日明显放大，股价远离5日均线且涨幅较大。由于均线的滞后性特征，普通投资者可以不等5日均线拐头向下，在当日或次日逢高就卖出手中筹码。

1月11日，该股低开，收出一根大阳线，成交量较前一交易日放大，但股价反弹没有突破5日均线，收盘收在5日均线的下方，当日5日均线拐头下行。像这种情况，普通投资者如果手中还有筹码当天没有出完，次日要逢高卖出手中筹码。此后，5日均线一直压着股价下行，起着压力和助跌的作用。

2月7日，该股高开，收出一根假阴真阳小K线，收盘收在5日均线上方，5日均线拐头向上移动，股价开始反弹。

3月8日截图当日，该股大幅向下跳空低开，收出一根大阴线（收盘涨幅为-8.38%），成交量较前一交易日放大，留下向下跳空突破缺口，盘口的弱势特征非常明显，后市看跌。

二、10 日均线

10 日均线也称半月线、行情线和操盘线，是连续两周交易的平均价格，是把握股价在 10 个交易日内走势变化的重要参考线。10 日均线较 5 日均线起伏小且平滑，多数投资者常以 10 日均线作为短线进出的依据。只要股价不跌破 10 日均线，股价就处于强势状态。如果 10 日均线上涨角度陡峭有力，说明上涨力度大。如果股价围绕 10 日均线上涨下跌，个股应该处于横盘震荡整理状态，等待选择突破方向，但要小心高位的横盘震荡整理走势。如果股价跌破 10 日均线，收在 10 日均线下方，且 10 日均线掉头向下，则短线看空。

图 2-3 是 300860 锋尚文化 2021 年 12 月 9 日星期四下午收盘时的 K 线走势图。在软件上将该股整个 K 线走势图缩小后可以看出，此时该股处于高位下跌之后的反弹趋势中。股价从前期相对高位，即 2021 年 4 月 2 日的最高价 140.63 元以及除权除息之后（4 月 6 日收盘价为 70.33 元）一路走低，至 2021 年 10 月 28 日的最低价 38.00 元止跌企稳，下跌时间较长、跌幅大。

2021 年 10 月 28 日股价止跌企稳后，主力机构快速推升股价，收集筹码，该股展开初期上涨行情，股价牵引 10 日均线逐渐走平。11 月 4 日，该股低开，收出一根中阳线，成交量较前一交易日明显放大，当日 5 日均线拐头向上穿过 10 均线形成金叉，股价完全站上 5 日和 10 日均线。此时，普通投资者可以跟庄进场逢低分批买进筹码。

11 月 16 日，该股低开，股价冲高回落，收出一根长上影线中阴线，展开回调洗盘行情。此时，5 日均线拐头下行，之后向下穿过 10 日均线呈交叉黏合状态，股价呈现震荡整理走势，其间 5 日均线与 10 日均线有过 3 次交叉黏合。作为攻击线的 5 日均线表现比较敏感，作为操盘线的 10 日均线较为平缓。回调洗盘开始后，普通投资者可以先卖出手中筹码，待股价调整到位后再接回来。

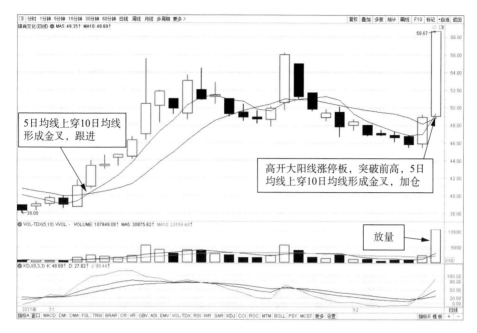

图 2-3

12 月 8 日，该股高开，收出一根中阳线（涨幅为 6.82%，收盘收在 5 日和 10 日均线上方），突破前高，成交量较前一交易日放大 2 倍多，当日 5 日均线和 10 日均线同时拐头向上移动，普通投资者可以在当日或次日跟庄进场加仓买进筹码。

12 月 9 日截图当日，该股高开，收出一个大阳线涨停板（涨停原因为"元宇宙+虚拟现实+文化传媒"概念炒作），突破前高，成交量较前一交易日萎缩，形成大阳线涨停 K 线形态，当日 5 日均线向上穿过 10 日均线形成金叉，此时短中期均线呈多头排列，股价的强势特征相当明显。像这种情况，普通投资者可以在当日跟庄抢板或在次日寻机加仓买进筹码。

图 2-4 是 300860 锋尚文化 2022 年 1 月 19 日星期三下午收盘时的 K 线走势图。从 K 线走势可以看出，2021 年 12 月 9 日，该股高开收出一个大阳线涨停板，突破前高，形成大阳线涨停 K 线形态，当日 5 日均线向上穿过 10 日均线形成金叉，股价的强势特征已经显现。之后，主力机构快速拉升股价。

从拉升情况看，主力机构依托 5 日均线，采用急速拉升的操盘手法，使

得该股连续大幅跳空高开，收出 2 个大阳线涨停板，涨幅达到 40%，加上
2021 年 12 月 9 日拉出的 1 个大阳线涨停板，上涨的幅度已经相当大了。

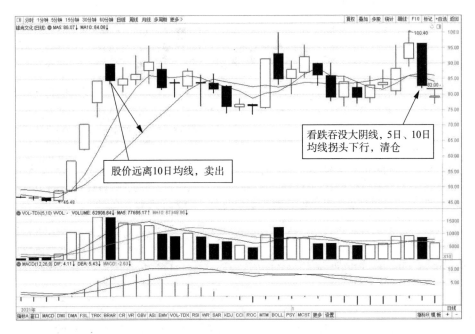

图 2-4

2021 年 12 月 14 日，该股大幅高开（向上跳空 6.53% 开盘），股价回落，
收出一根阴 K 线，成交量与前一交易日基本持平，股价远离 10 日均线且涨幅
较大。此时，KDJ 等部分技术指标开始走弱。由于均线的滞后性特征，普通
投资者可以不等 5 日均线拐头向下，在当日或次日逢高就卖出手中筹码。之
后，该股展开高位横盘震荡整理行情（主力机构以震荡整理方式掩护出货），
5 日和 10 日均线围绕股价上下穿行，其间 5 日均线与 10 日均线有过 4 次交叉
黏合，K 线形态多为带上下影线的十字星（线），显露出主力机构利用高位横
盘震荡盘整，引诱跟风盘进场接盘而不断派发出货的迹象。

2022 年 1 月 18 日，该股低开，股价回落，收出一根看跌吞没大阴线（高
位看跌吞没阴线为见顶信号），成交量与前一交易日基本持平，收盘涨幅为
-14.41%，当日 5 日、10 日均线拐头下行，显露出主力机构最后毫无顾忌打
压出货的坚决态度。

2022 年 1 月 19 日截图当日，该股大幅跳空低开（向下跳空 4.42% 开盘），收出一颗假阳真阴十字星（高位十字星又称黄昏之星；高位假阳真阴，千万小心），留下向下跳空突破缺口，成交量较前一交易日大幅萎缩，当日 5 日均线向下穿过 10 日均线形成死叉，盘口的弱势特征非常明显。像这种情况，普通投资者如果手中还有筹码当天没有出完，次日一定要逢高清仓。此后，5 日均线和 10 日均线一直压着股价下行，起着压力和助跌的作用。

三、20 日均线

20 日均线也称月线、辅助线，显现出股价在过去 1 个月的平均移动趋势，即上涨、下跌或横盘状态。作为辅助线的作用是协助 10 日均线（操盘线），推动股价运行并控制其运行力度与校正其运行角度，稳定价格趋势。当股价站上 20 日均线，且 20 日均线持续上行时，则预示阶段性中线上涨行情已经开启，此时以短线做多为主。如果股价跌破 20 日均线，站在 20 日均线下方，且 20 日均线掉头向下，则意味着阶段性回调行情已经展开，则中线看空。

图 2-5 是 601816 京沪高铁 2021 年 12 月 7 日星期二下午收盘时的 K 线走势图。在软件上将该股整个 K 线走势图缩小后可以看出，此时该股处于高位下跌之后的反弹趋势中。股价从前期相对高位，即 2021 年 4 月 12 日的最高价 6.14 元，一路震荡下跌，至 2021 年 8 月 20 日的最低价 4.38 元止跌企稳，下跌时间较长、跌幅较大。

2021 年 8 月 20 日股价止跌企稳后，主力机构开始快速推升股价，收集筹码，该股展开初期上涨行情。8 月 24 日，该股低开，收出一根小阴线，成交量较前一交易日萎缩，当日 5 日均线勾头上行，10 日均线走平。8 月 27 日，该股平开，收出一根小阳线，成交量较前一交易日萎缩，当日 5 日均线向上穿过 10 均线形成金叉。8 月 31 日，该股高开，收出一根大阳线，突破前高，成交量较前一交易日放大 3 倍多，当日 10 日均线向上穿过 20 日均线形成金叉，均线银山谷形态形成，股价完全站上 5 日、10 日和 20 日均线，5 日、10 日和 20 日均线呈多头排列。此时，MACD、KDJ 等技术指标走强，股价的强势特征开始显现，普通投资者可以在当日或次日跟庄进场买进筹码。

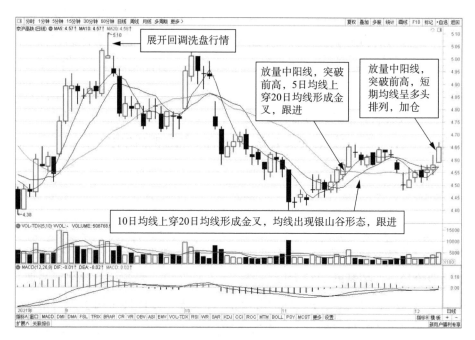

图 2-5

9月10日，该股低开，股价冲高至当日最高价5.10元回落，收出一根带长上影线的假阳真阴倒锤头K线，成交量与前一交易日基本持平，股价离20日均线较远，展开回调洗盘吸筹行情，普通投资者此时可以先卖出手中筹码，待股价调整到位后再将筹码接回来。

11月3日，该股平开，收出一根十字线，成交量较前一交易日极度萎缩，当日股价最低探至4.41元止跌企稳，随后主力机构开始推升股价，收集筹码，K线走势呈红多绿少、红肥绿瘦态势。

11月11日，该股平开，收出一根小阳线，成交量与前一交易日持平，当日5日均线向上穿过10均线形成金叉。11月16日，该股低开，收出一根中阳线，成交量较前一交易日明显放大，当日5日均线向上穿过20日均线形成金叉。11月19日，该股低开，收出一根小阳线，成交量与前一交易日基本持平，当日10日均线向上穿过20日均线形成金叉，均线银山谷形态形成，股价完全站上20日均线。此时，普通投资者可以跟庄进场逢低分批买入筹码。

12月7日截图当日，该股跳空高开，收出一根中阳线，突破前高，成交量较前一交易日明显放大，当日 5 日均线向上穿过 10 日和 20 日均线形成双金叉。此时，股价站上 5 日、10 日和 20 日均线，5 日、10 日和 20 日均线呈多头排列，MACD、KDJ 等技术指标开始走强，股价的强势特征已经显现，后市快速上涨的概率较大。像这种情况，普通投资者可以在当日或次日跟庄进场加仓买入筹码。

图 2-6 是 601816 京沪高铁 2022 年 3 月 4 日星期五下午收盘时的 K 线走势图。从 K 线走势可以看出，2021 年 12 月 7 日，该股收出一根放量中阳线，突破前高，股价站上 5 日、10 日和 20 日均线，短期均线呈多头排列，股价的强势特征已经显现。之后，主力机构稳步推升股价。

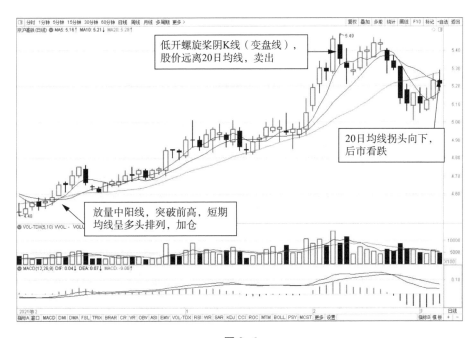

图 2-6

从该股的上涨走势看，主力机构依托 5 日均线推升股价。上涨过程中，该股展开过 2 次较大幅度的回调洗盘行情，股价多次向下跌（刺）破 10 日均线但很快收回。从 2022 年 1 月 28 日起，主力机构加速拉升股价，整个上涨走势比较顺畅，涨幅较大。

2022 年 2 月 11 日，该股低开，股价冲高回落，收出一根螺旋桨阴 K 线，成交量较前一交易日萎缩，显示股价上涨乏力，主力机构已经开始高位调整出货。此时，股价远离20日均线且涨幅较大，5日均线即将走平，KDJ等部分技术指标开始走弱，盘口的弱势特征已经显现。像这种情况，普通投资者如果手中还有筹码当天没有出完，为确保赢利最大化，可以不等5日均线拐头向下，在次日逢高就卖出手中筹码。

2月22日，该股跳空低开，收出一根长下影线锤头阴K线，成交量较前一交易日放大，股价收在5日、10日均线下方，5日、10日均线走平。2月23日，该股平开，收出一根小阴线，成交量较前一交易日萎缩，5日均线向下穿过10日均线形成死叉，此时普通投资者如果手中还有筹码没有卖出的，次日一定要逢高清仓。2月25日，该股高开，收出一根小阴线，成交量较前一交易日萎缩，股价收在20日均线下方，股价的弱势特征已经相当明显。

3月4日截图当日，该股平开，收出一颗阴十字星，20日均线拐头向下，股价反弹无功而返。此后，5日、10日和20日均线一直压着股价下行，起着压力和助跌的作用，且均线呈空头排列，弱势特征十分明显。

从20日均线平滑移动的轨迹可以看出，该线比10日均线更加平缓，更加滞后，等到20日均线拐头向下或股价收在20日均线下方时，股价的跌幅已经很大了。所以，作为辅助线的20日均线，只能是辅助10日均线操盘。实战操盘中，普通投资者在卖出股票或判断目标股票顶部（头部）特征时，应该综合使用K线、成交量、MACD、KDJ等指标，判断会更准确、效果会更好。尤其是对于主力机构快速拉升的目标股票，普通投资者可以配合使用5日均线（或3日均线）与其他技术指标及形态来判断顶部，准确率会更高、收益会更好。

四、30日均线

30日均线也称生命线，它是股价短期均线和中期均线的分界线。从本质上说，作为生命线的重要作用，就是揭示股价的中期运行趋势和方向。同时，30日均线是短线主力机构的护盘线，具有较强的支撑作用。在上涨行情中，30日均线一般不会轻易被跌破。当股价突破并站上30日均线，且30日均持续上行，则预示一大波中线行情已经开启，此时以中线做多为主。如果股价跌破并站在 30 日均线下方，且 30 日均线拐头向下，则意味着中期调整行情已经展开，则中线看空。

图 2-7 是 002605 姚记科技 2021 年 12 月 13 日星期一下午收盘时的 K 线走势图。在软件上将该股整个 K 线走势图缩小后可以看出，此时该股处于大幅下跌后的横盘震荡整理趋势中（已经选择向上突破方向）。股价从前期高位，即 2020 年 7 月 14 日的最高价 46.00 元一路震荡下跌，至 2021 年 7 月 30 日的最低价 16.56 元止跌企稳，下跌时间较长、跌幅较大；下跌期间有过多次反弹，且反弹幅度较大。

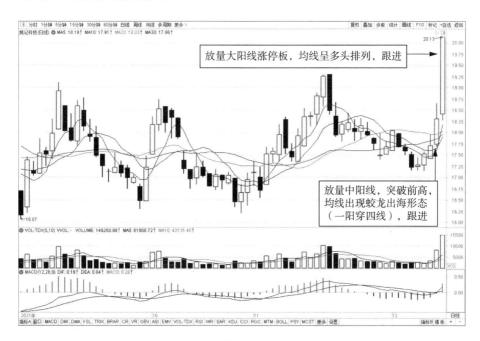

图 2-7

2021 年 7 月 30 日股价止跌企稳后，主力机构推升股价，收集筹码。然后该股展开横盘震荡洗盘吸筹行情，震荡幅度较大，成交量呈间断性放（缩）量状态。横盘震荡洗盘吸筹期间，5 日、10 日、20 日和 30 日均线反复缠绕，有过 3 次交叉黏合。

12 月 10 日，该股高开，收出一根中阳线，突破前高，成交量较前一交易日放大 2 倍多；当日股价向上突破 5 日、10 日、20 日和 30 日均线（一阳穿四线），均线蛟龙出海形态形成；当日 5 日均线拐头向上穿过 10 日、20 日和 30 日均线，形成多重金叉，股价的强势特征已经显现。像这种情况，普通投资者可以在当日或次日跟庄进场逢低买入筹码。

12 月 13 日截图当日，该股跳空高开，收出一个大阳线涨停板，突破前高，成交量较前一交易日大幅放大，形成大阳线涨停 K 线形态。当日 10 日均线拐头向上穿过 20 日、30 日均线形成双金叉，且 30 日均线抬头上行，短期均线呈多头排列。此时，MACD、KDJ 等技术指标走强，股价的强势特征相当明显，后市上涨的概率大。像这种情况，普通投资者可以在当日或次日跟庄进场加仓买进筹码。

图 2-8 是 002605 姚记科技 2022 年 2 月 21 日星期一下午收盘时的 K 线走势图。从 K 线走势可以看出，2021 年 12 月 13 日，该股收出一个放量大阳线涨停板，突破前高，10 日均线拐头向上穿过 20 日、30 日均线形成双金叉，短期均线呈多头排列，股价的强势特征相当明显。之后，主力机构推升股价。

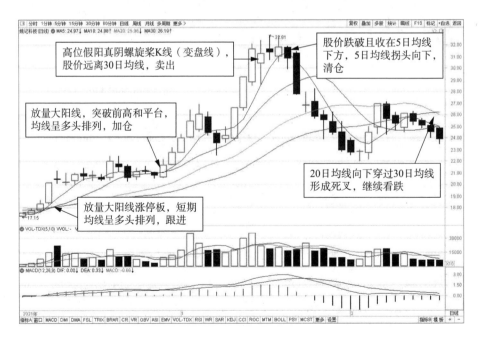

图 2-8

从上涨走势看，该股 2021 年 12 月 13 日收出一个放量大阳线涨停板之后，展开了 12 个交易日的强势整理洗盘吸筹行情，等待短期均线靠拢。强势整理洗盘吸筹期间，正是普通投资者跟庄进场逢低分批买入筹码的好时机。2021 年 12 月 30 日，该股低开，收出一根大阳线，突破前高和平台，成交量较前一交易日放大 2 倍多，5 日均线向上穿过 10 日均线形成金叉，强势整理洗盘吸筹行情结束。此时，均线呈多头排列，MACD、KDJ 等技术指标走强，股价的强势特征相当明显，后市股价快速上涨的概率大。像这种情况，普通投资者可以在当日或次日跟庄进场加仓买进筹码。之后，主力机构依托 5 日均线快速拉升股价，其间有过 1 次较大幅度的回调洗盘，股价向下跌（刺）破 10 日均线但很快收回。从 2022 年 1 月 12 日开始，主力机构加速拉升股价，整个上涨走势比较顺畅，涨幅较大。

2022 年 1 月 17 日，该股大幅低开，股价冲高回落，收出一根假阳真阴螺旋桨 K 线（高位或相对高位的螺旋桨 K 线又称变盘线或转势线；高位假阳真阴，千万小心），成交量较前一交易日萎缩。此时，股价远离 30 日均线且涨幅较大，KDJ 等部分技术指标已经有走弱的迹象，盘口的弱势特征已经显现。像这种情况，普通投资者如果手中还有筹码当天没有出完，为确保赢利最大化，可以不等 5 日均线拐头向下，在次日逢高卖出手中筹码。

1 月 20 日，该股低开，股价回落，收出一根长下影线锤头阴 K 线（高位或相对高位的锤头线又称上吊线或吊颈线），成交量较前一交易日萎缩，股价跌破且收在 5 日均线下方，5 日均线拐头向下，MACD、KDJ 等技术指标走弱。像这种情况，普通投资者如果手中还有筹码当天没有出完，次日一定要逢高清仓。1 月 21 日，该股高开，股价回落跌停，收出一根跌停大阴线，成交量较前一交易日放大，当日 5 日均线向下穿过 10 日均线形成死叉，10 日均线拐头向下，个股弱势特征相当明显，后市看跌。

2 月 11 日，该股平开，收出一根长下影线大阴线，成交量较前一交易日放大，股价收在 20 日均线下方，20 日均线拐头向下，反弹无功而返。2 月 16 日，该股低开，收出一根中阴线，成交量较前一交易日大幅萎缩，股价跌破 30 日均线且收在其下方，30 日均线即将走平。

2 月 21 日截图当日，该股高开，股价回落，收出一根中阴线，成交量较前一交易日萎缩，当日 20 日均线向下穿过 30 日均线形成死叉，均线逐渐形成空头排列之势，起着压力和助跌的作用，股价的弱势特征十分明显，后市继续看跌。

作为生命线的 30 日均线，能够比较明确地揭示股价的中期运行趋势和方向。当股价突破 30 日均线，短期 5 日均线和 10 日均线上穿 30 日均线形成黄金交叉和多头排列之势时，是普通投资者跟庄进场买入筹码的最佳时机。而作为生命线的 30 日均线在股价上涨的过程中，起着较强的支撑（助涨）作用。如果股价跌破 30 日均线确认或反抽 30 日均线无功而返，则中期趋势看淡，此时普通投资者不能盲目跟庄进场。

第二节　中期均线的实战运用

常用的中期均线有 60 日和 90 日均线，基本的实战运用技巧如下。

一、60 日均线

60 日均线也称季线、决策线，是连续 3 个交易月的平均价格，是普通投资者常用的、主力机构尤为重视的一条均线。作为决策线，60 日均线常用于判断股价的中期走势，牵引股价运行于既定的大趋势之中，无论突破或跌破该均线都代表一波牛市或熊市行情的到来。当股价突破并站上 60 日均线，且 60 日均线上行时，则预示一波大级别上涨行情已经开启，此时普通投资者应以中线做多为主。如果股价跌破并收在 60 日均线下方，且 60 日均线拐头向下，则意味着一波大级别的下跌调整行情已经展开，普通投资者应该果断看空做空。

图 2-9 是 300403 汉宇集团 2022 年 6 月 28 日星期二下午收盘时的 K 线走势图。在软件上将该股整个 K 线走势图缩小后可以看出，此时该股处于上升趋势中。股价从前期相对高位，即 2020 年 11 月 4 日的最高价 11.95 元，一路震荡下跌，至 2022 年 4 月 27 日的最低价 4.32 元止跌企稳，下跌时间长，跌幅大；下跌期间有过多次反弹，且反弹幅度较大。

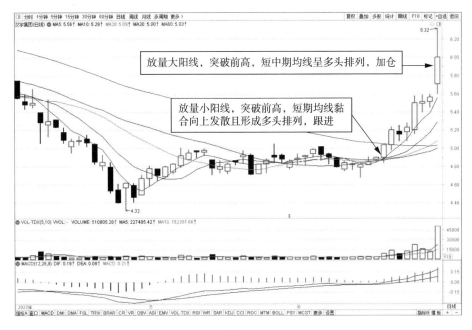

放量大阳线，突破前高，短中期均线呈多头排列，加仓

放量小阳线，突破前高，短期均线黏合向上发散且形成多头排列，跟进

图 2-9

2022 年 4 月 27 日股价止跌企稳后，主力机构快速推升股价，收集筹码。然后该股展开横盘震荡洗盘吸筹行情，K 线走势呈红多绿少、红肥绿瘦态势，成交量呈间断性放（缩）量状态。横盘震荡洗盘吸筹期间，5 日、10 日、20 日和 30 日均线反复缠绕，有过多次交叉黏合，表明短中期成本趋于一致。

6 月 17 日，该股平开，收出一根小阳线，突破前高，成交量较前一交易日放大 2 倍多，5 日、10 日、20 日和 30 日均线交叉黏合，向上多头发散。此时，短期均线呈多头排列，MACD、KDJ 等技术指标走强，股价的强势特征已经显现，后市上涨的概率大。像这种情况，普通投资者可以在当日或次日跟庄进场逢低买进筹码。

6 月 20 日，该股平开，收出一根小阳线，成交量较前一交易日大幅放大，股价突破且收在 60 日均线上方，股价的强势特征已经相当明显。像这种情况，普通投资者可以在当日或次日跟庄进场加仓买进筹码。之后，主力机构快速推升股价。

6 月 28 日截图当日，该股跳空高开，收出一根大阳线，突破前高，成交量较前一交易日放大4倍多，当日60日均线由走平转为向上移动。此时，短中期均线呈多头排列，MACD等技术指标持续走强，股价的强势特征已经非常明显，后市持续快速上涨的概率大。像这种情况，普通投资者可以在当日或次日跟庄进场逢低加仓买进筹码，持股待涨，待股价出现明显见顶信号时再撤出。

图2-10是300403汉宇集团2022年8月31日星期三下午收盘时的K线走势图。从K线走势可以看出，2022年6月28日，该股收出一根放量大阳线，突破前高，60日均线由走平转为向上移动，短中期均线呈多头排列，股价的强势特征相当明显。之后，主力机构推升股价。

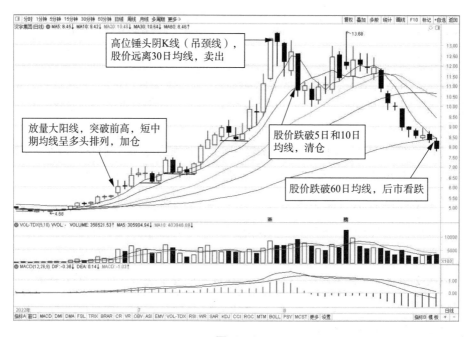

图 2-10

从该股的上涨走势看，6月28日收出一根放量大阳线之后，从6月30日开始，主力机构采用台阶式推升的操盘手法推升股价，以达到洗盘吸筹、清洗获利盘、拉高新入场普通投资者入场成本的目的。台阶式整理洗盘期间，普通投资者可以视情况进行买卖操作。

7月25日，主力机构推升3个台阶之后，当日该股高开，收出一根放量大阳线（涨幅为 14.15%），主力机构开始加速拉升，整个上涨走势比较顺畅，涨幅较大。

7 月 29 日，该股高开，收出一根长下影线锤头阴 K 线，成交量较前一交易日萎缩。此时，股价远离 30 日均线且涨幅较大，KDJ 等部分技术指标开始走弱，盘口的弱势特征已经显现。像这种情况，普通投资者如果手中还有筹码当天没有出完，为确保赢利最大化，可以不等 5 日均线拐头向下，在次日逢高卖出手中筹码。

8 月 3 日，该股低开，股价回落，收出一根大阴线（涨幅为 -15.05%），股价跌破 5 日和 10 日均线且收在 10 日均线下方，5 日均线已经拐头向下，股价的弱势特征已经非常明显。像这种情况，普通投资者如果手中还有筹码当日没出完，次日一定要逢高清仓。

8 月 22 日，该股低开，收出一根中阴线，成交量较前一交易日萎缩，股价跌破且收在 30 日均线下方，后市看跌。

8 月 31 日截图当日，该股低开，收出一根中阴线，成交量较前一交易日放大，股价跌破且收在 60 日均线下方，5 日均线向下穿过 60 日均线形成死叉，均线（除 60 日均线外）呈空头排列，均线对股价起着压制和助跌的作用，预示个股中长线看空。

作为决策线的 60 日均线，和 30 日均线一样，能够比较明确地揭示股价的中期运行趋势，当股价向上突破 60 日均线，短期 5 日均线和 10 日均线向上穿过 60 日均线形成黄金交叉，均线呈多头排列时，是普通投资者跟庄进场加仓买入筹码的最佳时机。而作为季线的 60 日均线在股价上涨的过程中，和其他短期均线一道起着较强的支撑（助涨）作用。如果股价跌破 60 日均线确认后，后市基本看跌，此时普通投资者不能盲目跟庄进场买入筹码。

二、90 日均线

90 日均线也称万能均线，是中期均线和长期均线的分界线，同时也是中线主力机构的护盘线，具有较强的助涨或助跌作用。其运行平滑，能够真实反映出股价的运行方向和趋势，是判断中期运行方向和趋势的重要依据。90

日均线作为万能均线，是较为准确的趋势（或方向）操作信号，既适用于长线操盘也适用于短线操盘。当股价向上突破并站上 90 日均线，且成交量有效放大，则预示个股走势向好，普通投资者可以跟随庄家进场买入筹码。如果股价跌破 90 日均线并收在其下方，且 90 日均线拐头向下，无论成交量是否放大，都意味着调整下跌行情已经开始，普通投资者应果断卖出手中筹码。

图 2-11 是 000534 万泽股份 2021 年 11 月 19 日星期五下午收盘时的 K 线走势图。在软件上将该股整个 K 线走势图缩小后可以看出，此时该股处于上升趋势中。股价从前期相对高位，即 2017 年 9 月 15 日的最高价 16.65 元，一路震荡下跌，至 2020 年 2 月 4 日的最低价 8.00 元止跌企稳，下跌时间长，跌幅大；下跌期间有过多次反弹，且反弹幅度大。

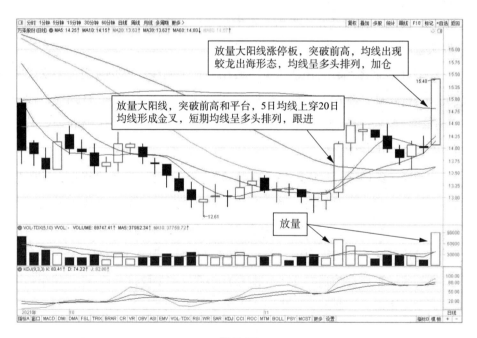

图 2-11

2020 年 2 月 4 日股价止跌企稳后，主力机构开始快速推升股价，收集筹码，然后采用高抛低吸与洗盘吸筹相结合的操盘手法，让该股展开大幅度波段式震荡盘升行情，成交量呈间断性放大状态。

2021 年 10 月 25 日，该股低开，股价冲高回落，收出一颗阳十字星，股价第三波震荡盘升回落至当日最低价 12.61 元止跌企稳，随后展开强势横盘整理洗盘吸筹行情，短期均线开始走平且缠绕。

11 月 9 日，该股高开，收出一根大阳线（收盘涨幅为 7.64%），突破前高，成交量较前一交易日放大 3 倍多，当日 5 日均线向上穿过 20 日均线形成金叉，5 日、10 日和 20 日均线形成多头排列。此时，MACD、KDJ 等技术指标走强，股价的强势特征已经显现，后市上涨的概率大。像这种情况，普通投资者可以在当日或次日跟庄进场逢低买入筹码。之后，该股强势缩量整理了 7 个交易日，等待中期均线向上靠拢。强势缩量整理期间，正是普通投资者跟庄进场逢低分批买入筹码的好时机。

11 月 19 日截图当日，该股高开，收出一个大阳线涨停板，突破前高，成交量较前一交易日放大 5 倍多，形成大阳线涨停 K 线形态。当日股价向上突破 5 日、10 日、60 日和 90 日均线（一阳穿四线），20 日和 30 日均线在股价下方向上移动，均线蛟龙出海形态形成，均线（除 60 日均线外）呈多头排列。此时，MACD、KDJ 等技术指标走强，股价的强势特征已经十分明显，后市快速上涨的概率大。像这种情况，普通投资者可以在当日或次日跟庄进场逢低加仓买入筹码。

图 2-12 是 000534 万泽股份 2022 年 1 月 20 日星期四下午收盘时的 K 线走势图。从 K 线走势可以看出，2021 年 11 月 19 日，该股收出一个放量大阳线涨停板，突破前高，形成均线蛟龙出海形态（一阳穿四线），均线呈多头排列，股价的强势特征相当明显。之后，主力机构快速推升股价。

从该股的上涨走势看，主力机构依托 5 日均线推升股价，其间进行了 2 次强势缩量调整洗盘，股价回调跌（刺）破 10 日均线但很快收回，整个上涨走势比较顺畅。

12 月 15 日，该股大幅高开（向上跳空 6.30% 开盘），股价直接回落，收出一根长下影线乌云盖顶阴 K 线（乌云盖顶阴线，是常见的看跌反转信号），成交量较前一交易日明显放大。此时，股价远离 30 日均线且涨幅较大，5 日均线有走平之势，MACD、KDJ 等技术指标有走弱的迹象，盘口的弱势特征已经显现。像这种情况，普通投资者如果手中还有筹码当天没有出完，为确保赢利最大化，可以不等 5 日均线拐头，在次日逢高就卖出手中筹码。

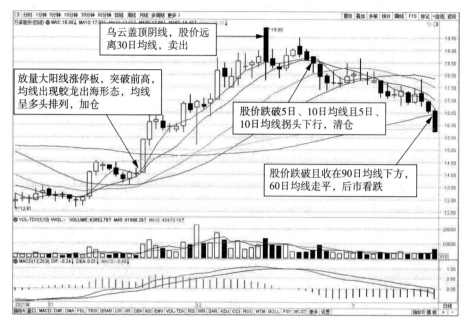

图 2-12

12 月 24 日，该股高开，收出一根长下影线小阴线，成交量较前一交易日放大，当日股价跌破 5 日、10 日均线且收在 10 日均线下方，5 日、10 日均线拐头下行。12 月 27 日，该股低开，收出一根长下影线中阴线，成交量较前一交易日明显放大，股价跌破 20 日均线且收在其下方，此时已经连续收出 4 根阴线，股价的弱势特征十分明显。像这种情况，普通投资者如果手中还有筹码当天没有出完，次日一定要逢高清仓。

2022 年 1 月 7 日，该股低开，收出一根长上影线假阳真阴小 K 线，成交量与前一交易日持平，股价跌破 30 日均线且收在其下方，此后股价一路下行，所有短期均线呈空头排列，起着压力和助跌的作用，股价的弱势特征非常明显，后市看跌。

1 月 20 日截图当日，该股高开，股价回落，收出一根大阴线，成交量较前一交易日大幅放大，股价跌破 90 日均线且收在其下方，60 日均线开始走平，股价基本跌回到起涨点，预示该股中长线趋势看空。

作为万能线的 90 日均线，和 30 日、60 日均线一样，是较为准确的趋势（或方向）操作信号，当股价向上突破 90 日均线，且成交量放大时，就是普通投资者跟庄进场快速买入筹码的最佳时机。如果股价跌破 90 日均线确认后，不管成交量放大或缩小，后市基本看跌，此时普通投资者不能盲目跟庄进场。

第三节　长期均线的实战运用

常用的长期均线有 120 日和 250 日均线，基本的实战运用技巧如下。

一、120 日均线

120 日均线也称半年线、趋势线，在长期均线组合中是比较常用的均线，用于观察和跟踪股价的长期趋势，其走势平滑且迟缓。股价在下跌趋势中，它是年线的最后一道"屏障"，在上升趋势中，它又是年线的第一道阻力线。作为趋势线，120 日均线常用于判断大盘或股价的长期走势，牵引股价运行于既定的大趋势之中，无论突破或跌破该均线，且经过 10 个交易日左右确认后，则一轮牛市或熊市行情可能到来。当 120 日均线拐头向上时，适合一些做长线的普通投资者或上班族跟庄进场买入筹码并持股待涨，好处是不用经常盯盘。当 120 日均线拐头向下时就应该坚决清仓离场，这种情况一般出现得比较少，绝大多数投资者应该会在股价跌破 30 日均线，最迟跌破 60 日均线时肯定都清仓了。

图 2-13 是 300294 博雅生物 2021 年 4 月 23 日星期五下午收盘时的 K 线走势图。在软件上将该股整个 K 线走势图缩小后可以看出，此时该股处于高位下跌之后的反弹趋势中。股价从前期相对高位，即 2020 年 8 月 4 日的最高价 58.15 元，一路震荡下跌，至 2021 年 3 月 11 日的最低价 22.08 元止跌企稳，下跌时间较长、跌幅大，下跌期间有过多次反弹，且反弹幅度较大。

2021 年 3 月 11 日股价止跌企稳后，主力机构快速推升股价，收集筹码。

3 月 16 日，该股大幅高开（向上跳空 4.27% 开盘），收出一根大阳线

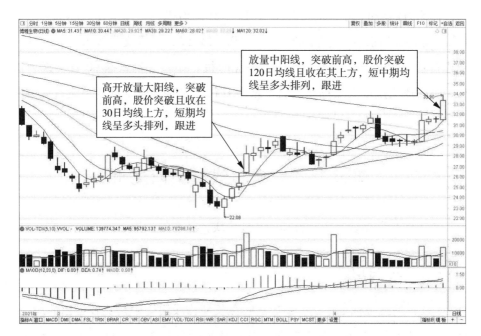

图 2-13

（收盘涨幅为 11.37%），突破前高，成交量较前一交易日明显放大。当日 5 日均线向上穿过 10 日均线形成金叉，股价突破 20 日、30 日均线且收在 30 日均线上方，5 日、10 日和 20 日均线形成多头排列。此时，MACD、KDJ 等技术指标走强，股价的强势特征已经显现，后市上涨的概率大。像这种情况，普通投资者可以在当日或次日跟庄进场逢低买进筹码。之后，股价震荡上行。

4 月 23 日截图当日，该股低开，收出一根中阳线，突破前高，成交量较前一交易日放大 2 倍多。当日股价向上突破 120 日均线，且收在 120 日均线上方，短中期均线（5 日、10 日、20 日、30 日和 60 日均线）呈多头排列。此时，MACD、KDJ 等技术指标持续走强，股价的强势特征已经相当明显，后市持续上涨的概率大。像这种情况，普通投资者可以在当日或次日跟庄进场逢低加仓买进筹码。

图 2-14 是 300294 博雅生物 2021 年 9 月 3 日星期五下午收盘时的 K 线走势图。从 K 线走势可以看出，4 月 23 日，该股收出一根放量中阳线，突破前高，股价突破 120 日均线且收在其上方，短中期均线呈多头排列，股价的强

势特征相当明显。之后，该股展开了震荡盘升行情。

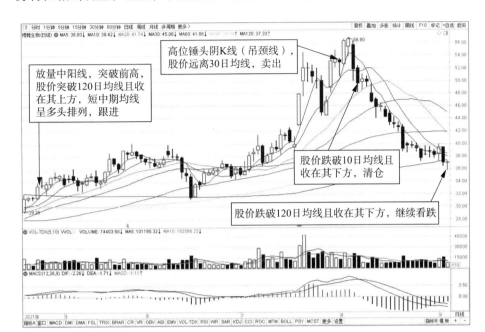

图 2-14

从该股的上涨走势看，4 月 23 日收出一根放量中阳线之后，主力机构依托 5 日均线推升股价，其间进行了 3 次回调洗盘，其中 2 次幅度较小的回调洗盘，股价跌（刺）破 10 日均线但很快收回，1 次幅度较大的回调洗盘，股价跌（刺）破 60 日均线但很快收回，整个上涨走势比较曲折艰难。

8 月 2 日，该股低开，收出一根长下影线锤头阴 K 线，成交量较前一交易日明显萎缩，加上前一交易日收出的螺旋桨阳 K 线，显示股价上涨乏力，主力机构利用盘中拉高已经开始震荡调整出货。此时，股价远离 30 日均线且涨幅较大，KDJ 等部分技术指标有走弱的迹象，盘口的弱势特征已经显现。像这种情况，普通投资者如果手中还有筹码当天没有出完，为确保赢利最大化，可以不等 5 日均线拐头向下，在次日逢高就卖出手中筹码。

8 月 6 日，该股高开，股价回落，收出一根中阴线，成交量较前一交易日明显萎缩，当日股价跌破 10 日均线且收在其下方，5 日、10 日均线拐头下行，盘口的弱势特征已经非常明显。像这种情况，普通投资者如果手中还有筹码当天没有出完，次日一定要逢高清仓。

8月13日，该股高开，收出一颗阳十字星，成交量较前一交易日大幅萎缩，当日股价跌破30日均线且收在其下方，5日均线向下穿过10日、20日和30日均线形成死叉，30日均线即将走平。之后，股价急速下跌，30日均线拐头向下，所有短期均线下穿60日、90日均线，均线呈空头排列，起着压力和助跌的作用，60日、90日均线走平且有拐头向下的趋势，该股弱势特征十分明显，后市看跌。

9月3日截图当日，该股平开，收出一颗阳十字星，股价跌破120均线且收在其下方，预示该股长线看空。

作为半年线的120日均线，时间跨度较长，走势平滑且迟缓，适合普通投资者跟踪观察分析股价的长期运行趋势，能够为做中长线的普通投资者提供比较准确的趋势投资建议。实战操盘中，当股价向上突破120日均线，均线呈多头排列之时，普通投资者可以快速跟庄进场买入筹码，积极做多，待短期均线拐头向下时撤出。作为趋势线的120日均线，能够比较明确地揭示股价的长期操作信号，如果股价跌破120日均线确认后，此后相当长时间市场将受到空方力量的控制，后市看跌，普通投资者要看空做空，不能盲目跟庄进场买入筹码。

二、250日均线

250日均线又称年线，显现出股价在过去1年的平均移动趋势，它是股市长期走势的生命线，是股价走势的牛熊线，也称牛熊走势的分界线，其走势平滑且极为迟缓。250日均线作为一种长期均线指标，一般不单独使用，主要与20日、120日均线配合使用（即1250均线法则），起辅助参考作用。实战操盘中，普通投资者尤其是短线投资者很少会用到250日均线，作为长期均线指标，经常用于判断股价走势的牛熊转换。

图2-15是601336新华保险2020年7月2日星期四下午收盘时的K线走势图。关于250日均线（年线）的实战运用（即250日均线与20日、120日均线配合运用，250日均线起辅助参考作用），下面通过1250均线战法（又

称三线开花战法）进行分析。在软件上将该股整个 K 线走势图缩小后可以看出，此时，该股上市后已经有过 3 波大涨（也可以说是 1 波大涨和 2 波大幅度反弹），即 2015 年 6 月 9 日前、2017 年 11 月 22 日前以及 2020 年 10 月 19 日前，这 3 波大涨之间又有 2 波幅度较大的反弹。这里主要分析第三波大涨过程中 1250 均线战法的实战运用。

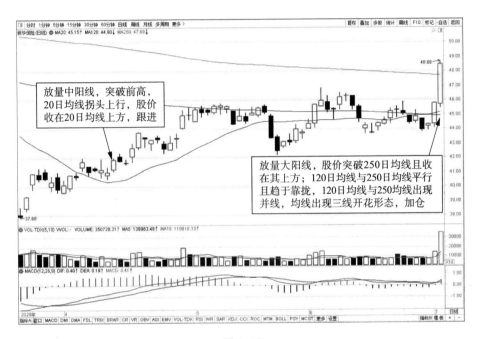

图 2-15

该股从前期相对高位，即 2019 年 4 月 19 日的最高价 64.99 元（第二波反弹的高点），一路震荡下跌，至 2020 年 3 月 23 日的最低价 37.88 元止跌企稳，下跌时间长、跌幅大，下跌期间有过多次反弹，且反弹幅度较大。

2020 年 3 月 23 日股价止跌企稳后，主力机构快速推升股价，收集筹码。

4 月 14 日，该股高开，收出一根中阳线，突破前高，成交量较前一交易日放大近 2 倍，当日 20 日均线拐头上行，股价收在 20 日均线上方。此时，MACD、KDJ 等技术指标走强，股价的强势特征已经显现，后市上涨的概率大。像这种情况，普通投资者可以在当日或次日跟庄进场逢低分批买进筹码。之后，主力机构推升股价，股价震荡上行。

5月19日，该股高开，收出一根长上影线小阳线，成交量较前一交易日放大。20日均线开始走平，与120日均线平行向前移动，股价牵引20日均线和120日均线逐渐靠拢，该股展开横盘震荡洗盘吸筹行情。

7月1日，该股高开，收出一根中阳线，成交量较前一交易日放大近2倍，20日均线向上穿过120日均线形成黄金交叉，120日均线走平，股价的强势特征基本确立。像这种情况，普通投资者可以在当日或次日跟庄进场加仓买入筹码。

7月2日截图当日，该股低开，收出一根大阳线（涨幅为5.90%），成交量较前一交易日放大2倍多，股价突破250日均线，收在250日均线上方；120日与250日均线平行且趋于接近靠拢（往前延伸至金叉），120日均线与250日均线出现并线，三线开花均线形态出现。此时，MACD、KDJ等技术指标走强，股价的强势特征相当明显，后市持续上涨的概率大。像这种情况，普通投资者可以在当日或次日跟庄进场逢低加仓买入筹码。

图2-16是601336新华保险2021年1月26日星期二下午收盘时的K线走势图。从K线走势可以看出，2020年7月2日，该股低开收出一根放量大阳线，股价突破250日均线，收在250日均线上方，120日均线与250日均线平行且趋于接近靠拢（往前延伸至金叉），120日均线与250日均线出现并线，三线开花均线形态出现，股价的强势特征相当明显。之后，主力机构快速拉升股价，然后该股展开震荡盘升行情。

从该股的上涨走势看，2020年7月2日收出一根放量中阳线之后，主力机构依托20日均线推升股价，其间进行了2次较大幅度的调整洗盘，每次回调确认（8月4日和9月16日），都是普通投资者跟庄进场加仓买进的好时机，整个上涨走势比较曲折（毕竟前期已经有了2波大幅度的上涨，这一波拉升，尤其是后期的震荡盘升，主力机构的主要操盘目的应该是派发出货）。

10月19日，该股低开，股价冲高回落，收出一根长上影线倒锤头阴K线（高位倒锤头K线又称射击之星或流星线），成交量较前一交易日放大，显示股价上涨乏力，主力机构盘中拉高股价的目的是震荡调整出货。此时，股价涨幅较大，KDJ等部分技术指标开始走弱，盘口的弱势特征已经显现。像这种情况，普通投资者如果手中还有筹码当天没有出完，为确保赢利最大化，

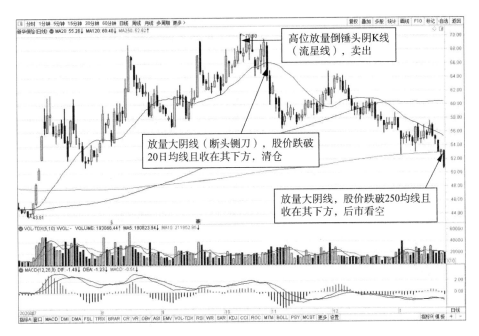

图 2-16

可以不等 20 日均线拐头向下，在次日逢高就卖出手中筹码。

10 月 30 日，该股低开，股价回落，收出一根大阴线（在完整的均线系统中，当日的大阴线同时切断了 5 日、10 日、20 日和 30 日 4 条均线，因此又可称之为断头铡刀阴线），成交量较前一交易日明显放大，股价跌破 20 日均线且收在其下方，股价的弱势特征已经非常明显。像这种情况，普通投资者如果手中还有筹码当天没有出完，次日一定要逢高清仓。

12 月 22 日，该股平开，收出一根大阴线，成交量较前一交易日明显放大，股价跌破 120 日均线且收在其下方，120 日均线即将走平，股价的弱势特征已经非常明显，后市看跌。之后股价继续下跌，20 日、120 日均线拐头向下，起着压力和助跌的作用，该股弱势特征十分明显。

2021 年 1 月 26 日截图当日，该股平开，收出一根大阴线，成交量较前一交易日放大，股价在前一交易日击穿 250 日均线后，当日股价跌破 250 日均线且收在其下方，预示该股长期趋势看空。

作为年线的 250 日均线，时间跨度长，走势平滑迟缓，是牛熊趋势的分界线，适合普通投资者跟踪观察分析股价的长期运行趋势。实战操盘中，主要与 20 日、120 日均线配合使用，起辅助参考作用（称为 1250 均线战法）。在 1250 均线战法中，20 日均线在低位拐头向上，就意味着上升趋势萌发；20 日均线向上穿过 120 日均线形成黄金交叉，如有成交量放大的配合，是强势特征确立和强烈买入的信号；120 日均线与 250 日均线走平或拐头向上穿过 250 日均线形成黄金交叉，显示股价的强势特征非常明显，是普通投资者加仓买入筹码的信号。为防止主力机构的技术骗线，实战运用中，普通投资者可以改变均线参数，将 1250 均线战法中的 20 日均线替换为 10 日或 30 日均线，将均线系统设置为 1150 或 1350 均线战法模式，这样就将跟庄进场时间提前或推后，尽可能地避免陷入主力机构的技术陷阱中。但普通投资者要注意一点，就是股价上涨远离 10 日、20 日或 30 日均线太远时，应该先卖出手中筹码，落袋为安。

在股价跌破 250 日均线之后，可能相当长一段时间，股价将惯性下跌，普通投资者要看空做空，不能盲目跟庄进场买入筹码。

第三章

▼

均线组合与实战运用

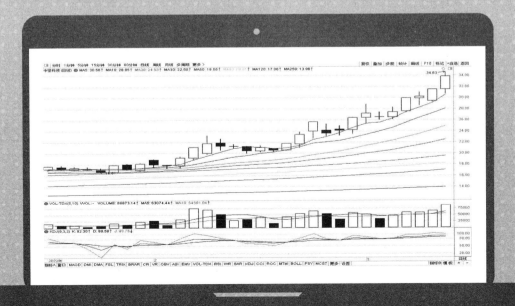

均线组合，是指依据均线的计算周期，把 2 条或 2 条以上均线搭配在一起的均线组合形态。

把不同周期的均线搭配组合，使用的效果要比单条均线好得多，因为均线组合的信号要比单条均线指标的信号更强烈、发挥的作用更大。也只有 2 条或 2 条以上均线搭配在一起的均线组合才会出现交叉、收窄、黏合、发散等形态，更真实地反映市场实际交易状况，便于投资者判断行情趋势、把握买卖点。当然，普通投资者在判断行情趋势、把握买卖点时，一定要结合 K 线形态、成交量和其他技术指标等进行综合研判，以提高准确性，确保操盘跟庄实战效益。

一般情况下，均线组合分为混搭均线组合和顺搭均线组合两种。当然，在实战操盘中，投资者可以根据自己的操盘目的和意图，灵活调整参数，搭配所需要的均线进行组合，设置自己需要的均线系统，以防止主力机构的骗线行为。

混搭均线组合是把周期差距比较大的几条均线搭配在一起的组合形态。通常是从短、中、长期均线中挑出几条具有代表性的均线组合在一起。混搭均线组合可以分为日均线混搭组合、周均线混搭组合和月均线混搭组合 3 种。普通软件系统默认的日均线混搭组合，配置均线为 5 日、10 日、20 日、60 日均线。但日常盯盘中，投资者比较常用的日均线混搭组合为 5 日、30 日、90 日、250 日均线组合，这个组合便于判断大势、把握方向。因为该组合分别配置了超短期、短期、中期和长期均线，利于观察掌握当前股价所处的位置，掌握均线的支撑和压力状况，准确判断股价未来的发展趋势和方向。

顺搭均线组合是把周期顺势、差距不大的几条均线搭配在一起，进行专门分析判断股价走势的组合形态。主要分析判断股价的发展趋势和方向，确认买卖点。顺搭均线组合也可以分为日均线顺搭组合、周均线顺搭组合和月均线顺搭组合3种。其中，又可以把日均线顺搭组合分为短期均线组合、中期均线组合和长期均线组合。

实战操盘中，普通投资者主要还是以日均线组合来分析趋势、把握买卖点。为此，这里主要分析和研究日线短期、中期和长期均线组合的实战运用。

普通投资者需要特别注意的是，在把握大势、确定买卖点时，不能仅凭均线组合一种技术形态，一定要结合政策面、大盘走势、个股的基本面、消息面以及K线、成交量等其他技术指标进行综合研判。

第一节　短期均线组合及其实战运用

日线级别比较常用的短期均线组合，是以5日均线为基准，把周期顺势、差距不大的2条或2条以上的短期均线搭配在一起，用来专门分析判断短中期趋势的组合形态。将2条均线搭配在一起的短期均线组合一般有5日、10日均线组合，5日、20日均线组合，5日、30日均线组合，用于判断短期买卖点。当然，还有其他更多搭配组合，这里不一一列举，也不展开分析研究。这里主要分析3条均线搭配在一起的短期均线组合及其实战运用问题。

3条均线搭配的短期均线组合，最为常见的主要有5日、10日、20日均线组合和5日、10日、30日均线组合两种。在短期均线组合的向上运行趋势中，5日均线作为短期均线，是多方护盘的核心，否则上涨的力度就十分有限；10日均线作为中期均线，是多方的重要支撑线，如果10日均线被有效跌破，趋势就可能变弱；20日均线作为短期均线组合中的长期均线既起着辅助操盘的作用，又可以用来分析判断市场的支撑位或压力位；30日均线作为短期均线组合中的长期均线起着揭示股价方向和趋势的作用，如上行短期则可看多做多，下行则相反，一旦趋势形成就难以改变，是衡量短中期趋势强弱的主要指标。

一、短期5日、10日、20日均线组合

短期5日、10日、20日均线组合，是一组比较容易把握但又比较灵活的

短线交易均线组合，主要用于观察和把握股价短期运行的趋势和方向，确认短期买卖点。在这个均线组合中，5 日均线为短期均线、10 日均线为中期均线、20 日均线为长期均线。20 日均线在其中起着辅助 10 日均线操盘的作用，把握趋势和方向。该均线组合操作简便，可信度高，不足之处是稳定性不是很强，不适用于观察和研判中长期发展趋势和方向。

图 3-1 是 300609 汇纳科技 2021 年 11 月 2 日星期二下午收盘时的 K 线走势图。在软件上将该股整个 K 线走势图缩小后可以看出，此时该股处于反弹趋势中。股价从前期相对高位，即 2020 年 8 月 10 日的最高价 47.50 元，一路震荡下跌，至 2021 年 2 月 8 日的最低价 13.32 元止跌企稳，下跌时间较长，跌幅大；下跌期间有过多次反弹，且反弹幅度大。

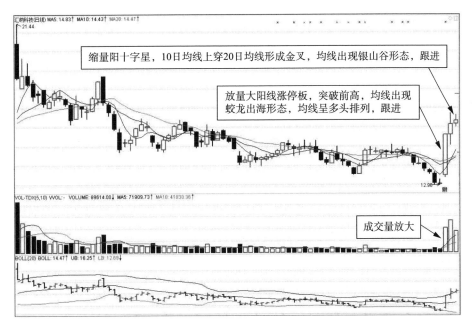

图 3-1

2021 年 2 月 8 日股价止跌企稳后，主力机构快速推升股价，收集筹码。然后该股展开大幅横盘震荡（挖坑）洗盘吸筹行情，主力机构高抛低吸赢利与洗盘吸筹并举。横盘震荡期间，该股成交量呈间断性放（缩）量状态。

10 月 28 日（横盘震荡洗盘吸筹 8 个多月后），该股高开，股价探至最低价 12.96 元止跌企稳，收出一颗阴十字星，成交量较前一交易日萎缩，换手率为 1.55%，挖坑洗盘行情结束。

10 月 29 日，该股跳空高开，收出一个大阳线涨停板，突破前高，成交量较前一交易日放大 7 倍多，留下向上跳空突破缺口，形成向上突破缺口和大阳线涨停 K 线形态。当日股价向上突破 5 日、10 日和 20 日均线（一阳穿三线），均线蛟龙出海形态形成，5 日、10 日、20 日均线呈多头排列。此时，MACD、KDJ 等技术指标走强，股价的强势特征相当明显，后市上涨的概率大。像这种情况，普通投资者可以在当日或次日跟庄进场逢低分批买进筹码。

11 月 1 日，该股平开，收出一根小阳线，突破前高，成交量较前一交易日有效放大，5 日均线向上穿过 10 日、20 日均线形成金叉，股价站上 5 日、10 日和 20 日均线。

11 月 2 日截图当日，该股高开，收出一颗阳十字星，突破前高，成交量较前一交易日萎缩。当日 10 日均线向上穿过 20 日均线形成金叉，均线银山谷形态形成，股价的强势特征已经十分明显。普通投资者可以在当日或次日跟庄进场加仓买入筹码。

图 3-2 是 300609 汇纳科技 2022 年 3 月 15 日星期二下午收盘时的 K 线走势图。从该股的 K 线走势可以看出，2021 年 11 月 2 日，该股收出一颗缩量阳十字星，10 日均线向上穿过 20 日均线形成金叉，均线银山谷形态形成，之后主力机构依托 10 日均线推升股价，股价缓慢震荡上行，走得比较曲折艰难，其间多次跌破 20 日均线但都被拉回，20 日均线对股价起到了较好的支撑和助涨的作用。

2022 年 3 月 4 日，该股高开，股价冲高回落，收出一根倒锤头阳 K 线（高位倒锤头 K 线又称射击之星或流星线），成交量较前一交易日放大。当日 5 日均线走平，股价远离 20 日均线，且股价自启动上涨以来涨幅也较大，加上大盘走势低迷，显露出主力机构有盘中拉高震荡出货的迹象。为以防万一，确保赢利，普通投资者可以不等 5 日均线拐头向下，在当日或次日逢高就卖出手中筹码。

3 月 7 日，该股大幅跳空低开，收出一根倒锤头阴 K 线，成交量较前一交易日萎缩，股价跌破 5 日均线且收在 5 日均线下方，5 日均线拐头向下。此

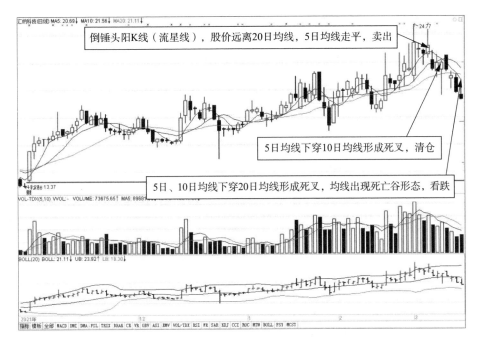

图 3-2

时，MACD、KDJ 等技术指标走弱，盘口的弱势特征已经十分明显。像这种情况，普通投资者如果手中还有筹码当天没有出完，次日一定要逢高清仓。

3 月 9 日，该股低开，收出一根锤头阳 K 线，成交量较前一交易日放大，股价跌破 10 日均线且收在其下方，5 日均线向下穿过 10 日均线形成死叉，后市看跌。

3 月 14 日，该股低开，收出一根中阴线，成交量较前一交易日萎缩，股价跌破 20 日均线且收在其下方，5 日均线向下穿过 20 日均线形成死叉，20 日均线走平，持续看跌。

3 月 15 日截图当日，该股低开，收出一根倒锤头阴 K 线，成交量较前一交易日放大，10 日均线向下穿过 20 日均线形成死叉，均线死亡谷形态形成，20 日均线由走平转头下行，5 日、10 日和 20 日均线压制股价起着助跌的作用，均线又呈空头排列之势，股价的弱势特征已经非常明显，中期下跌调整行情已经展开，后市继续看跌。

图 3-3 是 002264 新华都 2021 年 11 月 23 日星期二下午收盘时的 K 线走

势图。在软件上将该股整个K线走势图缩小后可以看出，此时该股处于反弹趋势中。股价从前期相对高位，即2020年7月14日的最高价6.25元，一路震荡下跌，至2021年2月4日的最低价3.93元止跌企稳，下跌时间虽然不是很长，但跌幅较大；下跌期间有过多次反弹，且反弹幅度大。

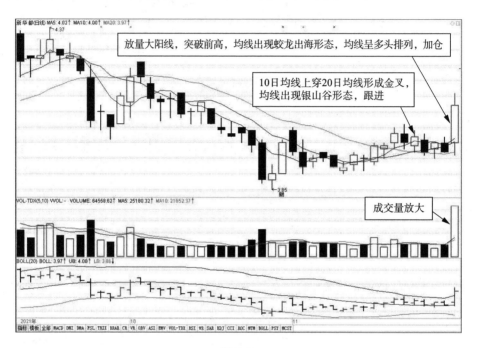

图3-3

2021年2月4日股价止跌企稳后，主力机构快速推升股价，收集筹码。然后该股展开大幅横盘震荡（挖坑）洗盘吸筹行情，主力机构高抛低吸赢利与洗盘吸筹并举，其间该股收出过1个大阳线涨停板，为吸筹建仓型涨停板。横盘震荡期间，主力机构有过多次冲高回落试盘行为，该股成交量呈间断性放（缩）量状态。

10月28日（横盘震荡洗盘吸筹8个多月后），该股平开，股价探至当日最低价3.85元止跌企稳，收出一颗阳十字星，成交量较前一交易日萎缩，换手率为0.27%，挖坑洗盘行情结束。此后，该股展开强势横盘整理行情，主力机构继续收集筹码，K线走势呈红多绿少、红肥绿瘦态势。强势横盘整理期间，该股的5日均线与10日均线多次交叉黏合。

11 月 11 日，该股低开，收出一根小阳线，突破前高，成交量较前一交易日有效放大，5 日均线再次向上穿过 10 日均线形成金叉，股价突破 5 日和 10 日均线，盘口的强势特征开始显现。

11 月 15 日，该股高开，收出一根小阳线，突破前高，成交量较前一交易日有效放大，5 日均线向上穿过 20 日均线形成金叉，股价站上 5 日、10 日和 20 日均线，股价的强势特征已经相当明显，普通投资者可以在当日或次日跟庄进场逢低分批买入筹码。

11 月 17 日，该股低开，收出一颗阳十字星，成交量与前一交易日基本持平，10 日均线向上穿过 20 日均线形成金叉，均线银山谷形态形成。

11 月 23 日截图当日，该股高开，收出一根大阳线，突破前高，成交量较前一交易日放大 4 倍。当日股价向上突破 5 日、10 日、20 日均线，均线蛟龙出海形态形成，均线呈多头排列。此时，MACD、KDJ 等技术指标走强，股价的强势特征相当明显，后市上涨的概率大。像这种情况，普通投资者可以在当日或次日跟庄进场逢低加仓买入筹码。

图 3-4 是 002264 新华都 2021 年 12 月 23 日星期四下午收盘时的 K 线走势图。从 K 线走势可以看出，11 月 23 日，该股高开，收出一根放量大阳线，突破前高，当日股价向上突破 5 日、10 日和 20 日均线，均线蛟龙出海形态形成，均线呈多头排列，股价的强势特征相当明显。之后，主力机构依托 5 日均线快速拉升股价，其间有过 2 次强势调整，调整时间为 1~2 个交易日，调整当日股价虽然跌（刺）破 5 日均线，但收盘都收在 5 日均线之上，5 日均线对股价起到了较好的支撑和助涨作用。

12 月 9 日，该股低开，股价冲高回落，收出一颗长上影线阴十字星（高位或相对高位十字星又称黄昏之星），成交量较前一交易日明显放大，显示股价上涨乏力，主力机构盘中拉高股价的目的是震荡调整出货。此时，股价远离 20 日均线且涨幅较大，MACD、KDJ 等技术指标开始走弱，盘口的弱势特征已经显现。像这种情况，普通投资者如果手中还有筹码当天没有出完，为确保赢利最大化，可以不等 5 日均线拐头向下，在次日逢高就卖出手中筹码。

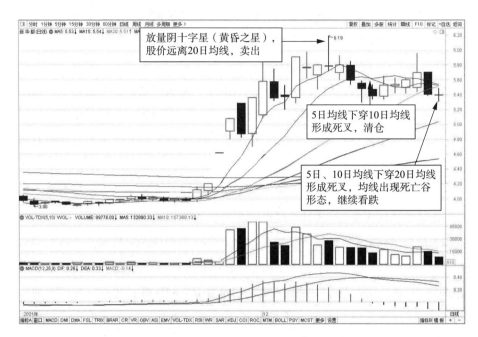

图 3-4

12 月 10 日，该股低开，股价冲高回落，收出一根小螺旋桨阳 K 线，成交量较前一交易日萎缩，5 日均线拐头向下。

12 月 14 日，该股低开，收出一根锤头阴 K 线，成交量较前一交易日萎缩，股价跌破 5 日和 10 日均线且收在 10 日均线下方。

12 月 15 日，该股平开，收出一根中阴线，成交量较前一交易日继续萎缩，5 日均线下穿 10 日均线形成死叉，盘口弱势特征已经相当明显。像这种情况，普通投资者如果手中还有筹码当天没有出完，次日一定要逢高清仓。

12 月 23 日截图当日，该股平开，收出一根阴十字线，成交量较前一交易日萎缩，5 日、10 日均线向下穿过 20 日均线形成死叉，均线死亡谷形态形成，股价跌破 20 日均线且收在 20 日均线下方，20 日均线走平，5 日、10 日均线一直压制股价下行，均线又呈空头排列之势，股价的弱势特征非常明显，有展开中期下跌调整行情的趋势，后市继续看跌。

二、短期 5 日、10 日、30 日均线组合

短期 5 日、10 日、30 日均线组合是普通投资者最常用的均线组合之一，较短期 5 日、10 日、20 日均线组合在行情运行中要稳健一些，主要用于观察和把握股价的短中期运行趋势和方向，确认短期买卖点，实用性强、可信度高。在这个均线组合中，5 日均线作为短期均线、10 日均线作为中期均线、30 日均线作为长期均线来使用。30 日均线作为该均线组合的长期均线来使用，能较好地揭示股价的中期运行趋势和方向。

图 3-5 是 002095 生意宝 2021 年 11 月 10 日星期三下午收盘时的 K 线走势图。在软件上将该股整个 K 线走势图缩小后可以看出，此时该股处于高位下跌之后的反弹趋势中。股价从前期相对高位，即 2019 年 9 月 9 日的最高价31.57 元，一路震荡下跌，至 2021 年 2 月 4 日的最低价 11.58 元止跌企稳，下跌时间长，跌幅大，下跌期间有过多次反弹，且反弹幅度大。

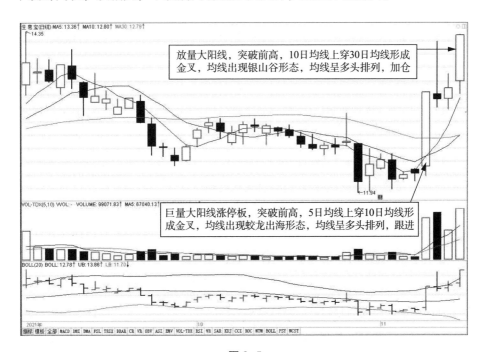

图 3-5

2021年2月4日股价止跌企稳后，主力机构快速推升股价，收集筹码。然后该股展开大幅横盘震荡（挖坑）洗盘吸筹行情，主力机构高抛低吸赢利与洗盘吸筹并举，其间收出过2个涨停板（1个小阳线涨停板和1个大阳线涨停板），均为吸筹建仓型涨停板。横盘震荡（挖坑）洗盘吸筹期间，该股成交量呈间断性放（缩）量状态。

10月28日（横盘震荡洗盘吸筹8个多月后），该股低开，股价探至当日最低价11.94元止跌企稳，收出一根略带下影线的大阴线，成交量较前一交易日放大，换手率为0.84%，挖坑洗盘吸筹行情结束。之后，该股展开强势整理行情，主力机构继续收集筹码。股价强势整理期间，5日、10日均线由走平逐渐翘头向上移动。

11月5日，该股跳空高开，收出一个大阳线涨停板，突破前高，成交量较前一交易日放大13倍多，形成巨量大阳线涨停K线形态。当日股价向上突破5日、10日和30日均线（一阳穿三线），均线蛟龙出海形态形成，5日均线向上穿过10日均线形成金叉，30日均线走平，5日、10日和30日均线呈多头排列。此时，MACD、KDJ等技术指标走强，股价的强势特征相当明显，后市上涨的概率大。像这种情况，普通投资者可以在当日或次日跟庄进场逢低加仓买进筹码。

11月8日，该股低开，股价冲高回落，收出一颗长上影线阴十字星，成交量较前一交易日放大，5日均线向上穿过30日均线形成金叉，股价站上5日、10日和30日均线，盘口的强势特征非常明显。像这种情况，普通投资者可以在当日或次日跟庄进场逢低加仓买入筹码。

11月10日截图当日，该股高开，收出一根大阳线，突破前高，成交量较前一交易日明显放大，10日均线向上穿过30日均线形成金叉，均线银山谷形态形成，均线呈多头排列之势。此时，MACD、KDJ等技术指标持续走强，股价的强势特征已经十分明显，后市快速上涨的概率大。像这种情况，普通投资者可以在当日或次日跟庄进场加仓买入筹码。

图3-6是002095生意宝2021年12月16日星期四下午收盘时的K线走势图。从K线走势可以看出，11月10日，该股高开，收出一根放量大阳线，突破前高，10日均线向上穿过30日均线形成金叉，均线银山谷形态形成，均

线呈多头排列，股价的强势特征相当明显。之后，主力机构依托5日均线快速拉升股价，其间有2次强势小调整，股价跌（刺）破5日均线但很快收回，5日均线对股价起到了较好的支撑和助涨作用。

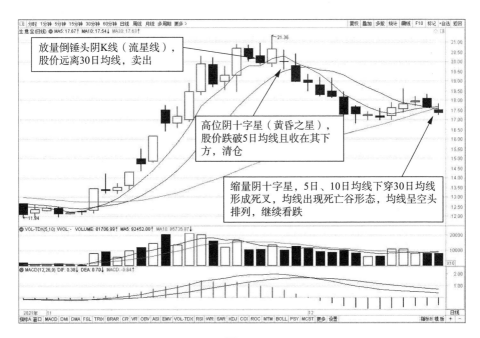

图 3-6

11月25日，该股高开，股价冲高回落，收出一根长上影线倒锤头阴K线，成交量较前一交易日放大，显示股价上涨乏力，主力机构盘中拉高股价的目的是震荡调整出货。此时，5日均线走平，股价远离30日均线且涨幅较大，MACD、KDJ等技术指标开始走弱，盘口的弱势特征已经显现。像这种情况，普通投资者如果手中还有筹码当天没有出完，为确保赢利最大化，可以不等5日均线拐头向下，在次日逢高就卖出手中筹码。

11月29日，主力机构大幅低开，股价冲高回落，收出一颗阴十字星（高位或相对高位十字星又称黄昏之星），成交量较前一交易日萎缩，股价跌破5日均线且收在其下方，5日均线拐头向下，盘口的弱势特征已经相当明显。像这种情况，普通投资者如果手中还有筹码当天没有出完，次日应该逢高清仓。

12月1日，该股高开，股价冲高回落，收出一颗阴十字星，成交量较前一交易日萎缩，股价跌破10日均线且收在其下方，5日均线向下穿过10日均线形成死叉，盘口的弱势特征非常明显，后市看跌。

12月16日截图当日，该股低开，收出一颗阴十字星，成交量与前一交易日持平，股价依托30日均线反弹失败，股价跌破30日均线且收在其下方；5日、10日均线向下穿过30日均线形成死叉，均线死亡谷形态形成；5日、10日均线一直压制股价下行，均线呈空头排列之势，股价的弱势特征十分明显，有展开中期下跌调整行情的趋势，后市继续看跌。

图3-7是688589力合微2021年11月9日星期二下午收盘时的K线走势图。在软件上将该股整个K线走势图缩小后可以看出，此时该股处于上升趋势中。股价从前期相对高位，即2021年8月13日的最高价57.61元，回调洗盘，至2021年10月27日的最低价32.62元止跌企稳，回调洗盘时间虽然较短，但回调幅度大。

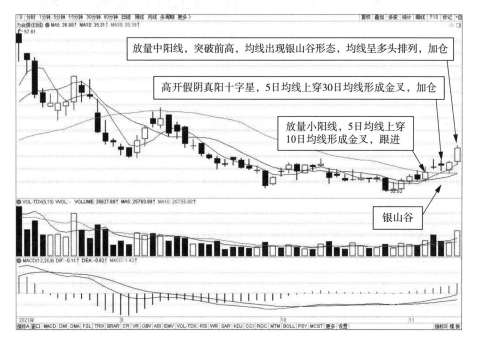

图3-7

2021 年 10 月 27 日股价止跌企稳后，主力机构快速推升股价，收集筹码。

10 月 29 日，该股高开，收出一根中阳线，突破前高，成交量较前一交易日明显放大，股价突破 5 日、10 日均线且收在其上方，5 日、10 日均线走平。11 月 2 日，该股高开，收出一根小阴线，成交量较前一交易日萎缩，5 日均线拐头上行。

11 月 3 日，该股高开，收出一根小阳线，突破前高，成交量较前一交易日明显放大。当日 5 日均线向上穿过 10 日均线形成金叉，股价站上 5 日和 10 日均线。此时，MACD、KDJ 等技术指标开始走强，股价的强势特征已经显现，后市上涨的概率大。像这种情况，普通投资者可以在当日或次日跟庄进场逢低买入筹码。

11 月 5 日，该股高开，股价冲高回落，收出一颗假阴真阳十字星，突破前高，成交量较前一交易日萎缩。当日 5 日均线向上穿过 30 日均线形成金叉，股价站上 5 日、10 日和 30 日均线，股价的强势特征已经非常明显。像这种情况，普通投资者可以在当日或次日跟庄进场加仓买入筹码。

11 月 9 日截图当日，该股跳空高开，收出一根中阳线，突破前高，成交量较前一交易日明显放大。当日 10 日均线向上穿过 30 日均线形成金叉，均线银山谷形态形成，均线呈多头排列。此时，MACD、KDJ 等技术指标持续走强，股价的强势特征已经非常明显，后市持续快速上涨的概率大。像这种情况，普通投资者可以在当日或次日跟庄进场逢低加仓买入筹码。

图 3-8 是 688589 力合微 2022 年 1 月 7 日星期五下午收盘时的 K 线走势图。从 K 线走势可以看出，2021 年 11 月 9 日，该股高开，收出一根放量中阳线，突破前高，10 日均线向上穿过 30 日均线形成金叉，均线银山谷形态形成，均线呈多头排列，股价的强势特征相当明显。之后，主力机构依托 5 日均线快速拉升股价，其间该股展开了 3 次调整行情，每次时间都在 4 个交易日以上，且股价均跌破了 5 日均线，但由于 10 日和 30 日均线对股价的支撑和助涨作用，股价很快又都拉回到 5 日均线之上，整个走势还算顺畅，涨幅较大。

12 月 17 日，该股低开，股价冲高回落，收出一颗阴十字星，成交量较前一交易日萎缩，显示股价上涨乏力，主力机构盘中拉高股价的目的是震荡调整出货。此时，股价远离 30 日均线且涨幅较大，KDJ 等部分技术指标开始走

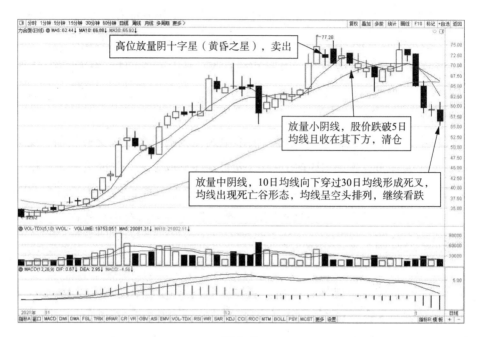

图 3-8

弱，盘口的弱势特征已经显现。像这种情况，普通投资者如果手中还有筹码当天没有出完，为确保赢利最大化，可以不等 5 日均线拐头向下，在次日逢高卖出手中筹码。

12 月 22 日，该股高开，收出一根小阴线，成交量较前一交易日放大，股价跌破 5 日均线且收在其下方，5 日均线拐头向下，盘口的弱势特征已经相当明显。像这种情况，普通投资者如果手中还有筹码当天没有出完，次日应该逢高清仓。

12 月 27 日，该股高开，股价回落，收出一根锤头阴 K 线，成交量较前一交易日放大，股价跌破 10 日均线且收在其下方，5 日均线下穿 10 日均线形成死叉，股价的弱势特征相当明显，后市看跌。

2022 年 1 月 4 日，该股高开，股价直接回落，收出一根大阴线（断头铡刀），股价向下穿过 5 日、10 日和 30 日均线，股价依托 10 日均线反弹，无功而返，5 日均线再次向下穿过 10 日均线形成死叉，30 日均线走平，继续看跌。

1月5日，该股高开，股价回落，再次收出一根大阴线，成交量较前一交易日放大，股价跌破30日均线且收在其下方。1月6日，该股低开，股价冲高回落，收出一颗假阳真阴十字星，成交量较前一交易日萎缩，5日均线向下穿过30日均线形成死叉。

1月7日截图当日，该股平开，收出一根中阴线，成交量较前一交易日明显放大，10日均线向下穿过30日均线形成死叉，均线死亡谷形态形成，均线呈空头排列之势，股价的弱势特征十分明显，有展开中期下跌调整行情的趋势，后市继续看跌。

第二节　中期均线组合及其实战运用

中期均线组合，是以10日均线为基准，把周期顺势、差距不大的2条或2条以上均线搭配在一起，用来专门分析判断股价中期趋势的组合形态。用中期均线组合来分析研判大盘和个股，要比短期均线组合更加准确、可靠。

将2条均线搭配在一起的两两中期均线组合一般有10日、60日均线组合，20日、60日均线组合，30日、60日均线组合，主要用于判断个股的中期发展趋势和买卖点。当然，还有其他很多搭配组合，不再多列。这里，主要分析3条均线搭配在一起的中期均线组合及其实战运用。

3条均线搭配在一起的中期均线组合，最为常见的主要有10日、20日、60日均线组合、10日、30日、60日均线组合和10日、40日、60日均线组合3种。

在中期均线组合的行情上升趋势中，10日均线作为短期均线充当攻击线，是多方护盘的核心，否则上升趋势就可能改变；20日均线作为中期均线，用来判断市场的支撑位或压力位；30日均线作为中期均线，趋势性强，其走向代表一种方向和趋势；40日均线是有些主力机构专门设定的中期参考均线，相比30日均线，能起到更好地判断行情发展方向和趋势的作用。60日均线作为中期均线组合中的长期均线，能够明确股价中期反转趋势，若上行突破，则代表一波中级行情的到来，可看多做多，如下行跌破则相反。

中期均线组合是专门用来分析判断股价中期趋势的组合形态，与其他周期的均线组合相比较，无论是在单边行情、反弹行情和横盘震荡行情趋势中，该均线组合的优势都更加明显，趋势感和方向性更强。

一、中期 10 日、20 日、60 日均线组合

中期 10 日、20 日、60 日均线组合，是一组比较稳健、操作性比较强的中线交易均线组合。在这个均线组合中，10 日均线作为短期均线使用，充当攻击线，同时代表短线操盘中市场价格的方向和趋势。20 日均线作为中期均线使用，既起着辅助线的作用，用于判断支撑和压力，又起着观察和把握股价中期运行趋势和方向的作用，确认中期买卖点；20 日均线向上穿过 60 日均线上行（或穿过 60 日均线回踩 20 日均线不破），中期趋势可看多做多。60 日均线作为长期均线使用，能够明确股价中期反转趋势，若突破后上行，则代表一波大行情的到来。

图 3-9 是 600641 万业企业 2021 年 5 月 14 日星期五下午收盘时的 K 线走势图。在软件上将该股整个 K 线走势图缩小后可以看出，此时该股走势处于上升趋势中。股价从前期相对高位，即 2020 年 7 月 14 日的最高价 30.50 元，一路震荡下跌，至 2021 年 3 月 11 日的最低价 12.18 元止跌企稳，下跌时间较短，但跌幅大，其间有过 2 次较大幅度的反弹。

2021 年 3 月 11 日股价止跌企稳后，主力机构快速推升股价，收集筹码，然后展开震荡盘升行情。

4 月 21 日，该股低开，收出一根小阳线，成交量较前一交易日萎缩，换手率只有 0.32%。当日，10 日、20 日均线走平，股价收在 10 日、20 日均线之上。4 月 22 日，该股平开，收出一颗阳十字星，成交量较前一交易日放大，10 日均线拐头上行。

4 月 26 日，该股平开，收出一颗十字星，成交量与前一交易日持平。当日 10 日均线向上穿过 20 日均线形成金叉，20 日均线拐头上行。此时，短期均线呈多头排列，MACD 等技术指标开始走强，股价的强势特征开始显现，普通投资者可以在当日或次日跟庄进场逢低分批买入筹码。

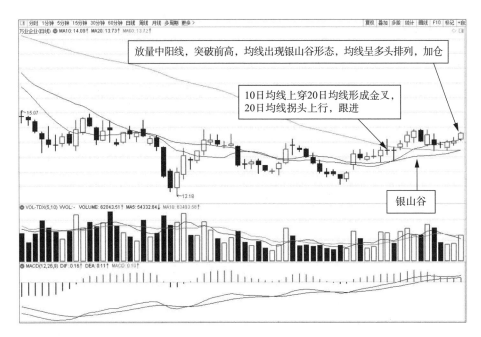

图 3-9

4 月 30 日，该股低开，收出一根小阳线，突破前高，成交量较前一交易日萎缩，当日 10 日均线向上穿过 60 日均线形成金叉。5 月 6 日，该股高开回落，收出一根中阴线，成交量较前一交易日萎缩，展开强势缩量回调洗盘行情。

5 月 14 日截图当日，该股高开，收出一根中阳线，突破前高，成交量较前一交易日明显放大，20 日均线向上穿过 60 日均线形成金叉，均线银山谷形态形成，均线呈多头排列，回调洗盘行情结束。此时，MACD、KDJ 等技术指标走强，股价的强势特征已经相当明显，后市持续快速上涨的概率大。像这种情况，普通投资者可以在当日或次日跟庄进场逢低加仓买入筹码，持股待涨，待股价出现明显见顶信号时撤出。

图 3-10 是 600641 万业企业 2022 年 1 月 4 日星期二下午收盘时的 K 线走势图。从 K 线走势可以看出，2021 年 5 月 14 日，该股高开，收出一根放量中阳线，突破前高，20 日均线向上穿过 60 日均线形成金叉，均线银山谷形态形成，均线呈多头排列之势，回调洗盘行情结束，股价的强势特征相当明显。

之后，主力机构依托 10 日均线推升股价，其间该股展开了 5 次较大幅度的调整行情，每次时间都在 7 个交易日以上，且股价均跌破了 20 日均线，但由于 60 日均线对股价的有力支撑和助涨作用，该股股价很快回到 20 日均线之上。从该股 K 线走势可以看出，主力机构采用波段式拉升的操盘手法推升股价，前期洗盘比较到位，调仓换筹比较彻底，虽然走势比较艰难，但涨幅较大。

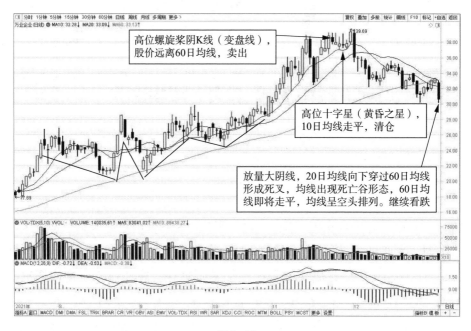

图 3-10

11 月 23 日，该股低开，股价冲高回落，收出一根螺旋桨阴 K 线，成交量较前一交易日萎缩，显示股价上涨乏力，主力机构盘中拉高股价的目的是震荡调整出货。此时，股价远离 60 日均线且涨幅大，MACD、KDJ 等技术指标开始走弱，盘口的弱势特征已经显现。像这种情况，普通投资者如果手中还有筹码当天没有出完，为确保赢利最大化，可以不等 10 日均线拐头向下，在次日逢高卖出手中筹码。

11 月 26 日，该股低开，股价冲高回落，收出一颗长上影线阴十字星，成交量与前一交易日基本持平，显示股价上涨乏力，主力机构盘中拉高股价的目的是震荡调整出货，当日 10 日均线走平。像这种情况，普通投资者如果手中还有筹码当天没有出完，次日应该逢高清仓。

12 月 1 日，该股低开，股价回落，收出一根大阴线（断头铡刀），成交量较前一交易日放大 2 倍多，股价跌破 10 日、20 日均线且收在 20 日均线下方，显露出主力机构毫无顾忌打压出货的坚决态度，盘口的弱势特征非常明显，后市看跌。

12 月 7 日，该股高开，股价回落，收出一根大阴线，成交量较前一交易日大幅放大，10 日均线向下穿过 20 日均线形成死叉。12 月 29 日，该股平开，收出一颗阴十字星，成交量较前一交易日萎缩，10 日均线向下穿过 60 日均线形成死叉，股价跌破 60 日均线且收在其下方。

2022 年 1 月 4 日截图当日，该股低开，收出一根大阴线，成交量较前一交易日放大 2 倍多，20 日均线向下穿过 60 日均线形成死叉，均线死亡谷形态形成；10 日、20 日均线一直压制股价下行，60 日均线即将走平，均线呈空头排列，该股有展开中长期下跌调整行情的趋势，后市继续看跌。

图 3-11 是 603028 赛福天 2021 年 10 月 18 日星期一下午收盘时的 K 线走势图。在软件上将该股整个 K 线走势图缩小后可以看出，此时该股处于上升趋势中。股价从前期相对高位，即 2020 年 10 月 22 日的最高价 14.86 元，一路震荡下跌，至 2021 年 9 月 28 日的最低价 7.99 元止跌企稳，下跌时间较长，跌幅较大，其间有过 1 次较大幅度的反弹。下跌后期，该股展开小幅反弹和震荡盘整行情，主力机构收集了不少筹码。

2021 年 9 月 28 日股价止跌企稳后，主力机构强势整理了 2 个交易日，正是普通投资者跟庄进场的好时机。此时，10 日、20 日均线呈平行（黏合）状态。

10 月 8 日，该股跳空高开，收出一个大阳线涨停板，突破前高，成交量较前一交易日放大 6 倍多，形成大阳线涨停 K 线形态。当日股价向上突破 10 日、20 日和 60 日均线（一阳穿三线），均线蛟龙出海形态形成，10 日均线向上穿过 20 日均线形成金叉，60 日均线即将走平，10 日、20 日、60 日均线呈多头排列。此时，MACD、KDJ 等技术指标走强，股价的强势特征相当明显，后市上涨的概率大。像这种情况，普通投资者可以在当日跟庄抢板或在次日跟庄进场逢低买进筹码。

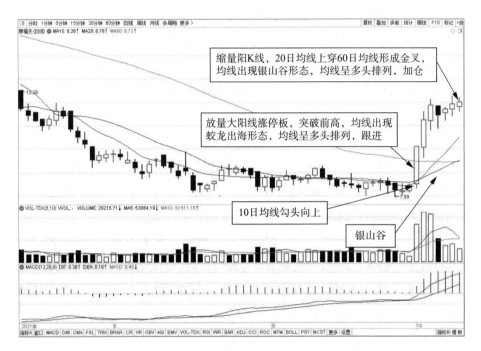

图 3-11

10 月 13 日，该股低开，股价回落，收出一根长下影线中阴线，成交量较前一交易日大幅萎缩。当日 10 日均线向上穿过 60 日均线形成金叉，股价的强势特征相当明显，普通投资者可以在当日或次日跟庄进场逢低买入筹码。

10 月 18 日截图当日，该股低开，收出一根小阳线，突破前高，成交量较前一交易日略有萎缩。当日 20 日均线向上穿过 60 日均线形成金叉，均线银山谷形态形成，均线呈多头排列。此时，MACD、KDJ 等技术指标走强，股价的强势特征相当明显，后市持续上涨的概率大。像这种情况，普通投资者可以在当日或次日跟庄进场逢低加仓买进筹码。

图 3-12 是 603028 赛福天 2022 年 1 月 27 日星期四下午收盘时的 K 线走势图。从 K 线走势可以看出，2021 年 10 月 18 日，该股低开，收出一根缩量小阳线，突破前高，20 日均线向上穿过 60 日均线形成金叉，均线银山谷形态形成，均线呈多头排列，股价的强势特征相当明显。之后，主力机构依托 10

日均线推升股价，其间该股展开了 4 次较大幅度的调整行情，每次时间都在 8 个交易日以上，有 2 次股价跌破了 20 日均线，但很快拉回到 20 日均线之上。从该股 K 线走势可以看出，主力机构采用台阶式推升的操盘手法拉升股价，前期洗盘比较到位，调仓换筹比较彻底，虽然走势比较曲折，但涨幅较大。

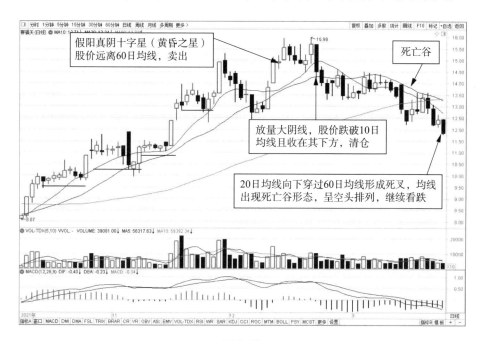

图 3-12

12 月 14 日，该股低开，股价冲高回落，收出一颗假阳真阴十字星，成交量较前一交易日萎缩，显示股价上涨乏力，主力机构盘中拉高股价的目的是震荡调整出货。此时，股价远离 60 日均线且涨幅较大。像这种情况，普通投资者如果手中还有筹码当天没有出完，为确保赢利最大化，可以不等 10 日均线拐头向下，在次日逢高就卖出手中筹码。

12 月 23 日，该股平开，收出一根大阴线（断头铡刀），成交量较前一交易日放大，股价跌破 10 日均线且收在其下方，10 日均线走平。此时，MACD、KDJ 等技术指标已经走弱，盘口的弱势特征比较明显。像这种情况，普通投资者如果手中还有筹码当天没有出完，次日应该逢高清仓。

12 月 24 日，该股高开，收出一根中阴线，成交量较前一交易日萎缩，股价跌破 20 日均线且收在其下方，10 日均线拐头下行，20 日均线走平。12 月 31 日，该股低开，收出一颗长上影线十字星，成交量较前一交易日大幅萎缩，10 日均线向下穿过 20 日均线形成死叉，股价的弱势特征十分明显，后市看跌。

2022 年 1 月 24 日，该股平开，收出一根中阴线，成交量较前一交易日萎缩，股价跌破 60 日均线且收在其下方，10 日均线向下穿过 60 日均线形成死叉，60 日均线走平。

1 月 27 日截图当日，该股高开，股价回落，收出一根大阴线，成交量较前一交易日萎缩。当日 20 日均线向下穿过 60 日均线形成死叉，均线死亡谷形态形成；10 日、20 日均线一直压制股价下行，60 日均线即将拐头向下，均线呈空头排列，该股有展开中长期下跌调整行情的趋势，后市继续看跌。

二、中期 10 日、30 日、60 日均线组合

中期 10 日、30 日、60 日均线组合，实战操盘中被投资者称为 136 均线组合，是股票市场最常用、最实用、最具操作性的均线系统之一，也是一组运行比较稳健、成功率高、见效较快的中线交易均线组合。在这个均线组合中，10 日均线作为短期均线使用，充当攻击线，同时代表短线操作中市场价格的方向和趋势。30 日均线作为中期均线使用，代表稳定的中期操作趋势，起着观察和把握股价中期运行趋势和方向的作用，确认中期买卖点；30 日均线向上穿过 60 日均线上行（或穿过 60 日均线回踩 30 日均线不破），中期趋势可看多做多。60 日均线作为长期均线使用，能够明确股价中期反转趋势，若突破后上行，则代表一波中级行情的到来；若跌破则相反。

图 3-13 是 300052 中青宝 2021 年 9 月 8 日星期三下午收盘时的 K 线走势图。在软件上将该股整个 K 线走势图缩小后可以看出，此时该股处于上升趋势中。股价从前期相对高位，即 2020 年 2 月 21 日的最高价 18.27 元，一路震荡下跌，至 2021 年 2 月 4 日的最低价 6.68 元止跌企稳，下跌时间长，跌幅大，下跌期间有过多次反弹，且反弹的幅度大。

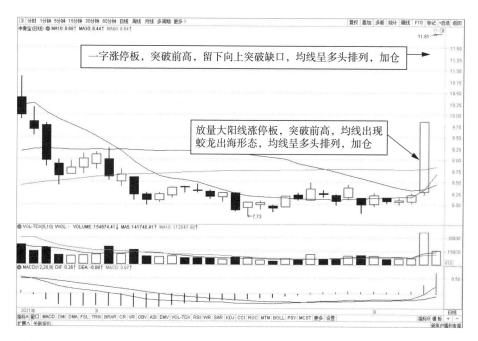

图 3-13

2021 年 2 月 4 日股价止跌企稳后，主力机构快速推升股价，收集筹码。然后该股展开大幅震荡盘升行情，主力机构高抛低吸赚取差价赢利与洗盘吸筹并举，该股成交量呈间断性放大状态，其间收出过 1 个大阳线涨停板，为建仓型涨停板。震荡盘升期间，10 日、30 日均线由平行或交叉黏合逐渐向上运行，60 日均线由向下移动拐头向上移动。

9 月 7 日，该股跳空高开，收出一个大阳线涨停板，突破前高，成交量较前一交易日放大 5 倍多，形成大阳线涨停 K 线形态；当日股价向上突破 10 日、30 日和 60 日均线（一阳穿三线），均线蛟龙出海形态形成；10 日均线向上穿过 30 日均线形成金叉，60 日均线拐头向上，10 日、30 日、60 日均线呈多头排列。此时，MACD、KDJ 等技术指标走强，股价的强势特征已经相当明显，后市上涨的概率大。像这种情况，普通投资者可以在当日跟庄抢板或在次日跟庄进场加仓买进筹码。

9 月 8 日截图当日，主力机构涨停开盘，收出一个一字涨停板，突破前高，成交量较前一交易日大幅萎缩（一字涨停的原因），留下向上突破缺口，形成向上突破缺口和一字涨停 K 线形态。当日 10 日均线向上穿过 60 日均线形成金叉，均线呈多头排列。此时，MACD、KDJ 等技术指标持续走强，股价的强势特征十分明显，后市持续快速上涨的概率大。像这种情况，普通投资者可以在当日跟庄抢板或在次日跟庄进场加仓买入筹码。

图 3-14 是 300052 中青宝 2022 年 1 月 21 日星期五下午收盘时的 K 线走势图。从 K 线走势可以看出，2021 年 9 月 8 日，该股涨停开盘，收出一个一字涨停板，突破前高，留下向上突破缺口，形成向上突破缺口和一字涨停 K 线形态，当日 10 日均线向上穿过 60 日均线形成金叉，均线呈多头排列，股价的强势特征相当明显。之后，主力机构依托 10 日均线推升股价，上涨过程中，由于股价涨幅大、远离 30 日均线，其间主力机构进行了 2 次强势调整洗盘，调整洗盘期间股价没有跌破 30 日均线（9 月 17 日该股展开的强势调整洗盘行情，时间达 18 个交易日，10 月 21 日股价突破且站上 10 日均线，回调洗盘行情结束，普通投资者可以在当日或次日跟庄进场加仓买入筹码。同样，10 月 26 日该股展开的强势调整洗盘行情，29 日回调洗盘行情结束，普通投资者可以在当日或次日跟庄进场加仓买入筹码）。整体看，该股上涨走势比较顺畅，涨幅大。

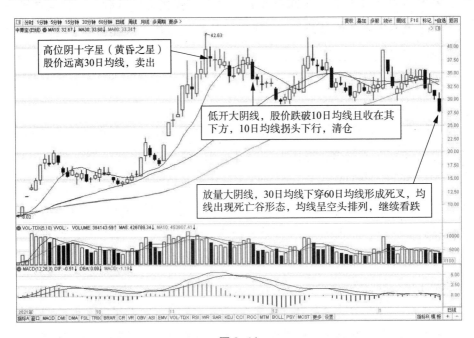

图 3-14

11 月 12 日，该股低开，股价冲高回落，收出一颗阴十字星，成交量较前一交易日萎缩，显示股价上涨乏力，主力机构盘中拉高股价的目的是震荡调整出货。此时，股价远离 30 日均线且涨幅大，KDJ 等部分技术指标已经走弱，盘口的弱势特征比较明显。像这种情况，普通投资者如果手中还有筹码当天没有出完，为确保赢利最大化，可以不等 10 日均线拐头向下，在次日逢高就卖出手中筹码。

11 月 25 日，该股低开，股价冲高回落，收出一根大阴线（断头铡刀），成交量较前一交易日萎缩，收盘涨幅为-10.79%；当日股价跌破 10 日均线且收在其下方，10 日均线拐头下行。此时，MACD、KDJ 等技术指标已经走弱，盘口的弱势特征相当明显。像这种情况，普通投资者如果手中还有筹码当天没有出完，次日应该逢高清仓。

12 月 8 日，该股低开，收出一根中阳线，成交量与前一交易日持平，当日 10 日均线向下穿过 30 日均线形成死叉。

12 月 20 日，该股低开，股价回落，收出一根大阴线，成交量较前一交易日萎缩，股价跌破 30 日均线且收在其下方，10 日均线再次向下穿过 30 日均线形成死叉，反弹无功而返，股价的弱势特征越来越明显。

2022 年 1 月 5 日，该股低开，拉出一个大阳线涨停板，成交量较前一交易日放大 2 倍多。此时，10 日均线拐头上行，30 日均线走平，应该是主力机构利用盘中拉高、涨停诱多的操盘手法开始最后的派发出货，回光返照而已。毕竟该股在高位展开震荡盘整行情已近 2 个月，主力机构手中的筹码派发得差不多了。

1 月 20 日，该股跳空低开，收出一根中阴线，成交量较前一交易日萎缩，股价跌破 60 日均线且收在其下方，10 日均线向下穿过 60 日均线形成死叉，后市看跌。

1 月 21 日截图当日，该股跳空低开，收出一根大阴线，成交量较前一交易日放大。当日 30 日均线向下穿过 60 日均线形成死叉，均线死亡谷形态形成；10 日、30 日均线一直压制股价下行，60 日均线拐头向下，均线呈空头排列，该股有展开中长期下跌调整行情的趋势，后市继续看跌。

图 3-15 是 300364 中文在线 2021 年 11 月 4 日星期四下午收盘时的 K 线

走势图。在软件上将该股整个 K 线走势图缩小后可以看出，此时该股处于上升趋势中。股价从前期相对高位，即 2020 年 7 月 16 日的最高价 11.44 元，一路震荡下跌，至 2021 年 7 月 28 日的最低价 4.74 元止跌企稳，下跌时间较长，跌幅大，下跌期间有过多次反弹，且反弹的幅度大。

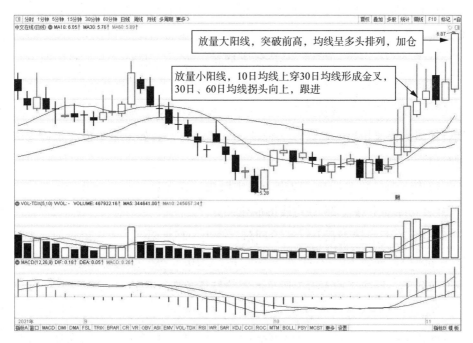

图 3-15

2021 年 7 月 28 日股价止跌企稳后，主力机构快速推升股价，收集筹码。然后该股展开震荡盘升行情，成交量呈间断性放大状态。震荡盘升期间，10日、30 日均线多次交叉黏合，60 日均线由向下移动拐头向上移动。

10 月 27 日，该股跳空高开，收出一根中阳线，突破前高，成交量较前一交易日放大 6 倍多，股价突破 10 日、30 日和 60 日均线且收在其上方，10 日、60 日均线拐头向上，30 日均线即将走平。

10 月 29 日，该股低开，收出一根长上影线小阳线，突破前高，成交量较前一交易日放大。当日 10 日均线向上穿过 30 日均线形成金叉，30 日、60 日均线拐头向上。此时，MACD、KDJ 等技术指标开始走强，股价的强势特征已经比较明显，后市上涨的概率较大。像这种情况，普通投资者可以在当日或次日跟庄进场买入筹码。

　　11月4日截图当日，该股低开，收出一根大阳线（收盘涨幅为7.54%），突破前高，成交量较前一交易日明显放大。当日10日均线向上穿过60日均线形成金叉，10日、30日和60日均线呈多头排列。此时，MACD、KDJ等技术指标持续走强，股价的强势特征已经十分明显，后市持续快速上涨的概率大。像这种情况，普通投资者可以在当日或次日跟庄进场加仓买入筹码，持股待涨，待股价出现明显见顶信号时再撤出。

　　图3-16是300364中文在线2022年1月25日星期二下午收盘时的K线走势图。从K线走势可以看出，2021年11月4日，该股低开收出一根放量大阳线，突破前高，10日均线向上穿过60日均线形成金叉，10日、30日和60日均线呈多头排列，股价的强势特征相当明显。之后，主力机构开始推升股价。

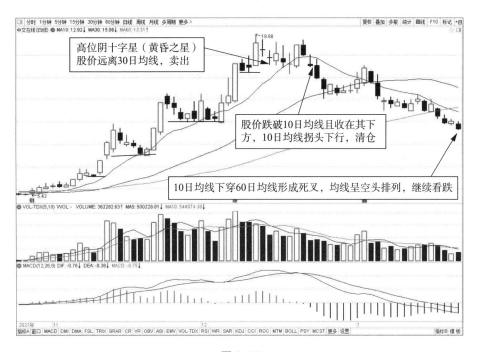

图3-16

　　从该股上涨情况看，主力机构依托10日均线拉升股价，拉升过程中，由于股价涨幅较大，远离30日均线，主力机构进行了2次时间较长、回调幅度较大的调整洗盘，2次回调洗盘均跌破10日均线，但很快又拉回到10日均线之上（11月15日开始的回调洗盘，时间达5个交易日，11月22日站上10日均线，回调洗盘行情结束，普通投资者可以在当日或次日跟庄进场加仓买入筹码。同样，11月24日该股展开的回调洗盘行情，时间达9个交易日，12月7日回调行情结束，普通投资者可以在当日或次日跟庄进场加仓买入筹码）。从该股整体上涨走势看，主力机构采用台阶式推升的手法拉升股价，除了这2次时间较长、幅度较大的回调洗盘外，还有过2次时间较短、调整幅度较小的强势调整，整个走势比较顺畅，涨幅大。

12月15日，该股低开，股价冲高回落，收出一颗阴十字星，成交量较前一交易日萎缩，加上前一交易日收出的阴十字星，显示股价上涨乏力，主力机构已经开始高位震荡调整出货。此时，股价远离30日均线且涨幅较大，MACD、KDJ等技术指标开始走弱，盘口的弱势特征已经显现。像这种情况，普通投资者如果手中还有筹码当天没有出完，为确保赢利最大化，可以不等10日均线拐头向下，在次日逢高先卖出手中筹码。

12月23日，该股低开，收出一根倒锤头阴K线，成交量较前一交易日萎缩，股价跌破10日均线且收在其下方，10日均线拐头下行。此时，MACD、KDJ等技术指标已经走弱，盘口的弱势特征相当明显。像这种情况，普通投资者如果手中还有筹码当天没有出完，次日应该逢高清仓。

2022年1月6日，该股低开，收出一根大阴线，成交量较前一交易日萎缩，10日均线下穿30日均线形成死叉，股价依托30日均线反弹无功而返，后市看跌。

1月25日截图当日，该股低开，收出一根中阴线，成交量较前一交易日放大。当日10日均线向下穿过60日均线形成死叉，股价已经跌破60日均线且收在其下方，10日、30日均线一直压制股价下行，60日均线拐头下行，均线呈空头排列之势，该股有展开中长期下跌调整行情的趋势，后市继续看跌。

三、中期10日、40日、60日均线组合

中期10日、40日、60日均线组合，比中期10日、20日、60日和中期10日、30日、60日均线组合，在操作上更具稳定性。在这个均线组合中，10

日均线作为短期均线使用，充当攻击线，同时代表短线操作中市场价格的方向和趋势。40 日均线作为中期均线，是一些主力机构专门设定的中期参考均线，相比 30 日均线，能起到更好地判断行情发展方向和趋势的作用；其代表稳定的中期操作趋势，起着观察和把握股价中期运行趋势和方向的作用，确认中期买卖点；40 日均线向上穿过 60 日均线上行（或穿过 60 日均线回踩 40 日均线不破），中期趋势可看多做多。60 日均线作为长期均线使用，能够明确股价中期反转趋势，若突破后上行，则代表一波中级行情的到来。

图 3-17 是 300031 宝通科技 2021 年 9 月 6 日星期一下午收盘时的 K 线走势图。在软件上将该股整个 K 线走势图缩小后可以看出，此时该股处于上升趋势中。股价从前期相对高位，即 2020 年 7 月 14 日的最高价 30.55 元，一路震荡下跌，至 2021 年 8 月 20 日的最低价 12.88 元止跌企稳，下跌时间较长、跌幅大，下跌期间有过多次反弹，且反弹的幅度较大。下跌后期，该股展开小幅反弹行情，主力机构收集了不少筹码。此时，10 日均线已经走平，40 日、60 日均线开始走平。

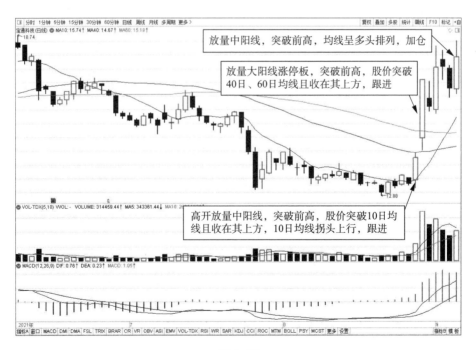

图 3-17

8月27日，该股跳空高开，收出一根中阳线（收盘涨幅为7.14%），突破前高，成交量较前一交易日放大2倍多。当日股价突破10日均线且收在其上方；10日均线拐头向上，40日均线走平。此时，MACD、KDJ等技术指标开始走强，股价的强势特征已经显现，后市上涨的概率大。像这种情况，普通投资者可以在当日或次日跟庄进场逢低分批买入筹码。

8月30日，该股大幅跳空高开（向上跳空5.05%开盘），收出一个大阳线涨停板，突破前高，留下向上突破缺口，成交量较前一交易日放大近3倍，形成向上突破缺口和大阳线涨停K线形态。当日股价向上突破40日、60日均线且收在40日、60日均线上方，40日均线拐头上行，60日均线即将走平。此时，MACD、KDJ等技术指标持续走强，股价的强势特征相当明显，后市快速上涨的概率大。像这种情况，普通投资者可以在当日跟庄抢板或在次日跟庄进场逢低买入筹码。

9月1日，该股低开，收出一根大阳线，成交量较前一交易日明显放大，当日10日均线向上穿过40日均线形成金叉，60日均线走平，股价的强势特征相当明显。像这种情况，普通投资者可以在当日或次日跟庄进场加仓买入筹码。

9月3日，该股低开，收出一根中阴线，成交量较前一交易日萎缩，主力机构强势调整了一个交易日，当日10日均线向上穿过60日均线形成金叉，60日均线开始向上运行，均线呈多头排列之势。

9月6日截图当日，该股低开，收出一根中阳线，突破前高，成交量较前一交易日明显放大，回调洗盘行情结束。此时，均线呈多头排列，MACD、KDJ等技术指标持续走强，股价的强势特征非常明显，后市持续快速上涨的概率大。像这种情况，普通投资者可以在当日或次日跟庄进场加仓买进筹码，持股待涨，待股价出现明显见顶信号时再撤出。

图3-18是300031宝通科技2022年1月20日星期四下午收盘时的K线走势图。从K线走势可以看出，2021年9月6日，该股低开收出一根放量中阳线，突破前高，回调洗盘行情结束，均线呈多头排列，股价的强势特征相当明显。之后，主力机构开始推升股价。

从该股上涨的情况看，主力机构依托10日均线拉升股价。拉升过程中，

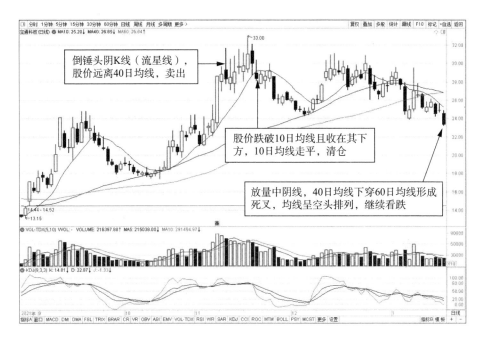

图 3-18

由于股价涨幅较大且远离 40 日均线，该股展开过一次大幅度回调洗盘行情。
9 月 16 日，该股高开，股价冲高回落，收出一根长上影线小阴线，展开回调
洗盘行情（回调洗盘行情展开后，普通投资者可以先卖出手中筹码，待回调
结束后再将筹码接回来），时间长达 18 个交易日，股价跌破 40 日均线，但很
快又拉回到 40 日均线之上。10 月 21 日，该股高开，收出一根小阳线，股价
收在 10 日和 40 日均线上方，回调洗盘行情结束（这里可以看出，40 日均线
作为中期均线，相比 30 日均线，能起到更好地判断行情发展方向和趋势的作
用），普通投资者可以在当日或次日跟庄进场加仓买入筹码。拉升过程中的其
他几次小的调整，时间都为 2~3 个交易日，基本在 10 日均线之上展开，调整
走势比较强势，这里不再细说。

　11 月 10 日，该股高开，股价冲高回落，收出一根长上影线倒锤头阴 K
线，成交量较前一交易日萎缩，加上前一交易日收出的螺旋桨阳 K 线，显示
股价上涨乏力，主力机构盘中拉高股价的目的是震荡调整出货。此时，股价
远离 40 日均线且涨幅较大，KDJ 等部分技术指标开始走弱，盘口的弱势特征

已经显现。像这种情况，普通投资者如果手中还有筹码当天没有出完，为确保赢利的最大化，可以不等 10 日均线拐头向下，在次日逢高先卖出手中筹码。

11 月 19 日，该股低开，股价冲高回落，收出一根长上影线倒锤头阴 K 线，成交量较前一交易日萎缩。股价跌破 10 日均线且收在其下方，10 日均线走平。此时，MACD、KDJ 等技术指标已经走弱，股价的弱势特征已经相当明显。像这种情况，普通投资者如果手中还有筹码当天没有出完，次日应该逢高清仓。

12 月 7 日，该股高开，收出一颗阳十字星，成交量较前一交易日放大，股价回调受到 40 日均线的支撑，依托 40 日均线展开反弹行情。12 月 27 日，该股低开回落，收出一根大阴线，成交量较前一交易日萎缩，股价跌破 10 日均线，10 日均线拐头向下，反弹无功而返（虽然反弹无果，但主力机构通过反弹和震荡调整，基本上将手中的筹码倒出去了），股价重新步入下跌走势。

2022 年 1 月 7 日，该股跳空低开，收出一根大阴线（断头铡刀），成交量较前一交易日明显放大，股价跌破 60 日均线且收在其下方，10 日均线向下穿过 40 日均线形成死叉。此时，MACD、KDJ 等技术指标持续走弱，股价的弱势特征已经非常明显，后市看跌。

1 月 14 日，该股低开，收出一根小阳线，成交量较前一交易日萎缩，股价跌破 60 日均线且收在其下方，当日 10 日均线向下穿过 60 日均线形成死叉。

1 月 20 日截图当日，该股低开，收出一根中阴线，成交量较前一交易日略有放大，当日 40 日均线向下穿过 60 日均线形成死叉，均线死亡谷形态形成。此时，10 日、40 日均线一直压制股价下行，60 日均线拐头向下，均线呈空头排列之势，该股有展开中长期下跌调整行情的趋势，后市继续看跌。

图 3-19 是 000681 视觉中国 2021 年 9 月 6 日星期一下午收盘时的 K 线走势图。在软件上将该股整个 K 线走势图缩小后可以看出，此时该股处于上升趋势中。股价从前期相对高位，即 2019 年 3 月 12 日的最高价 30.99元，一路震荡下跌，至 2021 年 8 月 20 日的最低价 10.63 元止跌企稳，下跌时间长，跌幅大，下跌期间有过多次反弹，且反弹的幅度较大。下跌后期，该股主力机构通过展开反弹行情，强势震荡整理、打压股价洗盘吸筹等操

盘手法，收集了不少筹码。

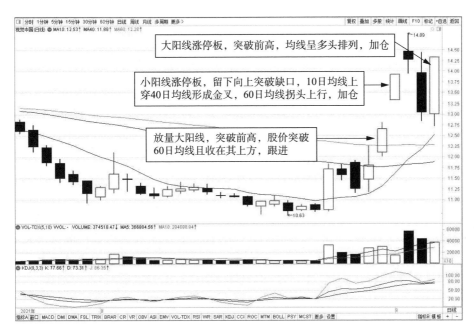

图 3-19

2021 年 8 月 20 日股价止跌企稳后，主力机构强势整理了 2 个交易日，继续收集筹码，正是普通投资者跟庄进场买入筹码的好时机。此时，10 日均线翘头向上移动。

8 月 25 日，该股高开，收出一根大阳线（涨幅为 8.93%），突破前高，成交量较前一交易日放大 7 倍（当日盘中一度涨停，主力机构应该是以涨停的方式收集筹码），股价突破 10 日均线并收在其上方。8 月 26 日、27 日，主力机构连续强势调整了 2 个交易日，成交量呈萎缩状态，正是普通投资者跟庄进场买入筹码的好时机。

8 月 30 日，该股高开，收出一根大阳线（收盘涨幅为 4.89%），成交量较前一交易日明显放大，股价突破 40 日均线且收在其上方，强势调整洗盘行情结束，普通投资者可以在当日或次日跟庄进场分批买入筹码。

8 月 31 日，该股高开，收出一根大阳线（收盘涨幅为 7.20%），突破前高，成交量较前一交易日放大，股价突破 60 日均线且收在其上方。此时，

MACD、KDJ 等技术指标走强，股价的强势特征已经显现，后市上涨的概率大。像这种情况，普通投资者可以在当日或次日跟庄进场买入筹码。

9 月 1 日，该股大幅跳空高开（向上跳空 5.38%开盘），收出一个小阳线涨停板（涨停原因为"知识产权"概念炒作），突破前高，留下向上突破缺口，成交量较前一交易日萎缩，形成向上突破缺口和小阳线涨停 K 线形态。当日 10 日均线向上穿过 40 日均线形成金叉，60 日均线由走平翘头上行，股价的强势特征相当明显。像这种情况，普通投资者可以在当日跟庄抢板或在次日跟庄进场加仓买进股票。

9 月 2 日，该股跳空高开，股价冲高回落，收出一颗假阴真阳十字星，成交量较前一交易日放大 3 倍多，展开强势调整洗盘行情。9 月 3 日，该股低开，股价冲高回落，收出一根大阴线，缩量调整洗盘行情继续，成交量较前一交易日大幅萎缩（当日收出大阴线，但成交量却大幅萎缩，说明即使主力机构打压洗盘，但卖出筹码的人还是比前一交易日少，表明主力机构筹码趋于集中，控盘越来越到位，普通投资者如果能看清楚这一点，可以在当日收盘前跟庄进场加仓买入筹码）。当日 10 日均线向上穿过 60 日均线形成金叉，60 日均线开始上行。股价调整期间，也正是普通投资者跟庄进场买入筹码的好时机。

9 月 6 日截图当日，该股低开，收出一个大阳线涨停板，突破前高，成交量较前一交易日略有萎缩，形成大阳线涨停 K 线形态，强势调整洗盘行情结束。此时，均线呈多头排列，MACD、KDJ 等技术指标走强，股价的强势特征已经非常明显，后市持续快速上涨的概率大。像这种情况，普通投资者可以在当日跟庄抢板或在次日跟庄进场加仓买进股票，然后持股待涨，待股价出现明显见顶信号时再撤出。

图 3-20 是 000681 视觉中国 2022 年 2 月 8 日星期二下午收盘时的 K 线走势图。从 K 线走势可以看出，2021 年 9 月 6 日，该股低开收出一个大阳线涨停板，突破前高，均线呈多头排列，回调洗盘行情结束，此时股价的强势特征相当明显。之后，主力机构开始拉升股价。

从拉升情况看，主力机构依托 10 日均线拉升股价，9 月 7 日、8 日，连续拉出 2 个涨停板。9 月 9 日，该股低开，股价冲高回落跌停，收出一根大阴

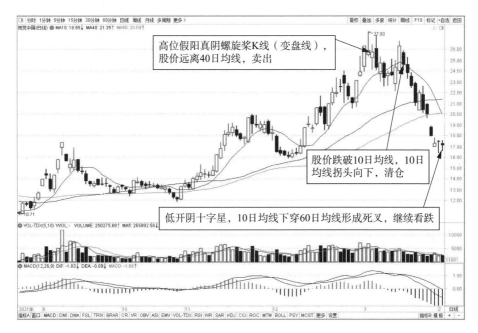

图 3-20

线，成交量较前一交易日大幅萎缩，展开缩量回调洗盘行情（回调洗盘行情
展开后，普通投资者可以在当日或次日先卖出手中筹码，待回调结束后再将
筹码接回来），时间长达 29 个交易日，回调幅度较大，股价 3 次跌破 40 日均
线，曾一度跌破 60 日均线，但很快又拉回到 40 日均线之上。10 月 29 日，该
股平开，收出一个大阳线涨停板，突破前高，一阳吞五线（一举吞没前面 5
根阴阳 K 线），成交量较前一交易日放大 2 倍多，形成大阳线涨停 K 线形态，
回调洗盘结束。此时，MACD、KDJ 等技术指标开始走强，股价的强势特征已
经显现，普通投资者可以在当日跟庄抢板或在次日跟庄进场加仓买进股票。
从中期 10 日、40 日、60 日均线组合形态来分析，11 月 3 日，该股低开，收
出一根大阳线（涨幅为 6.46%），股价突破 40 日均线且收在其上方，此时均
线呈多头排列，普通投资者可以在当日或次日跟庄进场加仓买入筹码。

　　11 月 24 日，该股高开，股价回落，收出一根长下影线锤头阴 K 线，展开
拉升途中的第二次缩量回调洗盘行情，时间长达 13 个交易日，股价跌破 10
日均线（说明 40 日均线作为中期均线，有很强的支撑和助涨作用），回调幅

度较大。12月13日，该股高开，收出一个大阳线涨停板，突破前高，成交量较前一交易日放大，股价突破且站上10日均线，回调洗盘行情结束，普通投资者可以在当日或次日跟庄进场加仓买入筹码。之后，主力机构快速拉升股价。

从该股上涨途中2次大的回调洗盘可以看出，40日均线作为中期均线，相比30日均线，不仅具有较强的支撑和助涨作用，还能起到更好地判断行情发展方向和趋势的作用。上涨途中该股还展开了几次小幅度的调整洗盘行情，时间都在2~3个交易日，基本在10日均线之上展开，比较强势，这里不再细说。

2022年1月6日，该股低开，股价冲高回落，收出一根假阳真阴小螺旋桨K线，成交量较前一交易日萎缩，加上前一交易日收出的假阳真阴长上影线倒锤头K线，显示股价上涨乏力，主力机构盘中拉高股价的目的是震荡调整出货。此时，股价远离40日均线且涨幅较大，KDJ等部分技术指标开始走弱，盘口的弱势特征已经显现。像这种情况，普通投资者如果手中还有筹码当天没有出完，为确保赢利最大化，可以不等10日均线拐头向下，在次日逢高先卖出手中筹码。

1月18日，该股低开，收出一根大阴线，成交量较前一交易日萎缩，股价跌破10日均线且收在其下方，10日均线拐头下行。此时，MACD、KDJ等技术指标已经走弱，股价的弱势特征已经相当明显。像这种情况，普通投资者如果手中还有筹码当天没有出完，次日应该逢高清仓。

1月25日，该股低开，收出一根大阴线，成交量较前一交易日放大，股价跌破40日均线且收在其下方，40日均线拐头下行。1月27日，该股大幅跳空低开，收出一根跌停大阴线，留下向下突破缺口，成交量较前一交易日放大，股价跌破60日均线且收在其下方。1月28日，该股大幅跳空低开，收出一根假阳真阴倒锤头K线，再次留下向下突破缺口，成交量较前一交易日放大，当日10日均线向下穿过40日均线形成死叉，40日均线走平，后市看跌。

2月8日截图当日，该股低开，股价回落，收出一颗阴十字星，成交量较前一交易日放大，当日10日均线向下穿过60日均线形成死叉，40日、60日均线即将拐头下行。此时，MACD、KDJ 等技术指标走弱，股价的弱势特征已经非常明显，后市继续看跌。

第三节 长期均线组合及其实战运用

长期均线组合，是以 30 日（或 60 日）均线为基准，把周期顺势、差距不大的 2 条或 2 条以上均线搭配在一起，用来专门分析判断大盘或个股长期趋势的均线组合形态。用长期均线组合来分析研判大盘和个股，要比中期均线组合更具稳定性和可靠性，但滞后性缺陷也更加凸显，特别是买卖信号的滞后更加突出。

将 2 条均线搭配在一起的两两长期均线组合一般有 30 日、120 日均线组合，30 日、250 日均线组合，60 日、250 日均线组合，用于判断长期买卖点。当然，还有其他很多搭配组合，不再多列。这里，我们主要分析 3 条均线搭配在一起的长期均线组合及其实战运用。

3 条均线搭配在一起的长期均线组合，最为常见的主要有 30 日、60 日、120 日均线组合，30 日、60 日、250 日均线组合，60 日、120 日、250 日均线组合 3 种。

在长期均线组合的上升行情趋势中，30 日（或 60 日）均线作为短期均线充当攻击线使用，是多方护盘的核心，否则上升趋势就可能改变；60 日（120 日）均线作为中期均线可充当辅助线，用来判断市场的支撑位或压力位；120（250）日均线作为长期均线使用，趋势性强，其走向代表一种方向和趋势。120 日（250 日）均线作为长期均线，能够揭示股价长期趋势，若上行突破，则代表一波牛市行情的到来，可看多做多，如下行跌破则相反。

一、长期 30 日、60 日、120 日均线组合

长期 30 日、60 日、120 日均线组合，严格讲，是一组中长期均线组合，是一组运行更稳健、操作性更强的长线交易均线组合。在这个均线组合中，30 日均线作为短期均线使用，充当攻击线，同时代表短线操作中市场价格的

方向和趋势。60日均线作为中期均线使用，既起着辅助线的作用，用于判断支撑和压力，又起着观察和把握股价长期运行趋势和方向的作用，确认长期买卖点；如果股价在成交量的配合下，向上突破30日、60日和120日均线上行（或回调不破30日均线），长期趋势可看多做多。120日均线作为长期均线使用，能够揭示股价长期趋势，若股价突破后向上运行，则代表一波大行情的到来。

图3-21是600718东软集团2021年11月30日星期二下午收盘时的K线走势图。在软件上将该股整个K线走势图缩小后可以看出，此时该股走势处于上升趋势中。股价从前期相对高位，即2019年3月11日的最高价17.30元，一路震荡下跌，至2021年5月11日的最低价8.78元止跌企稳，下跌时间长、跌幅大，下跌期间有多次反弹，且反弹幅度大。

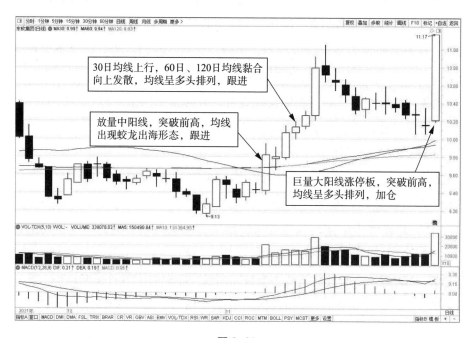

图3-21

2021年5月11日股价止跌企稳后，主力机构快速推升股价，收集筹码。然后该股展开大幅震荡盘升行情，主力机构高抛低吸赚取差价赢利与洗盘吸筹并举。震荡盘升期间该股成交量呈间断性放大状态，其间30日、60日、

120 日均线呈平行或交叉黏合状态，60 日、120 日均线由走平逐渐翘头向上平滑移动。

11 月 5 日，该股低开，收出一根大阳线，突破前高，成交量较前一交易日放大 3 倍多。当日股价向上突破 30 日、60 日和 120 日均线（一阳穿三线），均线蛟龙出海形态形成，股价突破 30 日、60 日和 120 日均线且收在其上方。此时，MACD、KDJ 等技术指标开始走强，股价的强势特征已经显现，后市上涨的概率大。像这种情况，普通投资者可以在当日或次日跟庄进场逢低分批买进筹码。

11 月 10 日，该股平开，收出一根小阳线，突破前高，成交量较前一交易日萎缩，30 日均线翘头向上移动，60 日、120 日均线由黏合上行转为黏合向上发散，均线呈多头排列，股价的强势特征已经相当明显，普通投资者可以在当日或次日跟庄进场逢低买入筹码。

11 月 12 日，该股平开，收出一根大阳线，突破前高，成交量较前一交易日放大 2 倍多，此时股价涨幅较大且远离 30 日均线。11 月 15 日，该股高开，股价冲高回落，收出一根长上影线螺旋桨阴 K 线，成交量较前一交易日明显萎缩，展开缩量回调洗盘行情，等待均线向上靠拢。

11 月 19 日，该股高开，收出一根小阳线，成交量较前一交易日萎缩，回调洗盘继续。当日 30 日均线向上穿过 120 日均线形成金叉。11 月 26 日，该股高开，收出一颗十字星，成交量较前一交易日放大，当日 30 日均线向上穿过 60 日均线形成金叉，均线呈多头排列，回调洗盘基本到位，普通投资者可以在当日或次日跟庄进场逢低买进筹码。

11 月 30 日截图当日，该股高开，收出一个大阳线涨停板，突破前高（一阳吞没之前 11 根阴阳 K 线），成交量较前一交易日放大 3 倍多，形成大阳线涨停 K 线形态，回调洗盘行情结束。此时，均线呈多头排列，MACD、KDJ 等技术指标开始走强，股价的强势特征已经非常明显，后市持续快速上涨的概率大。像这种情况，普通投资者可以在当日跟庄抢板或在次日跟庄进场加仓买入筹码，然后持股待涨，待股价出现明显见顶信号时再撤出。

图 3-22 是 600718 东软集团 2022 年 3 月 15 日星期二下午收盘时的 K 线走势图。从 K 线走势可以看出，2021 年 11 月 30 日，该股高开，收出一个巨

量大阳线涨停板，突破前高，形成大阳线涨停 K 线形态，均线呈多头排列，股价的强势特征相当明显。之后，主力机构开始拉升股价。

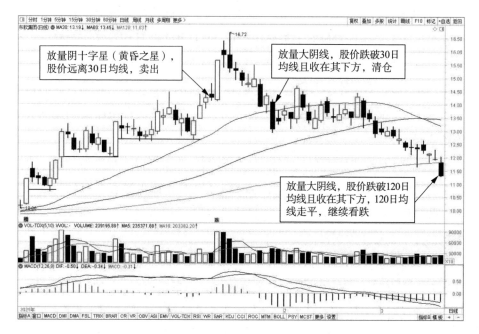

图 3-22

从拉升情况看，主力机构依托 30 日均线，采用台阶式推升的操盘手法拉升股价。上涨过程中，由于股价涨幅较大且远离 30 日均线，其间该股展开过 4 次时间长短和幅度大小不一的调整洗盘行情，但调整洗盘都没有跌破 30 日均线，30 日均线起到了较强的支撑和助涨作用。整个上涨走势比较顺畅，涨幅较大。

2022 年 1 月 13 日，该股高开，股价冲高回落，收出一颗阴十字星，成交量较前一交易日放大，加上前一交易日收出的一根小螺旋桨阳 K 线，显示股价上涨乏力，主力机构盘中拉高股价的目的是震荡调整出货。此时，股价离 30 日均线较远且涨幅较大，MACD、KDJ 等技术指标有走弱的迹象，盘口的弱势特征开始显现。像这种情况，由于 30 日均线的更加滞后性，普通投资者如果手中还有筹码当天没有出完，为确保赢利最大化，可以不等 30 日均线走平或拐头向下，在次日逢高先卖出手中筹码。

　　1月27日，该股低开，收出一根大阴线（收盘涨幅为-8.87%），成交量较前一交易日明显放大，股价跌破30日均线且收在其下方。此时，MACD、KDJ等技术指标走弱，股价的弱势特征已经相当明显。像这种情况，普通投资者如果手中还有筹码当天没有出完，次日应该逢高清仓。

　　2月18日，该股低开，收出一根小阳线，成交量较前一交易日萎缩，当日30日均线走平。2月28日，该股低开，收出一根大阴线，成交量较前一交易日放大，当日股价跌破60日均线并收在其下方，30日均线拐头下行，后市看跌。

　　3月10日，该股高开，收出一根小阴线，成交量较前一交易日萎缩，当日30日均线向下穿过60日均线形成死叉，60日均线拐头下行，盘口的弱势特征非常明显，跌势不减。

　　3月15日截图当日，该股低开，收出一根大阴线，成交量较前一交易日放大，股价跌破120日均线且收在其下方，120日均线走平，30日、60日均线一直压制股价下行，均线呈空头排列之势，个股仍处于弱势下跌中，后市继续看跌。

　　图3-23是603982泉峰汽车2021年8月23星期一下午收盘时的K线走势图。在软件上将该股整个K线走势图缩小后可以看出，此时该股处于长期横盘震荡之后的反弹趋势中。股价从前期相对高位，即2020年5月19日的最高价28.13元，连续急跌至5月25日的最低价17.17元止跌企稳（当日股价收在120日均线上方），然后该股展开大幅度横盘震荡行情，主力机构高抛低吸赚取差价赢利与洗盘吸筹并举，以洗盘吸筹为主。横盘震荡洗盘吸筹期间，该股成交量呈间断性放（缩）量状态，30日、60日和120日均线逐渐呈平行交叉黏合态势。

　　2021年1月6日，该股低开，股价冲高回落，收出一根长上影线倒锤头阳K线，成交量较前一交易日放大，再次展开连续急跌打压股价洗盘吸筹行情，至1月13日最低价15.10元止跌企稳，股价再下一个台阶。此时，股价跌破30日、60日和120日均线，均线呈空头排列。股价止跌企稳后，该股展开新一级台阶大幅横盘震荡行情，主力机构高抛低吸赚取差价赢利与洗盘吸筹并举，以洗盘吸筹为主。横盘震荡洗盘吸筹期间，该股成交量呈间断

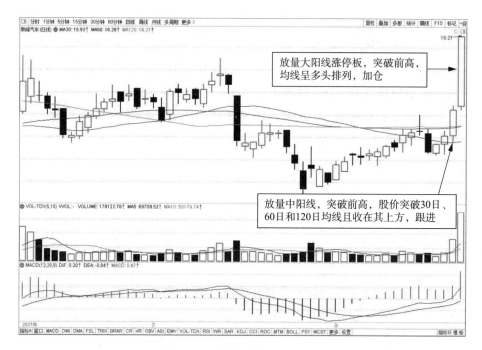

图 3-23

性放（缩）量状态，30 日、60 日和 120 日均线逐渐呈平行交叉黏合态势。2 次大幅度横盘震荡洗盘吸筹行情持续时间长，主力机构洗盘吸筹充分，控盘比较到位。

8 月 5 日，该股低开，收出一颗阴十字星，成交量较前一交易日萎缩，当日 30 日、60 日、120 日 3 条均线黏合。

8 月 20 日，该股高开，收出一根中阳线，突破前高，成交量较前一交易日放大 2 倍多，股价突破 30 日、60 日、120 日均线且收在其上方，30 日均线即将走平。此时，MACD、KDJ 等技术指标开始走强，股价的强势特征已经显现，后市上涨的概率大。像这种情况，普通投资者可以在当日或次日跟庄进场买进筹码。

8 月 23 日截图当日，该股跳空高开，收出一个大阳线涨停板，突破前高，成交量较前一交易日放大 2 倍多，形成大阳线涨停 K 线形态。当日股价收在 30 日、60 日、120 日均线上方。此时，均线呈多头排列，MACD、KDJ 等技术指标持续走强，股价的强势特征已经非常明显，后市持续快速上涨的概率大。像这种情况，普通投资者可以在当日或次日跟庄进场加仓买入筹码，然后持股待涨，待股价出现明显见顶信号时再撤出。

图 3-24 是 603982 泉峰汽车 2022 年 2 月 11 星期五下午收盘时的 K 线走势图。从 K 线走势可以看出，2021 年 8 月 23 日，该股高开收出一个放量大阳线涨停板，突破前高，形成大阳线涨停 K 线形态，当日股价收在 30 日、60 日、120 日均线上方，均线呈多头排列，股价的强势特征相当明显。之后，主力机构开始拉升股价。

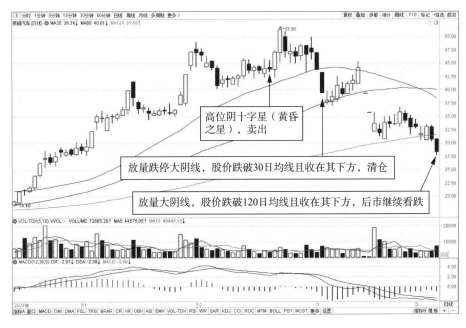

图 3-24

从拉升情况看，主力机构采用波段式推升的操盘手法，依托 30 日均线拉升股价。拉升过程中，由于股价涨幅较大且远离 30 日均线，其间该股展开过 3 次时间较长、幅度较大的回调洗盘行情，有 1 次回调洗盘跌破了 30 日均线，但由于 60 日均线的强支撑，股价很快又拉回到 30 日均线之上。即 9 月 13 日，该股平开，股价回落，收出一颗阴十字星，成交量较前一交易日萎缩，展开缩量回调洗盘行情（回调洗盘行情展开后，普通投资者可以先卖出手中筹码，待回调结束后再将筹码接回来），主要目的清洗获利盘，继续收集筹码，回调洗盘时间达 17 个交易日，股价跌破 30 日均线；10 月 18 日，该股低开，收出一根中阳线，突破前高，股价突破 30 日均线且收在其上方，此时均线呈多头排列，股价的强势特征开始显现，普通投资者可以在当日或次日跟庄进场买进筹码；10 月 19 日，该股低开，收出一个大阳线涨停板，突破前高，成交量较前一交易日明显放大，形成大阳线涨停 K 线形态。此时，均线呈多头排列，MACD、KDJ 等技术指标已经走强，股价的强势特征非常明显，后市持续快速上涨的概率大。像这种情况，普通投资者可以在当日或次日跟庄进场加仓买入筹码。其他 2 次回调洗盘，即 11 月 15 日和 12 月 1 日该股展开的 2 次回调洗盘行情，调整时间也都达到了 9 个交易日，但回调没有跌破 30 日均线，调整幅度也不大，普通投资者可以在回调洗盘到位的当日或次日，跟庄进场逢低加仓买进筹码。从该股 K 线走势看，整个上涨走势还算顺畅，涨幅可观。

12 月 21 日，该股高开，股价冲高回落，收出一颗阴十字星，成交量较前一交易日萎缩，加上前 4 个交易日收出的带上下影线的阴阳小 K 线，显示股价上涨乏力，主力机构高位震荡盘整的目的是震荡出货。此时，股价离 30 日均线较远且涨幅较大，MACD、KDJ 等技术指标开始走弱，盘口的弱势特征已经显现。像这种情况，由于 30 日均线的滞后性更强，普通投资者如果手中还有筹码当天没有出完，为确保赢利最大化，可以不等 30 日均线走平或拐头向下，在次日逢高先卖出手中筹码。

实战操盘中，考虑到中长期均线滞后性更强的特征，普通投资者可以在 K 线形态出现明显见顶信号时（可结合成交量分析），卖出手中筹码。比如，该股 2021 年 12 月 1 日之后出现的高位阴阳十字星以及阴阳螺旋桨 K 线等，都是卖出信号。

2022 年 1 月 5 日，该股跳空低开，收出一根跌停大阴线，留下向下跳空突破缺口，成交量较前一交易日大幅放大，股价跌破 30 日均线且收在其下方，30 日均线即将走平。此时，MACD、KDJ 等技术指标走弱，股价的弱势特征已经非常明显。像这种情况，普通投资者如果手中还有筹码当天没有出完，次日应该逢高清仓。

1 月 17 日、18 日，该股连续收出 2 个一字跌停板，成交量呈萎缩状态，股价跌破 60 日均线且收在其下方，30 日均线拐头向下，盘口的弱势特征特别明显，后市看跌。

2月8日，该股大幅跳空低开，收出一颗假阳真阴十字星，成交量较前一交易日大幅放大，当日30日均线向下穿过60日均线形成死叉，60日均线拐头向下，跌势不减。

2月11日截图当日，该股高开，股价回落，收出一根大阴线（收盘涨幅为-7.71%），成交量较前一交易日放大，当日股价跌破120日均线且收在其下方，120日均线即将走平。此时，30日、60日均线一直压制股价下行，均线呈空头排列，个股仍处于弱势下跌中，后市继续看跌。

二、长期30日、60日、250日均线组合

长期30日、60日、250日均线组合相比长期30日、60日、120日均线组合，只是把作为支撑与压力线的长期均线由半年线换成了年线。但在实战操盘中，因为250日均线属于年线，周期长，在研判个股尤其是大盘股的走势时，效果要比120日均线更加明显些。在这个均线组合中，30日均线作为短期均线使用，充当攻击线，同时代表短线操作中市场价格的方向和趋势。60日均线作为中期均线使用，既起着辅助线的作用，用于判断支撑和压力情况，又起着观察和把握股价长期运行趋势和方向的作用，确认长期买卖点；如果股价在成交量的配合下，向上突破30日、60日和250日均线上行（或回调不破30日均线），长期趋势可看多做多。250日均线作为长期均线，能够揭示股价长期趋势，是牛熊走势的分界线，经常用于判断个股走势的牛熊转换；250日均线的运用，如果与波浪理论相结合对个股走势进行分析研判，效果会更好。

图3-25是300584海辰药业2022年1月11日星期二下午收盘时的K线走势图。在软件上将该股整个K线走势图缩小后可以看出，此时该股处于高位下跌之后的反弹趋势中。股价从前期高位，即2018年4月4日的最高价69.90元，一路震荡下跌，至2021年10月28日的最低价14.93元止跌企稳，下跌时间长，跌幅大，其间有过多次反弹，且反弹幅度大。下跌后期，主力机构通过小幅反弹、横盘震荡整理和打压股价洗盘吸筹，收集了不少筹码。

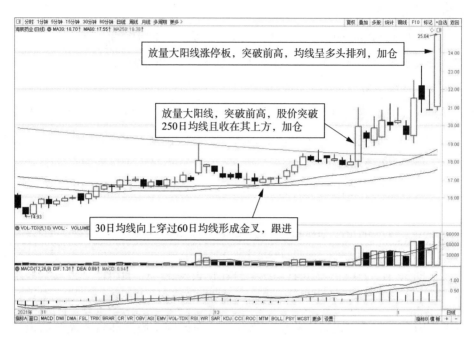

图 3-25

2021 年 10 月 28 日股价止跌企稳后，该股展开小幅震荡盘升行情，主力机构继续收集筹码，K 线走势呈红多绿少、红肥绿瘦态势，个股底部逐渐抬高。股价震荡盘升期间，30 日和 60 日均线由下行逐渐走平。

12 月 9 日，该股低开，收出一根小阳线，成交量与前一交易日基本持平，当日 30 日均线向上穿过 60 日均线形成金叉，盘口的强势特征开始显现。像这种情况，普通投资者可以在当日或次日跟庄进场逢低分批买入筹码。

12 月 27 日，该股高开，收出一根大阳线（涨幅为 10.85%），突破前高，成交量较前一交易日放大 6 倍多，当日股价向上突破 250 日均线且收在其上方，250 日均线即将走平。此时，MACD、KDJ 等技术指标走强，股价的强势特征已经显现，后市上涨的概率大。像这种情况，普通投资者可以在当日或次日跟庄进场加仓买进筹码。之后，主力机构开始拉升股价。

2022 年 1 月 11 日截图当日，该股高开，收出一个大阳线涨停板（涨停原因为"医药+幽门螺杆菌"概念炒作），突破前高，成交量较前一交易日放大 2 倍多，形成大阳线涨停 K 线形态。此时，30 日均线已经上穿 250 日均线形成金叉，均线呈多头排列，MACD、KDJ 等技术指标持续走强，股价的强势特征已经非常明显，后市持续快速上涨的概率大。像这种情况，普通投资者可以在当日跟庄抢板或在次日跟庄进场加仓买进筹码，然后持股待涨，待股价出现明显见顶信号时再撤出。

图 3-26 是 300584 海辰药业 2022 年 4 月 27 日星期三下午收盘时的 K 线走势图。从 K 线走势可以看出，2022 年 1 月 11 日，该股高开，收出一个放量大阳线涨停板，突破前高，形成大阳线涨停 K 线形态，30 日均线上穿 250 日均线形成金叉，均线呈多头排列，股价的强势特征相当明显。之后，主力机构依托 30 日均线拉升股价。

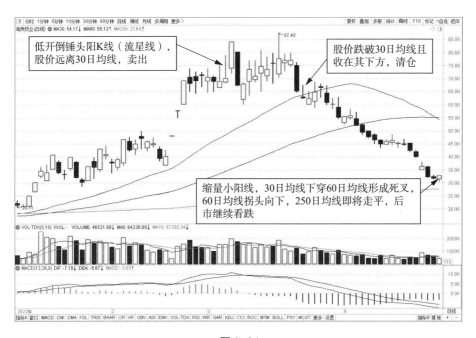

图 3-26

从拉升情况看，1 月 12 日，该股大幅跳空高开，再次收出一个大阳线涨停板（从当日的分时走势看，普通投资者如果想跟庄进场买进筹码的话，还是有机会的），突破前高，留下向上跳空突破缺口，成交量较前一交易日萎缩，形成向上突破缺口和大阳线涨停 K 线形态；12 月 13 日，该股继续大幅跳空高开，收出一根大阳线（涨幅为 14.81%），突破前高，再次留下向上跳空突破缺口。此后，主力机构采用边拉升边洗盘的操盘手法（主要为了突破2018年5月29日、2019年8月16日、2020年8月4日的下跌密集成交区），一步一步推升股价，股价呈震荡盘升走势。2月14日，该股高开，收出一颗假阴真阳十字星，成交量较前一交易日萎缩，展开缩量回调洗盘行情，回调洗盘时间持续了4个交易日，回调幅度不大，股价没有跌破30日均线；2月18日，该股大幅低开（向下跳空6.39%开盘），收出一根小阳线，股价止跌企稳，普通投资者可以在当日或次日跟庄进场买进筹码。之后，主力机构快速拉升股价，连续拉出3个涨停板（60%的涨幅出来了），整个拉升行情还算顺畅，涨幅大。

3月4日，该股低开，股价冲高回落，收出一根长上影线倒锤头阳K线，成交量与前一交易日基本持平，加上前6个交易日收出的带上下影线的阴阳小K线，显示股价上涨乏力，主力机构高位震荡盘整的目的是出货。此时，股价离30日均线较远且涨幅大，MACD、KDJ等技术指标开始走弱，盘口的弱势特征已经显现。像这种情况，由于30日均线的滞后性更强，普通投资者如果手中还有筹码当天没有出完，为确保赢利最大化，可以不等30日均线走平或拐头向下，在次日逢高先卖出手中筹码。

3月23日，该股低开，收出一根倒锤头阴K线，成交量较前一交易日明显萎缩，股价跌破30日均线且收在其下方。此时，MACD、KDJ等技术指标持续走弱，股价的弱势特征已经相当明显。像这种情况，普通投资者如果手中还有筹码当天没有出完，次日应该逢高清仓。之后，股价展开了3个交易日的小幅反弹行情，然后开始加速下跌。

4月8日，该股高开，收出一根中阴线，成交量较前一交易日放大，股价跌破60日均线且收在其下方，此时30日均线拐头下行，跌势不减。

4月27日截图当日，该股低开，收出一根小阳线，成交量较前一交易日萎缩，当日30日均线向下穿过60日均线形成死叉，60日均线拐头向下，250日均线即将走平。此时，股价基本回到起点，但下跌走势仍将继续。

图3-27是300584海辰药业2022年1月12日星期三上午开盘后至9:36的分时截图。这是该股主力机构在1月11日收出一个放量大阳线涨停板之次日（第二个大阳线涨停板）早盘开盘后的分时截图，当日成交量较前一交易

日大幅萎缩。从分时截图看，该股当日大幅高开（向上跳空6.07%开盘），分2个波次于9∶35封上涨停板。从这5分钟的分时走势看，开盘后成交量迅速放大，盘口右边的成交明细显示，9∶35封上涨停板后，成百上千手的大卖单成交还是不少的，何况从开盘至涨停，还有5分钟的跟庄进场时间。普通投资者如果当日有意想跟庄进场买进筹码的话，只要是在开盘后迅速挂单或以涨停价挂买单跟进，都能成功买入。这里就不再列示该股当日全天的分时走势图了。

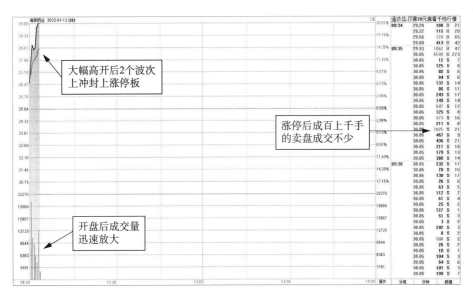

图 3-27

图3-28是603055台华新材2021年8月12日星期四下午收盘时的K线走势图。在软件上将该股整个K线走势图缩小后可以看出，此时该股处于上升趋势中。股价从前期相对高位，即2018年6月1日的最高价18.20元，一路震荡下跌，至2021年2月8日最低价4.89元止跌企稳，下跌时间长，跌幅大。下跌期间有过多次反弹，且反弹的幅度大，下跌后期，主力机构通过打压股价吸筹，收集了不少筹码。

2021年2月8日股价止跌企稳后，该股展开震荡盘升行情，主力机构高抛低吸赚取差价赢利与洗盘吸筹并举，其间拉出过一个大阳线涨停板，为吸筹建仓型涨停板。震荡盘升期间成交量呈间断性放大状态，其间30日、60日

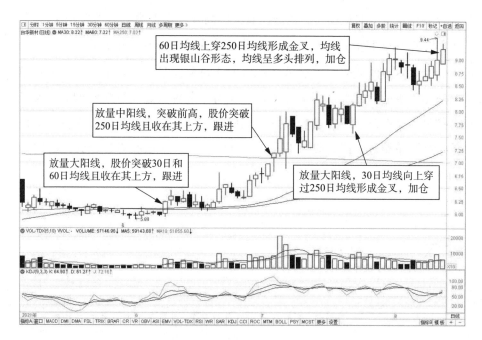

图 3-28

均线呈平行交叉黏合状态，250 日均线由下行逐渐走平，该股整体走势仍呈上升趋势。

5 月 27 日，该股低开，收出一根小阳线，成交量较前一交易日萎缩（换手率只有 0.17%），当日 30 日均线与 60 日均线呈黏合状态。

6 月 8 日，该股高开，收出一根大阳线，突破前高，成交量较前一交易日放大 3 倍多，股价向上突破 30 日和 60 日均线且收在其上方，盘口的强势特征开始显现。像这种情况，普通投资者可以在当日或次日跟庄进场逢低分批买入筹码。

6 月 22 日，该股高开，收出一根长上影线大阳线，成交量较前一交易日放大 4 倍多，当日 30 日、60 日均线由平行（黏合）翘头向上发散，250 日均线即将走平，股价逐步上行。

7 月 5 日，该股高开，收出一根长下影线中阳线，成交量较前一交易日明显放大，股价向上突破 250 日均线且收在其上方。此时，MACD、KDJ 等技术指标走强，股价的强势特征已经显现，后市上涨的概率大。像这种情况，普通投资者可以在当日或次日跟庄进场加仓买进筹码。

　　7月22日，该股低开，收出一根大阳线，成交量较前一交易日放大2倍多，当日30日均线向上穿过250日均线形成金叉，股价的强势特征已经非常明显，普通投资者可以在当日或次日跟庄进场加仓买入筹码。

　　8月12日截图当日，该股低开，收出一根中阳线，突破前高，成交量较前一交易日萎缩。此时，60日均线已经上穿250日均线形成金叉，均线银山谷形态已经形成，250日均线由平行翘头向上移动，均线呈多头排列，MACD、KDJ等技术指标走强，股价的强势特征已经十分明显。像这种情况，普通投资者可以在当日或次日跟庄进场加仓买入筹码，然后持股待涨，待股价出现明显见顶信号时再撤出。

　　图3-29是603055台华新材2022年3月15日星期二下午收盘时的K线走势图。从K线走势可以看出，2021年8月12日，该股低开收出一根中阳线，突破前高，60日均线向上穿过250日均线形成金叉，均线银山谷形态形成，250日均线由平行翘头向上移动，均线呈多头排列，股价的强势特征相当明显。之后，主力机构依托30日均线拉升股价。

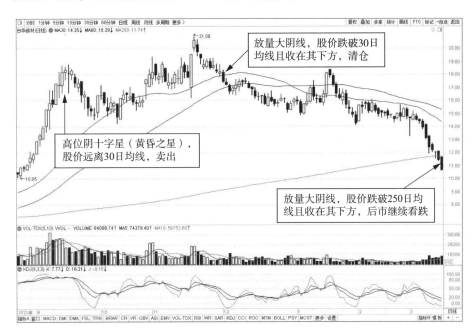

图3-29

拉升过程中，由于股价涨幅较大且远离30日均线，同时也为了满足主力机构洗盘补仓的需要，该股展开过一次强势调整行情。8月19日，该股高开，股价冲高回落，收出一根中阴线，成交量较前一交易日萎缩，展开强势缩量调整（整理）洗盘行情，普通投资者可以在当日或次日先卖出手中筹码（当然也可以持股观察1~2个交易日再做决策），待股价调整到位后再将筹码接回来。8月25日，该股低开，收出一根大阳线，突破前高，成交量较前一交易日明显放大，缩量强势调整（整理）洗盘行情结束。此时，均线呈多头排列，MACD、KDJ等技术指标走强，股价的强势特征已经非常明显，后市持续快速上涨的概率大。像这种情况，普通投资者可以在当日或次日跟庄进场加仓买入筹码。之后，主力机构快速拉升股价。整个走势干净顺畅，涨幅可观。

9月15日，该股低开，股价冲高回落，收出一颗长下影线阴十字星，成交量与前一交易日基本持平，加上前一交易日收出的阳十字星，显示股价上涨乏力，主力机构盘中拉高股价的目的是派发出货。此时，股价远离30日均线且涨幅大，MACD、KDJ等技术指标开始走弱，盘口的弱势特征已经显现。像这种情况，由于30日均线的更加滞后性，普通投资者如果手中还有筹码当天没有出完，为确保赢利最大化，可以不等30日均线走平或拐头向下，在次日逢高先卖出手中筹码。此后，该股展开高位震荡盘整行情，主力机构的目的仍然是派发出货。

12月1日，该股低开，收出一根大阴线，成交量较前一交易日放大，当日股价跌破30日均线且收在其下方，MACD、KDJ等技术指标已经走弱，盘口的弱势特征相当明显。像这种情况，普通投资者如果手中还有筹码当天没有出完，次日应该逢高清仓。

12月3日，该股低开，收出一根中阴线，成交量较前一交易日明显放大，股价跌破60日均线且收在其下方，30日均线走平，股价的弱势特征已经非常明显，跌势不减。

12月13日，该股低开，收出一根中阴线，成交量较前一交易日明显放大，当日30日、60日均线拐头下行。12月30日，该股平开，收出一根中阳线，成交量与前一交易日基本持平，当日30日均线向下穿过60日均线形成死叉。

2022 年 3 月 15 日截图当日，该股高开，收出一根大阴线，当日股价跌破 250 日均线且站在其下方，250 日均线即将走平，该股仍处于弱势下跌中，下跌走势仍将继续。

三、长期 60 日、120 日、250 日均线组合

长期 60 日、120 日、250 日均线组合相比长期 30 日、60 日、250 日均线组合，就是把作为该组合短期均线的 30 日均线换成了 60 日均线，把作为中期均线的 60 日均线换成了 120 日均线，周期变长，支撑力和压力相对放宽，更有利于判断和把握股价的长期趋势。实战操盘中，120 日均线周期长，趋势一旦形成，短期内则难以改变，主力机构不易骗线，所以是股价的脊梁线、灵魂线。在这个均线组合中，60 日均线作为短期均线使用，充当攻击线，同时代表短线操作市场价格中的方向和趋势。120 日均线作为中期均线使用，既起着辅助线的作用，用于判断支撑和压力，又起着观察和把握股价长期运行趋势和方向的作用，确认长期买卖点；如果股价在成交量的配合下，向上突破 60 日、120 日和 250 日均线上行（或回调不破 60 日均线），长期趋势可看多做多。250 日均线作为长期均线使用，能够揭示股价长期趋势，是牛熊走势的分界线，经常用于判断个股走势的牛熊转换。如果股价放量突破 250 日均线、250 日均线拐头向上，则是走牛的趋势。该均线组合中 120 日均线、250 日均线的运用，如果与波浪理论相结合对个股进行分析研判，效果会更好。该均线组合比较适用于资金雄厚的主力机构抄底做长线，尤其适合跌幅巨大的低价股的谋划运作和控盘操盘。

图 3-30 是 601633 长城汽车 2020 年 7 月 8 日星期三下午收盘时的 K 线走势图。在软件上将该股整个 K 线走势图缩小后可以看出，此时该股处于上升趋势中。股价从前期高位，即 2015 年 4 月 23 日的最高价 59.50 元，一路震荡下跌，至 2018 年 12 月 25 日的最低价 5.50 元止跌企稳，下跌时间长，跌幅大，下跌期间有过多次反弹，且反弹的幅度大，下跌后期，主力机构通过反弹、打压股价吸筹等操盘手法，收集了不少筹码。

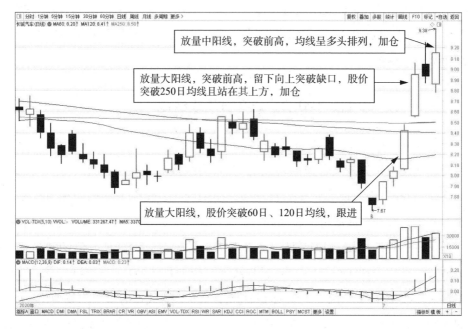

图 3-30

2018 年 12 月 25 日股价止跌企稳后，主力机构快速推升股价，收集筹码。然后该股展开震荡盘升行情，K 线走势呈红多绿少、红肥绿瘦态势，此时 60 日和 120 日均线由下行逐渐走平，然后拐头上行形成金叉。

2019 年 4 月 18 日，该股大幅高开（向上跳空 4.66% 开盘），股价冲高至当日最高价 11.12 元回落，收出一根螺旋桨阴 K 线，成交量较前一交易日萎缩，展开缩量回调（急跌）洗盘行情，此时普通投资者可先卖出手中筹码，待股价回调（下跌）洗盘到位后，再将筹码接回来。5 月 6 日，该股低开，收出一根大阴线，股价探至当日最低价 8.14 元止跌企稳，展开大幅横盘震荡洗盘吸筹行情，主力机构高抛低吸赚取差价赢利与洗盘吸筹并举。震荡盘升和横盘震荡洗盘期间，主力机构拉出了 4 个涨停板（1 个小阳线涨停板、2 个大阳线涨停板和 1 个长下影线阳线涨停板），均为吸筹建仓型涨停板。横盘震荡洗盘吸筹期间，成交量呈间断性放（缩）量状态，60 日、120 日均线随着股价的涨跌而上下穿行，但基本呈平行或交叉黏合状态，250 日均线由下行逐渐走平，然后翘头向上移动。

2020 年 7 月 3 日，该股跳空高开，收出一根大阳线（收盘涨幅为 4.73%），突破前高，成交量较前一交易日明显放大，当日股价突破 60 日、120 日均线且收在 120 日均线上方，60 日均线向上移动，250 日均线即将走平，股价的强势特征已经显现，普通投资者可以在当日或次日跟庄进场买进筹码。

7 月 6 日，该股继续跳空高开，收出一根大阳线（收盘涨幅为 6.29%），突破前高，留下向上跳空突破缺口，成交量较前一交易日放大，形成向上突破缺口 K 线形态。当日股价突破 250 日均线且收在其上方，当日 60 日、250 日均线上行，120 日均线即将走平。此时，均线（除 120 日均线外）呈多头排列，MACD、KDJ 等技术指标走强，股价的强势特征已经相当明显，后市上涨的概率大。像这种情况，普通投资者可以在当日或次日跟庄进场加仓买进筹码。

7 月 8 日截图当日，该股低开，收出一根中阳线，突破前高，成交量较前一交易日放大。此时，均线呈多头排列，MACD、KDJ 等技术指标走强，股价的强势特征已经十分明显，后市持续快速上涨的概率大。像这种情况，普通投资者可以在当日或次日跟庄进场加仓买进筹码，然后持股待涨，待股价出现明显见顶信号时再撤出。

图 3-31 是 601633 长城汽车 2021 年 1 月 13 日星期三下午收盘时的 K 线走势图。从 K 线走势可以看出，2020 年 7 月 8 日，该股低开，收出一根放量中阳线，突破前高，均线呈多头排列，股价的强势特征已经相当明显。之后，主力机构快速拉升股价。

从拉升情况看，主力机构依托 60 日均线，采用台阶式推升的操盘手法拉升股价。拉升过程中，只要股价离 60 日均线较远，主力机构就会进行回调洗盘，比如 2020 年 8 月 11 日、9 月 21 日、10 月 14 日、11 月 6 日进行的 4 次回调洗盘，都是股价离 60 日均线较远且涨幅较大，但回调洗盘时股价都没有跌破 60 日均线。回调洗盘过程中，普通投资者要注意盯盘，每次回调洗盘到位，都是跟庄进场加仓买入筹码的机会。4 次调整洗盘均为强势调整，幅度不大，时间也不是太长（11 月 6 日进行的回调洗盘时间稍长些）。因为股价从底部起来，主力机构筹码锁定比较好，采用台阶式推升的手法，主要是通过

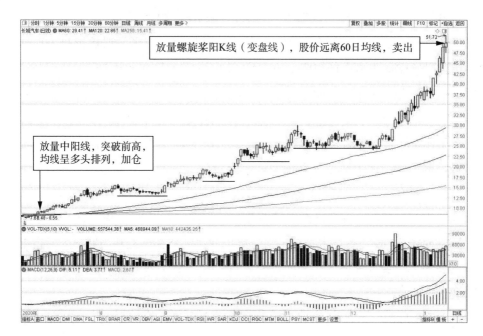

图 3-31

台阶整理手法，清洗获利盘、调仓换筹、拉高新进场投资者的入场成本，以确保股价稳中上行、一个台阶一个台阶往上走。从 12 月 21 日起，该股展开快速拉升行情，整个拉升行情比较干净利落，股价从 2020 年 7 月 3 日收出一根大阳线、突破 60 日和 120 日均线当日的收盘价 8.42 元，上涨到 2021 年 1 月 12 日放量大阳线当日的收盘价 48.77 元，涨幅非常大。

2021 年 1 月 13 日截图当日，该股平开，股价冲高至当日最高价 51.72 元回落，收出一根螺旋桨阳 K 线，成交量较前一交易日放大，展开回调洗盘行情（此时股价远离 60 日均线，且涨幅大）。像这种情况，不管主力机构是回调洗盘还是派发出货，普通投资者都要卖出手中筹码，因为此时股价涨幅已经非常大了。如果股价回调（下跌）到一定幅度，K 线、均线、成交量及其他技术指标走强，可以再将筹码接回来。

图 3-32 是 601633 长城汽车 2021 年 8 月 3 日星期二下午收盘时的 K 线走势图。从 K 线走势可以看出，2021 年 1 月 13 日，该股平开，收出一根放量螺旋桨阳 K 线，展开回调（下跌）洗盘行情，回调（下跌）洗盘行情持续了 2

个多月，股价跌破了 60 日和 120 日均线，回调（下跌）时间长，跌幅大。像这种情况，普通投资者（尤其是谨慎的普通投资者）可以换成其他强势个股操作。

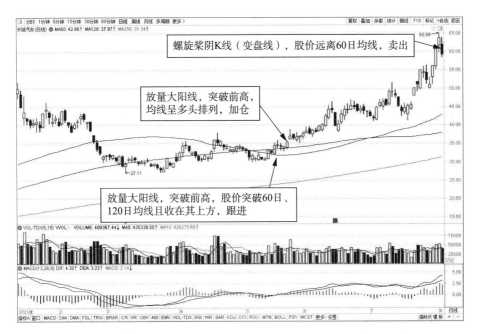

图 3-32

5 月 19 日，该股高开，收出一根大阳线（收盘涨幅为 6.06%），突破前高，成交量较前一交易日明显放大。当日股价突破 60 日、120 日均线且收在其上方，股价的强势特征开始显现。像这种情况，普通投资者可以在当日或次日跟庄进场买入筹码。之后，主力机构慢慢推升股价，该股展开震荡盘升行情。

5 月 25 日，该股低开，收出一根大阳线，突破前高，成交量较前一交易日明显放大，股价再次突破 60 日、120 日均线且收在其上方。此时，60 日、120 日和 250 日均线呈多头排列，股价的强势特征相当明显。像这种情况，普通投资者可以在当日或次日跟庄进场加仓买进筹码。之后，主力机构快速拉升股价。

从拉升情况看，主力机构依托 60 日均线，采用波段式推升股价的操盘手法拉升股价。拉升过程中，该股展开了 3 次回调洗盘行情（也即 3 个波段），回调时间为 3~5 个交易日，回调幅度不大。整个拉升过程比较顺畅，股价从 5 月 25 日收出一根大阳线，再次突破 60 日、120 日均线且收在其上方，当日的收盘价 35.30 元，上涨到 8 月 2 日收出一根螺旋桨阳 K 线，当日的收盘价 63.71 元，涨幅还是相当不错的。

8 月 3 日截图当日，该股低开，收出一根螺旋桨阴 K 线，成交量较前一交易日萎缩，收盘涨幅为 -7.20%，加上前一交易日收出的螺旋桨阳 K 线，显示股价上涨乏力，主力机构盘中拉高股价的目的是派发出货。此时，股价远离 60 日均线且涨幅大，MACD、KDJ 等技术指标开始走弱，盘口的弱势特征已经显现。像这种情况，由于 60 日均线的严重滞后性，普通投资者如果手中还有筹码当天没有出完，为确保赢利最大化，可以不等 60 日均线走平或拐头向下，在次日逢高先卖出手中筹码。

图 3-33 是 601633 长城汽车 2022 年 1 月 6 日星期四下午收盘时的 K 线走势图。从 K 线走势可以看出，2021 年 8 月 3 日，该股低开，收出一根螺旋桨阴 K 线（变盘线），收盘涨幅为 -7.20%，加上前一交易日收出的螺旋桨阳 K 线，显示股价上涨乏力，主力机构盘中拉高股价的目的是派发出货。之后，该股展开高位震荡盘整行情（股价盘整过程中有回调、有拉升），主力机构的操盘目的仍然是通过震荡盘整来掩护派发出货。

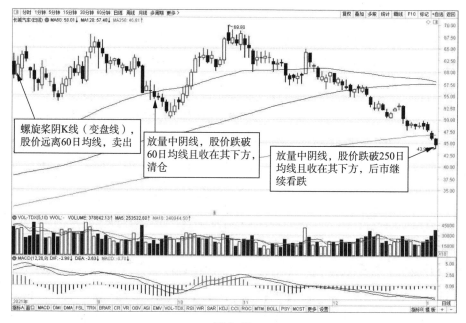

图 3-33

9月23日，该股平开，收出一根中阴线，成交量较前一交易日放大，当日股价跌破60日均线且收在其下方，MACD、KDJ等技术指标已经走弱，盘口的弱势特征非常明显。像这种情况，普通投资者如果手中还有筹码当天没有出完，次日应该逢高清仓。

12月13日，该股低开，收出一根中阴线，成交量较前一交易日放大，当日股价跌破120日均线且收在其下方，60日均线已拐头下行，120日均线有走平的趋势，跌势不减。

2022年1月6日截图当日，该股平开，收出一根中阴线，成交量较前一交易日放大，股价跌破250日均线且收在其下方，60日、120日均线下行，且60日均线即将向下穿过120日均线形成死叉，下跌走势仍将继续。

图3-34是300274阳光电源2020年6月15日星期一下午收盘时的K线走势图。在软件上将该股整个K线走势图缩小后可以看出，此时该股处于上升趋势中。股价从前期高位，即2015年6月3日的最高价52.80元，一路震荡下跌，至2018年10月19日的最低价5.17元止跌企稳，下跌时间长，跌幅大；下跌期间有过多次反弹，且反弹的幅度大。

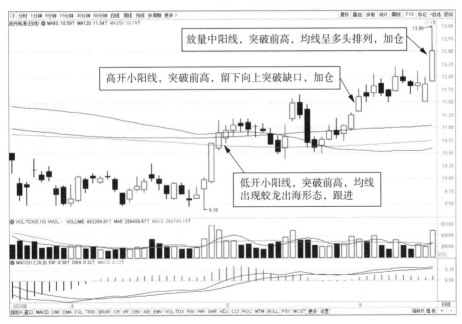

图 3-34

2018 年 10 月 19 日股价止跌企稳后，主力机构快速推升股价，收集筹码。然后该股展开震荡盘升行情，K 线走势呈红多绿少、红肥绿瘦态势，60 日和 120 日均线由下行逐渐走平，随后翘头上行形成金叉后，继续上行穿过 250 日均线形成金叉，股价逐渐走出底部并向上运行。

2019 年 4 月 22 日，该股高开，股价冲高至当日最高价 14.20 元回落，收出一根长上影线倒锤头阴 K 线，成交量较前一交易日放大，展开缩量回调（急跌）洗盘行情，此时普通投资者可先卖出手中筹码，待股价回调（下跌）洗盘到位后，再将筹码接回来。6 月 17 日，该股平开，收出一根小阴线，股价探至当日最低价 8.37 元止跌企稳后，展开大幅横盘震荡洗盘吸筹行情，高抛低吸赚取差价赢利与洗盘吸筹并举。震荡盘升和横盘震荡洗盘吸筹期间，主力机构拉出了 10 个涨停板，多数为吸筹建仓型涨停板。横盘震荡洗盘吸筹期间，成交量呈间断性放（缩）量状态，60 日、120 日均线随着股价的涨跌缠绕 250 日均线上下穿行，但基本呈平行交叉黏合状态，均线系统逐渐走强。

2020 年 4 月 30 日，该股低开，收出一根小阳线，突破前高，成交量较前一交易日萎缩（前一交易日为放量大阳线），当日股价向上穿过 60 日、120 日和 250 日均线（一阳穿三线），均线蛟龙出海形态形成。此时，MACD、KDJ 等技术指标走强，股价的强势特征已经显现，后市上涨的概率大。像这种情况，普通投资者可以在当日或次日跟庄进场分批买入筹码。

6 月 1 日，该股跳空高开，收出一根小阳线，突破前高，成交量较前一交易日略有萎缩，留下向上跳空突破缺口，股价收在 60 日、120 日和 250 日均线上方，120 日、250 日均线翘头上行，60 日均线即将走平，股价的强势特征相当明显。像这种情况，普通投资者可以在当日或次日跟庄进场加仓买入筹码。

6 月 15 日截图当日，该股高开，收出一根中阳线（收盘涨幅为 5.57%），突破前高，成交量较前一交易日放大 2 倍多。此时，均线呈多头排列，MACD、KDJ 等技术指标走强，股价的强势特征非常明显，后市持续快速上涨的概率大。像这种情况，普通投资者可以在当日或次日跟庄进场加仓买入筹码，然后持股待涨，待股价出现明显见顶信号时再撤出。

图 3-35 是 300274 阳光电源 2021 年 2 月 18 日星期四下午收盘时的 K 线走势图。该股案例与上一个实战案例长城汽车的走势相似，因为资金实力雄厚的主力机构多数选择跌幅巨大且跌到几块钱的大（中）盘低价股作为首选目标股票，着眼长远，从抄底开始运作，操盘手法一般是台阶式（或波段式或复合式）拉升，边拉边洗，稳扎稳打将股价推升到一定高度后再快速拉升，然后进行大幅回调洗盘，高抛低吸赚取差价赢利与洗盘吸筹并举，待股价回调（下跌）到一定幅度后，再进行第二波次拉升，股价达到目标价位后，一般是开始高位震荡整理慢慢逢高派发（以震荡整理的操盘手法掩护出货），待筹码派发得差不多时，可能直接打压股价出逃。

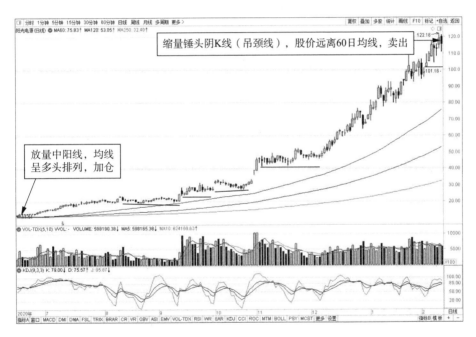

图 3-35

从该股的 K 线走势可以看出，2020 年 6 月 15 日，该股高开，收出一根放量中阳线（涨幅为 5.57%），突破前高，均线呈多头排列，股价的强势特征相当明显。之后，主力机构开始拉升股价。

从拉升的情况看，主力机构依托 60 日均线，采用台阶式推升的手法拉升股价。在拉升过程中，只要股价离 60 日均线较远，该股就会展开调整洗盘行情，比如 2020 年 8 月 12 日、9 月 14 日、10 月 12 日、11 月 3 日展开的 4 次调整行情，股价离 60 日均线较远且涨幅较大，但股价回调没有跌破 60 日均线。回调洗盘过程中，普通投资者要注意盯盘，每次回调洗盘到位，都是跟庄进场加仓买入筹码的机会。4 次调整洗盘均为强势调整，回调幅度不大，时间也不是太长（11 月 3 日展开的调整洗盘行情时间稍长些）。因为股价从底部起来，主力机构筹码锁定比较好，采用台阶式推升的手法，主要是通过台阶整理手法，清洗获利盘、调仓换筹、拉高新进场投资者的买入成本，以确保股价稳中上行、一个台阶一个台阶往上走。从 12 月 8 日开始，该股展开快速拉升行情。整个拉升行情比较干净利落，股价从 2020 年 6 月 15 日高开收出一根中阳线当日的收盘价 12.51 元，上涨到 2021 年 2 月 10 日收出一根螺旋桨阳 K 线当日的收盘价 119.09 元，涨幅巨大。

2021 年 2 月 18 日截图当日，该股高开，股价回落，收出一根锤头阴 K 线，成交量较前一交易日萎缩，主力机构展开回调洗盘行情。此时，股价远离 60 日均线且涨幅大，KDJ 等部分技术指标走弱。像这种情况，不管主力机构是回调洗盘还是派发出货，普通投资者都要卖出手中筹码，因为此时股价涨幅已经非常大了。如果股价回调（下跌）到一定幅度，K 线、均线、成交量及其他技术指标走强，可以再将筹码接回来。

图 3-36 是 300274 阳光电源 2021 年 7 月 30 日星期五下午收盘时的 K 线走势图。从 K 线走势可以看出，2021 年 2 月 18 日，该股高开收出一根缩量锤头阴 K 线，展开回调（下跌）洗盘行情。回调（下跌）洗盘行情持续了 1 个多月，股价跌破了 60 日和 120 日均线，回调（下跌）时间长，跌幅大。像这种情况，普通投资者（尤其是谨慎的普通投资者）可以换成其他强势个股操作。

3 月 30 日，该股低开，收出一根大阳线（涨幅为 10.66%），突破前高，成交量较前一交易日明显放大，股价突破 120 日均线且收在其上方，MACD、KDJ 等技术指标走强，股价的强势特征已经显现，后市上涨的概率大。像这种情况，普通投资者可以在当日或次日跟庄进场逢低分批买进筹码。之后，主力机构慢慢推升股价，该股展开震荡盘升行情。

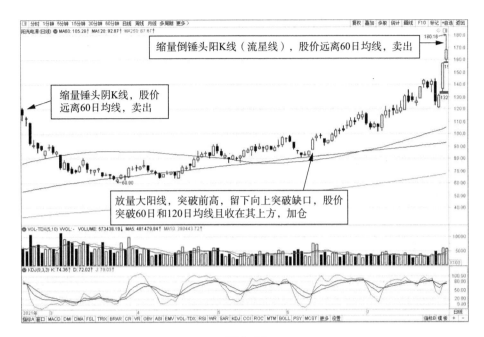

图 3-36

6月10日，主力机构跳空高开，收出一根大阳线（涨幅为10.61%），突破前高，成交量较前一交易日放大2倍多，留下向上跳空突破缺口。此时，股价已经突破60日、120日均线，且收在60日、120日均线上方，60日、120日和250日均线呈多头排列，股价的强势特征相当明显。像这种情况，普通投资者可以在当日或次日跟庄进场加仓买进筹码。之后，主力机构快速拉升股价。

从拉升情况看，主力机构依托60日均线，采用波段式推升股价的操盘手法拉升股价。拉升过程中，该股展开了3次回调洗盘行情（也即3个波段），回调时间为3~5个交易日，回调幅度不大。整个拉升过程比较顺畅，股价从6月10日该股跳空高开，收出一根放量大阳线、突破前高、留下向上跳空突破缺口当日的收盘价95.01元，上涨到7月29日收出一个放量大阳线涨停板当日的收盘价156.92元，涨幅还是相当不错的。

7月30日截图当日，该股跳空高开，股价冲高至当日最高价180.16元回落，收出一根倒锤头阳K线，成交量较前一交易日萎缩，收盘涨幅为6.93%

（收盘价为 167.80 元），显示股价上涨乏力，主力机构盘中拉高股价的目的是派发出货。此时，股价远离 60 日均线且涨幅大，KDJ 等部分技术指标开始走弱，盘口的弱势特征已经显现。像这种情况，由于 60 日均线的严重滞后性，普通投资者如果手中还有筹码当天没有出完，为确保赢利最大化，可以不等60 日均线走平或拐头向下，在次日逢高先卖出手中筹码。

图 3-37 是 300274 阳光电源 2022 年 1 月 27 日星期四下午收盘时的 K 线走势图。从 K 线走势可以看出，2021 年 7 月 30 日，该股高开收出一根缩量倒锤头阳 K 线（流星线），显示股价上涨乏力，主力机构盘中拉高股价的目的是派发出货。之后，该股展开高位震荡盘整行情（股价盘整过程中有回调、有拉升），主力机构的操盘目的仍然是通过震荡盘整来掩护派发出货。

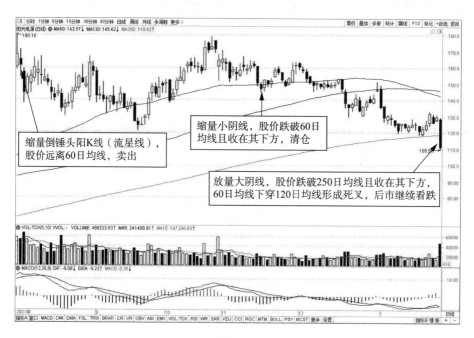

图 3-37

11 月 16 日，该股低开，收出一根小阴线，成交量较前一交易日萎缩，当日股价跌破 60 日均线且收在其下方，60 日均线走平，MACD、KDJ 等技术指标已经走弱，盘口的弱势特征非常明显。像这种情况，普通投资者如果手中还有筹码当天没有出完，次日应该逢高清仓。

2022 年 1 月 4 日，该股高开，收出一根大阴线，成交量较前一交易日放大，当日股价跌破 120 日均线且收在其下方，60 日均线已拐头下行，120 日均线走平，跌势不减。

2022 年 1 月 27 日截图当日，该股低开，收出一根大阴线（涨幅为 -14.25%），成交量较前一交易日放大 3 倍多，当日股价跌破 250 日均线且收在其下方，60 日、120 日均线下行，且 60 日均线已经向下穿过 120 日均线形成死叉，下跌走势仍将继续。

第四章

上涨初期强势均线形态实战技法

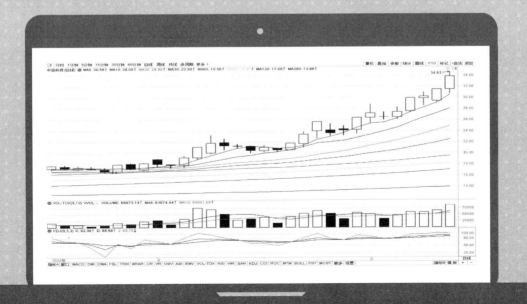

个股经过长期下跌并止跌企稳之后，随着主力机构慢慢推升股价，短期均线跟随股价拐头向上移动，随着放大的成交量推动股价上涨，上涨初期强势均线形态逐渐形成，普通投资者跟庄进场买进筹码的时机即将到来。

比如，较短周期的均线向上移动并穿过较长周期的均线从而形成交叉，这种交叉形态就是上涨初期强势均线形态，即均线黄金交叉形态。均线黄金交叉，意味着股价向上突破压力，后市有一定的上升空间，是跟庄进场买进筹码的明确信号。

像这样的上涨初期强势均线形态还有均线底背离、均线银山谷、均线金山谷、均线蛟龙出海等形态。由于上涨初期股价走势的不确定性（比如涨幅不大、反复盘升或变盘等），我们在分析研究和运用上涨初期强势均线形态时，不管是把握大势，还是确定买卖点，都不能仅看均线形态单项指标，一定要结合政策面、大盘走势、目标股票的基本面以及 K 线、成交量等其他技术指标进行综合分析研判，谨慎做出买卖决策。

为了便于分析和阅读理解，从这一章开始，我们将软件均线系统按照混搭组合配置，分别从短中长期均线中挑出 5 日、10 日、30 日、60 日和 120 日 5 条均线，设置新的均线系统。后面的其他章节，均线系统如有重新设置必要，会提前说明。

一、均线底背离形态

均线底背离形态，是在股价下跌至底部区域，且成交量极其萎缩的情况下，股价止跌回升并突破第一条短期均线时所形成的均线形态。

（一）形态分析

均线底背离形态，是指个股经过较长时间的下跌，股价止跌企稳后，主力机构快速推升股价以收集筹码，此时虽然股价止跌回升，但均线系统仍处于弱势之中，当股价突破第一条短期均线并上涨时，股价的运行方向与所突破的均线移动方向是相反的。

均线底背离形态出现在股价的底部区域，一般是由于大势不好，主力机构杀跌洗盘产生的，随着成交量的逐渐萎缩，底部形态越来越清晰。此时，股价距离均线尤其是周期较长的中长期均线（比如 30 日以上均线）较远，且短期均线距离中长期均线（比如 30 日以上均线）也较远，股价必然会有反弹的需求，产生一波上涨行情。其实这种反弹行情，既是主力机构收集筹码的要求，也是主力机构杀跌洗盘所要达到的目的。

普通投资者需要注意的是，均线底背离形态适用于平衡市场，不适合大起大落的牛熊市；一般以 30 日均线为标准，以股价涨跌幅远离 30 日均线为买卖标志。当然，若股价突破 30 日均线继续上行，就不是反弹这么简单的事了。

（二）实战运用

图 4-1 是 300235 方直科技 2021 年 10 月 29 日星期五下午收盘时的 K 线走势图。在软件上将该股整个 K 线走势图缩小后可以看出，此时该股处于高位下跌之后的反弹趋势中。股价从前期相对高位，即 2020 年 2 月 28 日的最高价 29.56 元，一路震荡下跌，至 2021 年 10 月 27 日的最低价 8.53 元止跌企稳，下跌时间长，跌幅大，尤其是下跌后期的几个交易日，主力机构借助大盘下跌之势，加速杀跌洗盘，此时均线呈空头排列。下跌期间有过多次反弹，且反弹幅度大。

2021 年 10 月 27 日股价止跌企稳后，主力机构开始推升股价、收集筹码。10 月 28 日，该股高开，收出一颗缩量阳十字星，普通投资者可将其当作早晨之星或希望之星看待，是明显的止跌企稳、后市看涨信号。

10 月 29 日截图当日，该股低开，收出一根小阳线，成交量较前一交易日明显放大，股价向上突破 5 日均线且收在其上方，突破有效。但此时 5 日均线仍向下移动，股价收盘收在 5 日均线之上，形成了股价与 5 日均线的底背离形态。均线底背离形态形成后，预示该股即将展开一波上涨行情（或反弹

行情），普通投资者可以在当日股价突破 5 日均线之后或在次日跟庄进场买进
筹码，跟进买入筹码后要注意盯盘，跟踪观察股价的变化。

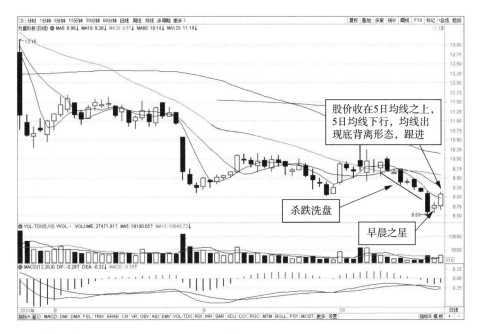

股价收在5日均线之上，
5日均线下行，均线出
现底背离形态，跟进

杀跌洗盘

早晨之星

图 4-1

图 4-2 是 300235 方直科技 2021 年 11 月 16 日星期二下午收盘时的 K 线
走势图。从该股的 K 线走势可以看出，10 月 29 日均线底背离形态形成后，主
力机构开始推升股价。

11 月 1 日，该股平开，收出一颗阳十字星，成交量较前一交易日萎缩，
股价收在 5 日均线上方；11 月 2 日，该股高开，股价冲高穿过 10 日均线回
落，收出一根小阴线，股价当日调整了一个交易日，但仍收在 5 日均线上方，
此时 5 日均线拐头上行；11 月 3 日，该股高开，收出一根小阳线，股价突破
10 日均线且收在其上方。

11 月 4 日，该股平开，收出一颗阴十字星，当日 5 日均线向上穿过 10 日
均线形成金叉；11 月 5 日，该股低开，收出一根中阳线，成交量较前一交易
日放大 4 倍多，股价突破 30 日均线且收在其上方；11 月 8 日，该股高开，收
出一根小阴线，股价调整了一个交易日，没有跌破 30 日均线，股价回抽 30

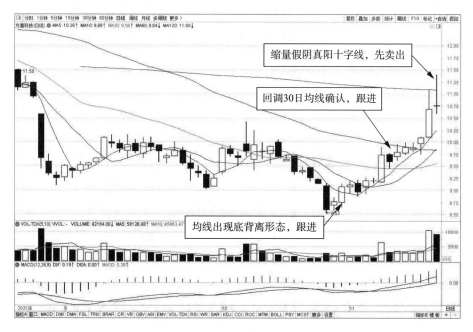

图 4-2

日均线确认。此时，MACD、KDJ 等技术指标开始走强，股价的强势特征开始
显现，后市上涨的概率大。像这种情况，普通投资者可以在当日或次日跟庄
进场逢低买进筹码。之后，股价继续向上盘升。

11 月 16 日截图当日，该股高开，股价向上冲高穿过 120 日均线回落，收
出一根长上影线假阴真阳十字线，成交量较前一交易日萎缩，且当日股价离
30 日均线较远，展开调整洗盘行情。像这种情况，普通投资者可以在当日或
次日逢高先卖出手中筹码，待股价调整到位后再将筹码接回来。当然，也可
以持股观望，视后期股价走势再做决定。

图 4-3 是 300235 方直科技 2021 年 12 月 27 日星期一下午收盘时的 K 线
走势图。从该股的 K 线走势可以看出，2021 年 11 月 16 日，该股高开，收出
一根缩量长上影线假阴真阳十字线，展开强势调整洗盘行情，持续了 15 个交
易日，其间股价跌破了 10 日均线，但很快拉回。强势缩量调整洗盘期间，5
日、10 日均线缠绕股价呈交叉黏合状态。

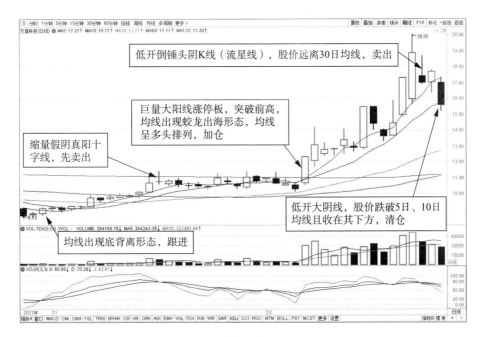

图 4-3

12月7日，该股跳空高开，收出一个大阳线涨停板（涨幅为19.98%），突破前高，成交量较前一交易日放大8倍多，形成巨量大阳线涨停K线形态。当日股价向上突破5日、10日和120日均线（一阳穿三线），30日、60日均线在股价下方向上移动，均线蛟龙出海形态形成。此时，均线呈多头排列，MACD、KDJ等技术指标走强，股价的强势特征已经十分明显，后市持续快速上涨的概率大。像这种情况，普通投资者可以在当日跟庄抢板或在次日跟庄进场买进筹码。之后，主力机构快速拉升股价。

12月23日，该股大幅低开（向下跳空7.69%开盘），股价冲高回落，收出一根倒锤头阴K线，成交量较前一交易日萎缩，当日涨幅为-10.07%，显露出主力机构毫无顾忌坚决出货的态度和决心。此时，股价远离30日均线且涨幅较大，MACD、KDJ等技术指标走弱，盘口的弱势特征已经较为明显。像这种情况，由于均线的滞后性特征，普通投资者可以不等5日均线走平或拐头下行，在当日或次日逢高先卖出手中筹码。

12月27日截图当日，该股跳空低开，收出一根大阴线（收盘涨幅为

−12.15%），成交量较前一交易日萎缩，股价跌破 5 日、10 日均线且收在 10
日均线下方，5 日均线拐头向下。此时，MACD、KDJ 等技术指标走弱，股价
的弱势特征已经十分明显。像这种情况，普通投资者如果手中还有筹码当天
没有出完，次日一定要逢高清仓。

图 4-4 是 600007 中国国贸 2022 年 3 月 17 日星期四下午收盘时的 K 线走
势图。在软件上将该股整个 K 线走势图缩小后可以看出，此时该股处于高位
下跌之后的反弹趋势中。股价从前期相对高位，即 2021 年 9 月 2 日的最高价
21.79 元，一路震荡下跌，至 2022 年 3 月 16 日的最低价 12.03 元止跌企稳，
下跌时间较长、跌幅大，尤其是下跌后期的几个交易日，主力机构借助大盘
下跌之势，加速杀跌洗盘，此时均线呈空头排列。下跌期间有多次反弹，且
反弹幅度大。

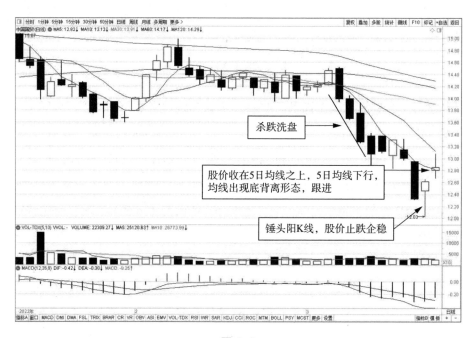

图 4-4

2022 年 3 月 16 日，该股高开，收出一根长下影线锤头阳 K 线，成交量与
前一交易日基本持平，是主力机构打压股价以收集筹码的明显信号，同时也
是明显的止跌企稳、股价见底、后市看涨（反弹）信号。

3月17日截图当日，该股跳空高开，收出一根中阳线（也可视为阳十字星），成交量较前一交易日萎缩，留下向上跳空突破缺口，当日股价向上突破5日均线且收在其上方，此时5日均线仍向下移动，股价收盘却在5日均线之上，形成了股价与5日均线的底背离形态。均线底背离形态形成后，预示该股即将展开一波上涨行情（或反弹行情），普通投资者可以在当日股价突破5日均线后或在次日跟庄进场买入筹码。

图4-5是600007中国国贸2022年4月7日星期四下午收盘时的K线走势图。从该股的K线走势可以看出，3月17日均线底背离形态形成后，主力机构开始拉升股价。

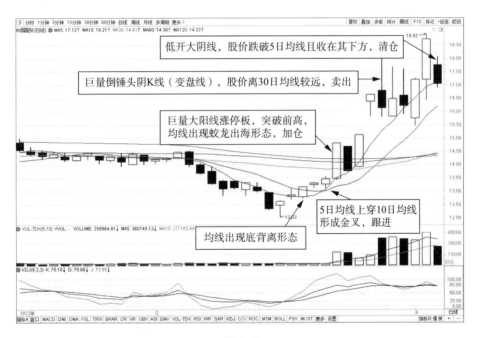

图4-5

3月18日，该股低开，收出一根中阳线，成交量较前一交易日萎缩，股价突破10日均线且收在其上方，当日5日均线走平；3月21日，该股高开，收出一颗阳十字星，成交量与前一交易日基本持平，股价收在10日均线上方，当日5日均线拐头上行，10日均线走平。

3月22日，该股低开，收出一根小阳线，成交量与前一交易日持平，股价仍站在 10 日均线上方，当日 5 日均线向上穿过 10 日均线形成金叉。此时，MACD、KDJ 等技术指标开始走强，股价的强势特征已经显现，后市上涨的概率大。像这种情况，普通投资者可以在当日收盘前或在次日跟庄进场买进筹码。

3 月 23 日，该股高开，收出一个大阳线涨停板，突破前高，成交量较前一交易日放大 7 倍多，形成巨量大阳线涨停 K 线形态，股价向上突破 30 日、60 日和 120 日均线（一阳穿三线），5 日、10 日均线在股价下方向上移动，均线蛟龙出海形态形成。当日股价收在 120 日均线上方，5 日、10 日和 30 日均线呈多头排列，股价的强势特征明显。像这种情况，普通投资者可以在当日或次日跟庄进场加仓买入筹码（次日股价回调，正是普通投资者跟庄进场买入筹码的好时机）。

3 月 29 日，该股高开，股价冲高回落，收出一根长上影线倒锤头阴 K 线，成交量较前一交易日放大 2 倍多，显示股价上涨乏力，主力机构盘中拉高股价的目的是派发出货。此时，股价离 30 日均线较远且涨幅较大，KDJ 等部分技术指标开始走弱，盘口的弱势特征已经显现。像这种情况，由于均线的滞后性特征，普通投资者可以不等 5 日均线走平或拐头下行，在次日逢高先卖出手中筹码（最好在当日股价冲高时卖出）。

4 月 7 日截图当日，该股大幅跳空低开（向下跳空 5.18% 开盘），收出一根大阴线（涨幅为 -9.08），成交量较前一交易日萎缩，股价跌破 5 日均线且收在其下方，5 日均线即将走平。此时，MACD、KDJ 等技术指标走弱，股价的弱势特征已经相当明显。像这种情况，普通投资者如果手中还有筹码当天没有出完，次日一定要逢高清仓。

（三）操盘感悟

实战操盘中，普通投资者需要把握的是，判断均线底背离形态，要以个股收盘价收在均线的上方为依据，不能以瞬间突破为标准。还有，如果本次反弹速度低于上一次反弹的速度，股价大概率还要下跌走低，一旦收出标志性阴线，要立马撤出，此后新的均线底背离形态还将产生。

二、上涨初期均线黄金交叉形态

上涨初期均线黄金交叉形态，是在股价止跌回升的过程中，短期均线向上穿过长期均线所形成的均线形态。

（一）形态分析

上涨初期均线黄金交叉形态，简称均线黄金交叉或均线第一次金叉，是指个股经过较长时间下跌，企稳回升或震荡整理后再度上涨，均线跟随股价拐头向上移动，向上移动一定时间后，周期较短的均线由下而上穿过周期较长的均线，且周期较长的均线同时向上移动所形成。比如，5日均线向上穿过10日均线，10日均线向上穿过30日均线且30日均线同时向上移动，所形成的两个交叉都可以称为上涨初期均线黄金交叉形态。

均线黄金交叉形态一般出现在股价上涨的初期或中期。上涨初期，由于股价的上涨，牵引短期均线向上移动，然后向上穿过长期均线所形成；上涨中期，个股经过较长时间的横盘震荡整理洗盘之后，突破整理区重新展开上涨行情，短期均线在跟随股价向上移动的过程中，继续向上穿过周期较长的均线，从而形成均线黄金交叉形态。

均线黄金交叉形态是一种预示后市看好，投资者可以积极看多做多的信号。如果黄金交叉形态出现在下跌企稳后的底部区域或低位，往往是股价由弱转强的跟庄进场买进信号，尤其是2条均线交叉的角度越大，上涨的信号越强烈。上涨过程中，如果中期均线向上穿过长期均线或长期均线向上穿过长期均线形成黄金交叉形态，则股价中长期趋势上涨的信号更加强烈。但要注意的是，如果短期均线向上穿过短期均线或短期均线向上穿过中期均线形成黄金交叉形态时，金叉上方还有周期更长的中期或长期均线压制着股价，则中长期上涨趋势还有待跟踪观察，普通投资者可以结合其他技术指标进行综合分析判断，然后再谨慎做出买卖决策。

由于均线时间周期的不同，黄金交叉可分为多种形态，如短期均线向上移动穿过短期均线、中期均线或长期均线的黄金交叉形态；中期均线向上移动穿过中期均线或长期均线的黄金交叉形态；长期均线向上移动穿过长期均线的黄金交叉形态等。

我们都知道，均线具有滞后性的特征，在不同周期的黄金交叉形态中，短期均线黄金交叉形态给出的买入信号比较灵敏也比较及时，但不够稳健、可靠。普通投资者在运用短期均线黄金交叉形态确认买点时，还要结合其他技术指标进行综合分析判断后再做出跟庄进场买进的决策。普通投资者尤其要谨慎对待下降通道中临时反弹形成的黄金交叉和横盘震荡整理中冲高试盘形成的黄金交叉这两种情况，如果买进后，发现走势不对，要立马出局。

这里主要对上涨初期均线黄金交叉形态进行分析研究，上涨中期横盘震荡整理洗盘后启动上涨行情形成的黄金交叉形态，放在后面章节分析研究。

个股下跌时间、幅度不同，以及主力机构操盘手法的不同，可能会使股价上涨走势（K线走势）形态不同，股价上涨走势形态的不同会使均线黄金交叉的时间、位置和交叉之后的均线走势不同，从而会使股价上涨（反弹）力度和幅度不同。

（二）实战运用

图4-6是000503国新健康2021年11月29日星期一下午收盘时的K线走势图。在软件上将该股整个K线走势图缩小后可以看出，此时该股处于高位下跌之后的反弹趋势中。股价从前期相对高位，即2019年4月9日的最高价33.00元，一路震荡下跌，至2021年11月4日的最低价5.90元止跌企稳，下跌时间长，跌幅大，尤其是下跌后期的几个交易日，主力机构借助大盘下跌之势，加速杀跌洗盘，此时均线呈空头排列。该股在下跌期间有多次反弹，且反弹幅度大。

2021年11月4日股价止跌企稳后，主力机构开始推升股价，收集筹码。11月8日，该股高开，收出一颗阳十字星，成交量较前一交易日萎缩，当日5日均线走平；11月9日，该股高开，股价冲高回落，收出一颗假阴真阳十字星，成交量较前一交易日有效放大，股价突破5日均线且收在其上方。

11月10日，该股平开，收出一根大阳线，突破前高，成交量较前一交易日放大2倍多，股价突破10日均线且收在其上方。11月11日，该股高开，股价冲高回落，收出一根小阴线，成交量较前一交易日萎缩，当日5日均线

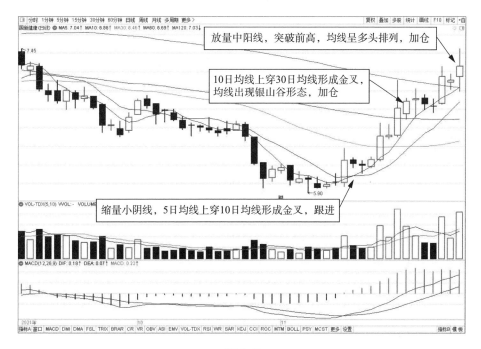

图 4-6

向上穿过 10 日均线形成黄金交叉形态。此时，KDJ 等部分技术指标开始走强，股价的强势特征开始显现，普通投资者可以在当日或次日跟庄进场逢低分批买入筹码。

11 月 17 日，该股低开，股价冲高回落，收出一颗阳十字星，成交量较前一交易日萎缩，股价突破 30 日均线且收在其上方；11 月 18 日，该股平开，收出一根大阳线，成交量较前一交易日放大 2 倍多，股价突破 60 日均线且收在其上方，60 日均线即将走平，当日 5 日均线向上穿过 30 日均线形成黄金交叉形态。

11 月 19 日，该股低开，收出一根小阳线，突破前高，成交量较前一交易日萎缩，股价收在 60 日均线上方，当日 10 日均线向上穿过 30 日均线形成黄金交叉，均线银山谷形态形成。此时，MACD、KDJ 等技术指标走强，股价的强势特征已经相当明显，后市上涨的概率大。像这种情况，普通投资者可以在当日或次日跟庄进场加仓买进筹码。

11 月 25 日，该股跳空高开，收出一根大阳线，突破前高，成交量较前一交易日放大 2 倍多，股价突破 120 日均线且收在其上方，当日 10 日均线向上穿过 60 日均线形成黄金交叉形态。

11 月 29 日截图当日，该股跳空高开，收出一根中阳线，突破前高，成交量较前一交易日放大 2 倍多，股价收在 120 日均线上方，当日 5 日均线向上穿过 120 日均线形成黄金交叉形态。此时 5 日、10 日、30 日和 60 日均线全部向上移动，均线呈多头排列，股价的强势特征十分明显，后市快速上涨的概率大。像这种情况，普通投资者可以在当日或次日跟庄进场加仓买入筹码，然后持股待涨，待股价出现明显见顶信号时再撤出。

图 4-7 是 000503 国新健康 2022 年 1 月 10 日星期一下午收盘时的 K 线走势图。从该股的 K 线走势可以看出，2021 年 11 月 29 日，该股高开收出一根放量中阳线，突破前高，5 日均线向上穿过 120 日均线形成黄金交叉形态，均线呈多头排列，股价的强势特征相当明显。之后，主力机构依托 5 日均线拉升股价。

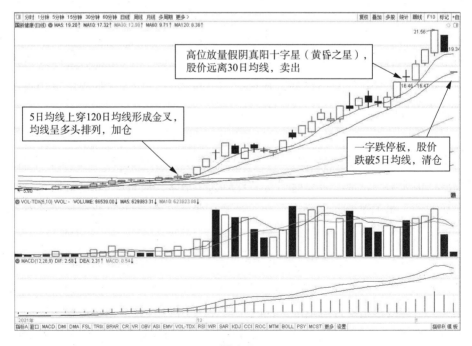

图 4-7

11 月 30 日，该股低开，收出一根中阳线，成交量较前一交易日萎缩，当日正是普通投资者跟庄进场买进筹码的好时机。此后，主力机构连续拉出 4 根阳线（1 根为假阴真阳 K 线），其中有 3 个涨停板，涨幅相当可观。

12 月 7 日，该股低开，股价回落，收出一根跌停大阴线，成交量较前一交易日萎缩，展开强势洗盘调整。普通投资者可以在当日或次日逢高先卖出手中筹码，待洗盘调整到位后再将筹码接回来（当然也可以持股先观察 1~2 个交易日再做决策）。

12 月 14 日，该股平开，收出一个大阳线涨停板，突破前高，成交量较前一交易日明显放大，形成大阳线涨停 K 线形态，当日股价向上突破 5 日均线且收在其上方，强势洗盘调整结束。像这种情况，普通投资者可以在当日或次日跟庄进场逢低加仓买入筹码。之后，主力机构快速拉升股价。

12 月 31 日，该股跳空高开，收出一颗假阴真阳十字星，成交量较前一交易日有效放大。从当日分时走势看，该股早盘高开冲高，然后展开高位震荡盘整走势至收盘，显露出主力机构利用盘中高位震荡吸引跟风盘进场而大量派发出货的迹象。此时，股价远离 30 日均线且涨幅大，KDJ 等部分技术指标开始走弱，盘口的弱势特征已经显现。像这种情况，由于均线的滞后性特征，普通投资者如果手中还有筹码当天没有出完，为确保赢利最大化，可以不等 5 日均线走平或拐头向下，在次日逢高先卖出手中筹码。

2022 年 1 月 10 日截图当日，该股跌停开盘，收出一个一字跌停板，成交量较前一交易日大幅萎缩，股价跌破 5 日均线，收在 10 日均线附近，5 日均线拐头下行。此时，MACD、KDJ 等技术指标已经走弱，股价的弱势特征已经非常明显。像这种情况，普通投资者如果手中还有筹码当天没有出完，次日应该逢高清仓。

图 4-8 是 002952 亚世光电 2022 年 1 月 4 日星期二下午收盘时的 K 线走势图。在软件上将该股整个 K 线走势图缩小后可以看出，此时该股处于反弹趋势中。该股 2019 年 3 月 28 日上市后，股价上涨至 4 月 9 日的最高价 79.93 元，然后一路震荡下跌，至 2021 年 10 月 28 日的最低价 11.64 元止跌企稳，下跌时间长，跌幅大，尤其是下跌后期，主力机构借助当时大盘大跌之势，加速杀跌洗盘，此时均线呈空头排列。下跌期间有过多次反弹，且反弹幅度大。

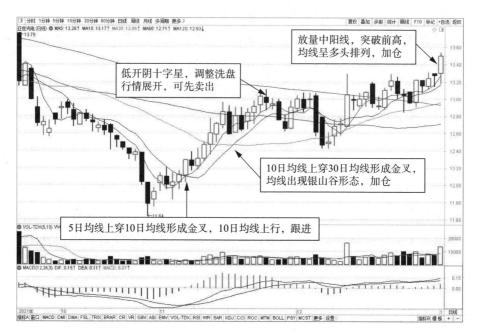

图 4-8

2021 年 10 月 28 日股价止跌企稳后，主力机构开始快速推升股价，收集筹码。11 月 2 日，该股平开，收出一根小阴线，成交量较前一交易日放大，股价突破 5 日均线且收在其上方，5 日均线走平。

11 月 5 日，该股低开，收出一根小阳线，突破前高，成交量较前一交易日明显放大，股价突破 10 日均线且收在其上方，当日 5 日均线向上穿过 10 日均线形成黄金交叉形态；11 月 9 日，该股平开，收出一根小阳线，突破前高，成交量较前一交易日放大，当日 10 日均线翘头向上移动。此时，MACD、KDJ 等技术指标开始走强，股价的强势特征已经显现，后市上涨的概率较大。像这种情况，普通投资者可以在当日或次日跟庄进场逢低分批买入筹码。

11 月 11 日，该股平开，收出一根小阳线，突破前高，成交量较前一交易日明显放大，股价突破 30 日均线且收在其上方；11 月 12 日，该股低开，收出一根小阳线，突破前高，成交量较前一交易日萎缩，当日 5 日均线向上穿过 30 日均线形成均线黄金交叉形态，30 日均线走平。

11月15日，该股低开，收出一根小阳线，突破前高，成交量较前一交易日大幅放大，股价突破60日均线且收在其上方；11月17日，该股高开，收出一根中阳线，突破前高，成交量较前一交易日明显放大，当日10日均线向上穿过30日均线形成均线黄金交叉形态，均线银山谷形态形成。此时股价的强势特征已经非常明显，普通投资者可以在当日或次日跟庄进场加仓买进筹码。

11月23日，该股高开，收出一根小阳线，突破前高，成交量较前一交易日明显放大，当日5日均线向上穿过60日均线形成均线黄金交叉形态。

11月24日，该股低开，股价冲高回落，收出一颗阴十字星，成交量较前一交易日萎缩，展开横盘震荡整理洗盘吸筹行情，当日10日均线向上穿过60日均线形成均线黄金交叉形态，普通投资者可以在当日或次日逢高先卖出手中筹码，待横盘震荡整理洗盘吸筹行情结束后再将筹码接回来；横盘震荡整理洗盘吸筹期间，均线呈平行（或交叉黏合）态势，成交量呈间断性放（缩）量状态。

12月28日，该股高开，收出一根中阳线，突破前高，成交量较前一交易日明显放大，股价向上突破5日、10日、120日均线（一阳穿三线），30日、60日均线在股价下方向上移动，均线蛟龙出海形态形成。此时，短中期均线呈多头排列，MACD、KDJ等技术指标开始走强，股价的强势特征开始显现，普通投资者可以在当日或次日跟庄进场加仓买入筹码。

2022年1月4日截图当日，该股高开，收出一根中阳线，突破前高，成交量较前一交易日放大近2倍。此时，均线（除120日均线外）呈多头排列，MACD、KDJ等技术指标走强，股价的强势特征十分明显，后市持续快速上涨的概率大。像这种情况，普通投资者可以在当日或次日跟庄进场加仓买入筹码，然后持股待涨，待股价出现明显见顶信号时再撤出。

图4-9是002952亚世光电2022年1月17日星期一下午收盘时的K线走势图。从该股的K线走势可以看出，2022年1月4日，该股高开，收出一根放量中阳线，突破前高，均线呈多头排列，股价的强势特征相当明显。之后，主力机构依托5日均线快速拉升股价。

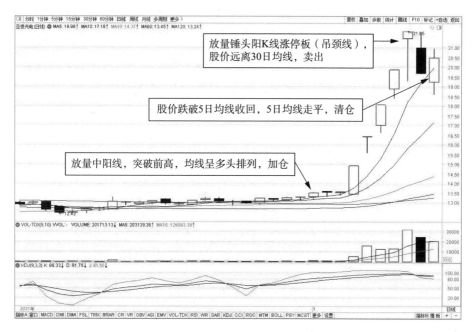

放量锤头阳K线涨停板（吊颈线），股价远离30日均线，卖出

股价跌破5日均线收回，5日均线走平，清仓

放量中阳线，突破前高，均线呈多头排列，加仓

图 4-9

1月5日、6日，主力机构强势调整了2个交易日，成交量呈萎缩状态，正是普通投资者跟庄进场买进筹码的好时机。从1月7日开始，主力机构依托5日均线，一口气连续拉出了5个涨停板。

1月13日，该股大幅跳空高开（向上跳空8.11%开盘），收出的是一个长下影线锤头阳K线涨停板，成交量较前一交易日放大近9倍。从当日的分时走势看，早盘该股大幅高开，股价急速回落后迅速勾头上冲，分2个波次于9:34封上涨停板，9:37涨停板被大卖单砸开，成交量急速放大。13:22触及涨停板瞬间被打开，尾盘（14:47）封回涨停板至收盘，当日涨停板打开时间长、股价高位震荡回落时间长、尾盘封板时间晚，显露出主力机构利用大幅高开、涨停板打开、高位震荡回落、封回涨停板的操盘手法，引诱跟风盘进场而大量派发出货的迹象。此时，股价远离30日均线且涨幅大，KDJ等部分技术指标开始走弱，盘口的弱势特征已经显现。像这种情况，由于均线的滞后性特征，普通投资者如果手中还有筹码当天没有出完，可以不等5日均线走平或拐头向下，在次日先逢高卖出。

1月17日截图当日，该股低开，收出一根大阳线，成交量较前一交易日萎缩，当日股价跌破5日均线后拉回，收盘收在5日均线之上，但此时5日均线已经走平，说明股价只是暂时反弹，属回光返照之征兆。此时，MACD、KDJ等技术指标走弱，股价的弱势特征已经比较明显。像这种情况，普通投资者如果手中还有筹码当天没有出完，次日一定要逢高清仓。

（三）操盘感悟

实战操盘中，对于长期均线黄金交叉信号过于滞后问题的处理，普通投资者可以将短期均线黄金交叉形态与均线多头排列形态结合起来使用。大多数情况下，股价在上涨过程中，短期均线黄金交叉形态形成之后，短中期均线的向上移动已经逐渐呈现多头排列之势，此时普通投资者即可跟庄进场逢低分批买入筹码，而并不是一定要等到长期均线黄金交叉信号出现时才跟进。

三、上涨初期均线蛟龙出海形态

上涨初期均线蛟龙出海形态，是在股价上涨（反弹）过程中或股价横盘震荡洗盘吸筹的末期所形成的一种均线形态。

（一）形态分析

上涨初期均线蛟龙出海形态，也可称为神龙出海或一阳穿三线（多线），是指个股经过较长时间的下跌至底部区域，或是个股在相对低位经过较长时间的横盘震荡整理后，突然收出一根放量大阳线，就像一条蛟龙从海底一跃而起，向上突破至少3条均线（如5日、10日、30日均线），且收盘收在3条以上均线上方的一种均线形态。

上涨初期均线蛟龙出海形态一般出现在股价下跌或横盘震荡整理的末期，其阳线实体越长越好，最好是涨停板，且需要有放大的成交量来配合，当日收盘价要收在3条以上均线的上方，才能表明个股下跌或调整行情结束，突破确认，预示一波上涨（反弹）行情即将展开。普通投资者可以在形成上涨初期均线蛟龙出海形态当日收盘前或次日，择机跟庄进场逢低买入筹码，也可以在上涨初期均线蛟龙出海形态形成之后股价调整到位，再跟庄进场买入筹码。

出现在上涨途中横盘震荡整理之后的均线蛟龙出海形态，表明中期调整行情结束，股价将延续原有的上升趋势，属于上涨中期均线蛟龙出海形态。

这里主要对出现在底部区域或相对低位的均线蛟龙出海形态进行分析研究，出现在中期横盘震荡整理之后的上涨中期均线蛟龙出海形态，放在后面章节分析研究。

（二）实战运用

图 4-10 是 300860 锋尚文化 2021 年 11 月 3 日星期三下午收盘时的 K 线走势图。在软件上将该股整个 K 线走势图缩小后可以看出，此时该股走势处于反弹趋势中。该股 2020 年 8 月 24 日上市，当日股价上涨至最高价 242.00元，然后一路震荡下跌，至 2021 年 10 月 28 日的最低价 38.00 元止跌企稳，下跌时间较长、跌幅大，尤其是下跌后期的几个交易日，主力机构借助当时大盘大跌之势，加速杀跌洗盘，此时均线呈空头排列。该股下跌期间有多次反弹，且反弹幅度大。

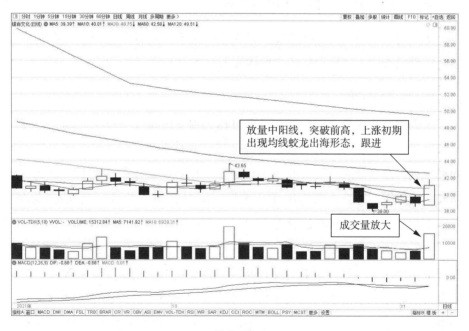

图 4-10

2021 年 10 月 28 日股价止跌企稳后，主力机构开始推升股价，收集筹码。11 月 3 日，该股低开，收出一根中阳线（涨幅为 5.58%），突破前高，成交量较前一交易日放大近 3 倍，当日股价向上突破 5 日、10 日、30 日均线（一阳穿三线），收盘收在 30 日均线上方，5 日、10 日均线向上移动，30 日均线走平，上涨初期均线蛟龙出海形态形成。此时，MACD、KDJ 等技术指标开始走强，股价的强势特征开始显现，后市上涨的概率大。像这种情况，普通投资者可以在当日或次日跟庄进场逢低分批买入筹码。

图 4-11 是 300860 锋尚文化 2021 年 12 月 20 日星期一下午收盘时的 K 线走势图。从该股的 K 线走势可以看出，11 月 3 日，该股低开收出一根放量中阳线，突破前高，股价向上突破 5 日、10 日、30 日均线（一阳穿三线），上涨初期均线蛟龙出海形态形成，股价的强势特征相当明显。之后，主力机构依托 5 日均线继续拉升股价。

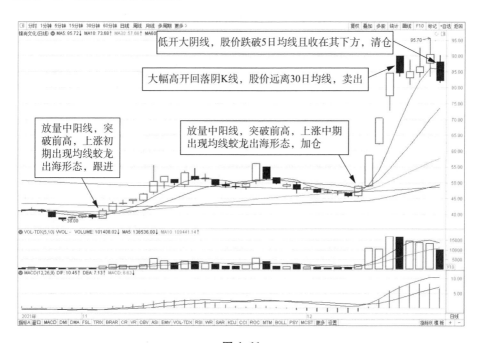

图 4-11

11 月 4 日，该股低开，收出一根中阳线，突破前高，成交量较前一交易日明显放大，股价突破 60 日均线且收在其上方，当日 5 日均线向上穿过 10 日均线形成黄金交叉形态。

11 月 5 日，该股低开，收出一颗阳十字星，成交量较前一交易日萎缩，当日 5 日均线向上穿过 30 日均线形成黄金交叉形态。

11 月 9 日，该股低开，收出一根中阳线，成交量较前一交易日明显放大，当日 10 日均线向上穿过 30 日均线形成黄金交叉形态，60 日均线翘头上行，均线银山谷形态形成。此时，除 120 日均线外，5 日、10 日、30 日和 60 日均线呈多头排列，个股的强势特征十分明显，普通投资者可以在当日或次日跟庄进场加仓买入筹码。

11 月 16 日，该股低开，收出一根倒锤头阴 K 线，成交量较前一交易日萎缩，此时股价离 30 日均线较远，且个股从底部上涨以来已有一定的涨幅，主力机构展开强势洗盘调整行情，目的是清洗获利盘和套牢盘，减轻后期拉升的压力，普通投资者可以在当日或次日逢高先卖出手中筹码，待洗盘调整结束后再将筹码接回来（当然，也可以先持股观察 1~2 个交易日再做决策）。洗盘调整期间成交量呈萎缩状态。

12 月 8 日，该股高开，收出一根中阳线（涨幅为 6.82%），突破前高，成交量较前一交易日放大近 2 倍，洗盘调整结束。当日股价向上突破 5 日、10 日、30 日、120 日 4 条均线（一阳穿四线），且收盘收在 4 条均线的上方，60 日均线在股价下方向上移动，均线蛟龙出海形态再次形成，此次均线蛟龙出海形态可视为上涨中期均线蛟龙出海形态。此时，MACD、KDJ 等技术指标走强，股价的强势特征相当明显，后市快速上涨的概率大。像这种情况，普通投资者可以在当日或次日跟庄进场加仓买入筹码。之后，主力机构连续拉出 3 个涨停板，60% 的涨幅出来了。

12 月 14 日，该股大幅跳空高开（向上跳空 6.53% 开盘），股价回落，收出一根阴 K 线，成交量与前一交易日基本持平。从当日分时走势看，该股早盘大幅高开后，股价急速回落然后展开震荡盘整走势至收盘，收盘涨幅为 -0.01%，显露出主力机构利用大幅高开、盘中震荡盘整的操盘手法，引诱跟风盘进场而大量派发出货的迹象。此时，股价远离 30 日均线且涨幅大，KDJ 等部分技术指标开始走弱，盘口的弱势特征已经显现。像这种情况，由于均线的滞后性特征，普通投资者如果手中还有筹码当天没有出完，可以不等 5 日均线走平或拐头向下，在次日逢高先卖出手中筹码。

12 月 15 日、16 日、17 日，该股连续调整了 3 个交易日，收出 3 根螺旋桨阳 K 线，3 个交易日的成交量基本持平，仍然是主力机构利用高位震荡调整在逐步派发筹码。

12 月 20 日截图当日，该股低开，股价回落，收出一根大阴线（涨幅为 -9.35%），成交量较前一交易日萎缩，当日股价跌破 5 日均线且收在其下方，5 日均线拐头下行。此时，MACD、KDJ 等技术指标走弱，股价的弱势特征已经相当明显。像这种情况，普通投资者如果手中还有筹码当天没有出完，次日一定要逢高清仓。

图 4-12 是 300457 赢合科技 2021 年 5 月 24 日星期一下午收盘时的 K 线走势图。在软件上将该股整个 K 线走势图缩小后可以看出，此时该股处于高位下跌之后的反弹趋势中。该股从前期相对高位，即 2020 年 3 月 10 日的最高价 71.05 元，一路震荡下跌，至 2021 年 3 月 11 日的最低价 16.60 元止跌企稳，下跌时间长，跌幅大，尤其是下跌后期的几个交易日，主力机构借助当时大盘大跌之势，加速杀跌洗盘，此时均线呈空头排列。该股下跌期间有过多次反弹，且反弹幅度较大。

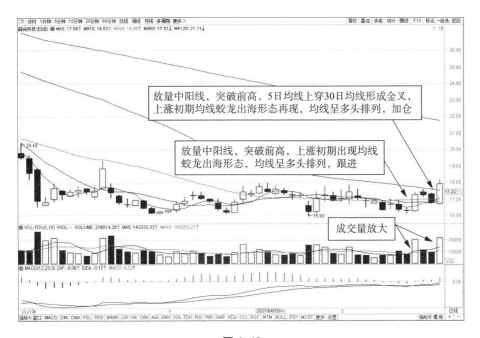

图 4-12

2021 年 3 月 11 日股价止跌企稳后，该股展开横盘震荡整理行情，主力机构的目的是洗盘吸筹，横盘震荡幅度不大，K 线走势呈红多绿少、红肥绿瘦态势。横盘震荡整理后期，5 日、10 日、30 日均线呈交叉黏合状态。

5 月 19 日，该股低开，收出一根中阳线（涨幅为 5.84%），突破前高，成交量较前一交易日放大 2 倍多，股价向上突破 5 日、10 日和 30 日均线（一阳穿三线），收在 30 日均线上方，5 日、10 日和 30 日均线向上移动，上涨初期均线蛟龙出海形态形成。此时，短期均线呈多头排列，MACD、KDJ 等技术指标开始走强，股价的强势特征开始显现，后市上涨的概率大。像这种情况，普通投资者可以在当日或次日跟庄进场分批买入筹码。此后，主力机构强势调整了 2 个交易日，成交量呈萎缩状态，正是普通投资者跟庄进场逢低分批买入筹码的好时机。

5 月 24 日截图当日，该股低开，收出一根中阳线（涨幅为 6.93%），突破前高，成交量较前一交易日放大 2 倍多，股价向上突破 5 日、10 日、30 日和 60 日均线（一阳穿四线），收在 60 日均线上方，5 日、10 日、30 日均线向上移动，上涨初期均线蛟龙出海形态再现。此时，5 日均线向上穿过 30 日均线形成黄金交叉形态，短期均线呈多头排列，MACD、KDJ 等技术指标走强，股价的强势特征已经相当明显，后市快速上涨的概率大。像这种情况，普通投资者可以在当日或次日跟庄进场逢低加仓买入筹码。

图 4-13 是 300457 赢合科技 2021 年 11 月 15 日星期一下午收盘时的 K 线走势图。从该股的 K 线走势可以看出，5 月 24 日，该股低开收出一根放量中阳线（涨幅为 6.93%），突破前高，股价向上突破 5 日、10 日、30 日和 60 日均线（一阳穿四线），收在 60 日均线上方，5 日、10 日和 30 日均线上行，上涨初期均线蛟龙出海形态再现，股价的强势特征相当明显。之后，主力机构依托 5 日均线继续推升股价。

5 月 26 日，该股高开，收出一根小阳线，突破前高，成交量较前一交易日萎缩，股价突破 60 日均线且收在其上方，10 日均线向上穿过 30 日均线形成黄金交叉形态，均线银山谷形态形成。此时，短期均线呈多头排列，MACD、KDJ 等技术指标走强，股价的强势特征相当明显，后市快速上涨的概率大，普通投资者可以在当日或次日跟庄进场加仓买入筹码。随后，主力机构继续拉升股价。

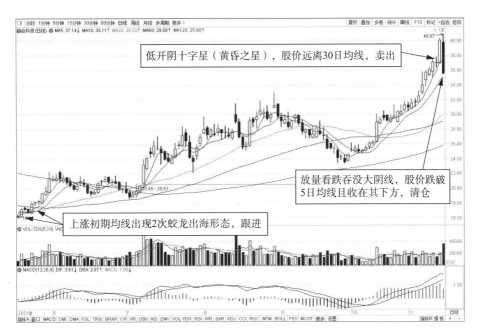

图 4-13

从 K 线走势可以看出，主力机构采用波段式推升的操盘手法拉升股价。在拉升过程中，只要股价离 30 日均线较远，主力机构就会进行调整洗盘，比如 2021 年 6 月 3 日、7 月 14 日、7 月 26 日、8 月 2 日、8 月 13 日、8 月 30 日进行的 6 次回调洗盘。在回调洗盘过程中，普通投资者要注意盯盘，每次回调洗盘到位，都是跟庄进场加仓买入筹码的机会。6 次回调洗盘中，6 月 3 日和 8 月 30 日进行的 2 次回调洗盘时间较长，回调幅度较大，股价跌破了 30 日和 60 日均线。其他 4 次回调洗盘时间较短，幅度较小，股价偶尔跌（刺）破 30 日均线但很快拉回。通过反复回调洗盘，主力机构达到了清洗获利盘、调仓换筹、拉高新进场投资者买入成本的目的，为后期拉升奠定了较好的基础。从 10 月 19 日开始，该股展开快速拉升行情。总的来看，整个拉升行情比较艰难曲折，但涨幅较大。

11 月 11 日，该股低开，收出一颗阴十字星，成交量较前一交易日萎缩，显示股价上涨乏力，主力机构盘中拉高股价的目的是震荡调整出货。此时，股价远离 30 日均线且涨幅大，KDJ 等部分技术指标开始走弱，盘口的弱势特征已经显现。像这种情况，由于均线的滞后性特征，普通投资者如果手中还有筹码当天没有出完，可以不等 5 日均线走平或拐头向下，在次日逢高先卖出手中筹码。

11 月 15 日截图当日，该股低开，股价略冲高后回落，收出一根看跌吞没大阴线（高位看跌吞没阴线为见顶信号），股价跌破 5 日均线且收在其下方，成交量较前一交易日大幅放大，显露出主力机构毫无顾忌出货的坚决态度。此时，股价远离 30 日均线且涨幅大，MACD、KDJ 等技术指标走弱，盘口的弱势特征已经相当明显。像这种情况，普通投资者如果手中还有筹码当天没有出完，次日应该逢高清仓。

（三）操盘感悟

实战操盘中，普通投资者要特别注意的是，出现在长期下跌之后底部区域的上涨初期均线蛟龙出海形态，是一种强烈的反转信号，但出现在下跌趋势中阶段性底部的均线蛟龙出海形态，则多数是一种短期反弹行情，如跟庄进场买进筹码，则要注意盯盘跟踪，当股价出现标志性见顶卖出信号时，要立马出局。

四、均线首次黏合向上发散形态

均线首次黏合向上发散形态，是指股价跌至底部区域后，在强势整理筑底过程中，或是股价横盘震荡洗盘吸筹的末期所形成的均线形态。

（一）形态分析

均线首次黏合向上发散形态，是指个股经过较长时间的下跌并跌至底部区域后，在筑底过程中，或是个股初期上涨之后的横盘震荡洗盘吸筹的末期，5 日、10 日和 30 日均线逐渐收敛，相互缠绕，形成均线黏合形态，然后股价向上突破均线黏合形态，各均线逐渐向上发散。

均线首次黏合向上发散为什么大多出现在个股经过较长时间下跌并跌至底部区域且筑底后，或是个股初期上涨之后的横盘震荡洗盘吸筹末期。主要原因是主力机构收集筹码的要求，如果手中没有收集到足够的筹码，主力机构是不会拉升股价的。底部区域筑底就是主力机构收集筹码的过程，初期上涨之后的横盘震荡洗盘吸筹，更是主力机构收集筹码的过程。所以，均线黏合的时间越长，股价突破后的上涨力度就越大。股价向上突破均线黏合形态，以及均线向上发散初期，如果有放大的成交量配合，突破的可信度和可靠性就更高，预示一波上涨行情（或反弹行情）即将展开，普通投资者可以在股价向上突破均线黏合形态或均线向上发散初期，择机跟庄进场逢低买进筹码。

这里主要对股价经过较长时间下跌并跌至底部区域且筑底后，或是个股初期上涨之后展开横盘震荡洗盘吸筹行情的末期，所形成的均线首次黏合向上发散形态进行分析研究。出现在上涨中期横盘震荡整理末期形成的均线再次黏合向上发散形态，放在后面章节分析研究。

（二）实战运用

图 4-14 是 300378 鼎捷软件 2020 年 6 月 30 日星期二下午收盘时的 K 线走势图。在软件上将该股整个 K 线走势图缩小后可以看出，此时该股处于上升趋势中。股价从前期相对高位，即 2019 年 4 月 11 日的最高价 25.99 元，一路震荡下跌，至 2020 年 5 月 25 日的最低价 12.17 元止跌企稳，下跌时间长、跌幅大，尤其是下跌后期的几个交易日，主力机构借助当时大盘大跌之势，加速杀跌洗盘，此时均线呈空头排列。股价下跌期间有过多次反弹，且反弹幅度较大。

2020 年 5 月 25 日股价止跌企稳后，主力机构快速推升股价，收集筹码。然后该股展开强势横盘震荡整理洗盘吸筹行情，K 线走势呈红多绿少、红肥绿瘦态势。横盘震荡整理中后期，短期均线由下行逐渐走平，5 日、10 日均线最先缠绕黏合，之后 5 日、10 日和 30 日均线缠绕黏合，60 日和 120 日均线向下移动。

6 月 29 日，该股低开，收出一根中阳线，突破前高，成交量较前一交易日明显放大，股价向上突破由 5 日、10 日、30 日均线形成的均线黏合形态，5 日、10 日、30 日均线翘头向上，开始向上发散，均线首次黏合向上发散形态形成。此时，短期均线呈多头排列，MACD、KDJ 等技术指标开始走强，股价的强势特征已经显现，后市上涨的概率大。像这种情况，普通投资者可以在当日或次日跟庄进场逢低买入筹码。

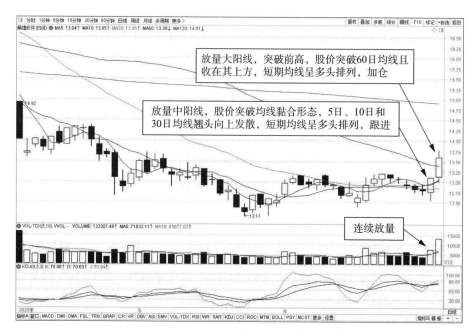

图 4-14

6月30日截图当日，该股跳空高开，收出一根大阳线，突破前高，成交量较前一交易日大幅放大，当日股价向上突破60日均线且收在其上方，5日、10日、30日均线继续向上发散。此时，短期均线呈多头排列，MACD、KDJ等技术指标走强，股价的强势特征已经非常明显，后市持续快速上涨的概率大。像这种情况，普通投资者可以在当日或次日跟庄进场逢低加仓买进筹码。

图4-15是300378鼎捷软件2020年8月12日星期三下午收盘时的K线走势图。从该股的K线走势可以看出，2020年6月30日，该股跳空高开，收出一根放量大阳线，突破前高，当日股价向上突破60日均线且收在其上方，5日、10日、30日均线继续向上发散，短期均线呈多头排列，股价的强势特征相当明显。之后，主力机构依托5日均线继续拉升股价。

从K线趋势看，7月1日至3日，主力机构连续强势调整了3个交易日，正是普通投资者跟庄进场逢低买进筹码的好时机。此后，主力机构依托5日均线，采用直线拉升、盘中洗盘、迅速拔高的操盘手法，急速拉升股价，至

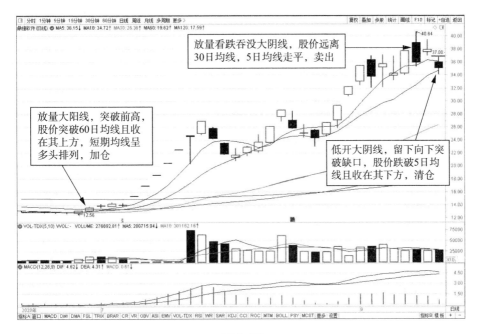

图 4-15

2020 年 7 月 14 日，7 个交易日的时间，拉出了 6 个涨停板，其中有 5 个一字涨停板，1 个大阳线涨停板，涨幅可观。

　　7 月 15 日，该股大幅跳空低开，股价回落跌停，收出一根跌停大阴线，成交量较前一交易日大幅萎缩，展开强势缩量回调洗盘行情，此时普通投资者可以在当日或次日逢高先卖出手中筹码，待股价回调洗盘到位后再将筹码接回来（当然，也可以持股先观察，视情况再做决策）。7 月 21 日，该股低开，收出一根大阳线，成交量较前一交易日萎缩，股价拉回到 5 日、10 日均线之上，当日 5 日均线向上穿过 10 均线形成金叉，回调洗盘行情结束，普通投资者可以在当日或次日跟庄进场加仓买进筹码。22 日、23 日主力机构连续拉出 2 个涨停板。

　　7 月 24 日，该股大幅跳空低开，收出一根跌停大阴线，成交量较前一交易日大幅萎缩，再次展开强势缩量回调洗盘行情，此时普通投资者可以在当日或次日先卖出手中筹码，待股价回调洗盘到位后再接回来（当然，也可以持股先观察，视情况再做决策）。7 月 29 日，该股高开，拉出一个大阳线涨停板，成交量较前一交易日萎缩，股价突破 5 日均线且收在其上方，回调洗盘行情结束，普通投资者可以在当日或次日跟庄进场加仓买进筹码。之后，该股展开快速拉升行情。

8 月 10 日，该股大幅跳空高开，股价冲高回落，收出一根看跌吞没大阴线（高位看跌吞没阴线为见顶信号），成交量较前一交易日明显放大，显露出主力机构利用大幅高开、盘中拉高等操盘手法，引诱跟风盘进场而大量派发出货的迹象。此时，股价远离 30 日均线且涨幅大，5 日均线走平，KDJ 等部分技术指标开始走弱，盘口的弱势特征已经显现。像这种情况，普通投资者如果手中还有筹码当天没有出完，应该在次日逢高卖出手中筹码。

8 月 12 日截图当日，该股大幅跳空低开（向下跳空 5.01% 开盘），收出一根大阴线，留下向下突破缺口，成交量与前一交易日基本持平，股价跌破 5 日均线且收在其下方，5 日均线拐头下行。此时，股价远离 30 日均线且涨幅大，MACD、KDJ 等技术指标走弱，盘口的弱势特征已经相当明显。像这种情况，普通投资者如果手中还有筹码当天没有出完，次日应该逢高清仓，后市继续看跌。

图 4-16 是 300437 清水源 2021 年 8 月 31 日星期二下午收盘时的 K 线走势图。在软件上将该股整个 K 线走势图缩小后可以看出，此时该股处于上升趋势中。股价从前期相对高位，即 2019 年 3 月 25 日的最高价 18.58 元，一路震荡下跌，至 2021 年 2 月 4 日的最低价 6.66 元止跌企稳，下跌时间长、跌幅大，尤其是下跌后期的几个交易日，主力机构借助当时大盘大跌之势，加速杀跌洗盘，此时均线呈空头排列形态。股价下跌期间有过多次反弹，且反弹幅度大。

2021 年 2 月 4 日股价止跌企稳后，主力机构快速推升股价，收集筹码。然后该股展开大幅震荡盘升行情，主力机构高抛低吸赚取差价赢利与洗盘吸筹并举，其间主力机构拉出过 3 个大阳线涨停板，均为吸筹建仓型涨停板。震荡盘升期间，短期均线由下行拐头向上走平，5 日、10 日和 30 日均线逐渐缠绕黏合，60 日和 120 日均线由下行逐渐走平，然后缓慢翘头向上移动。

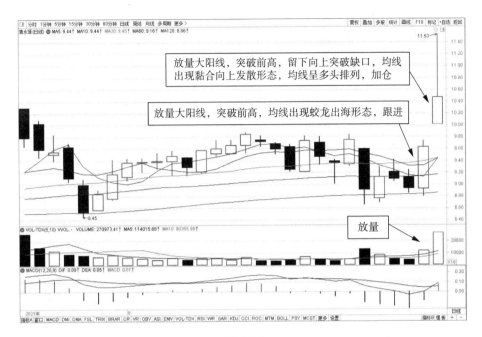

放量大阳线，突破前高，留下向上突破缺口，均线出现黏合向上发散形态，均线呈多头排列，加仓

放量大阳线，突破前高，均线出现蛟龙出海形态，跟进

放量

图 4-16

8 月 30 日，该股平开，收出一根大阳线（收盘涨幅为 7.98%），突破前高，成交量较前一交易日放大 2 倍多，股价向上突破 5 日、10 日、30 日、60 日和 120 日均线（一阳穿五线），上涨初期均线蛟龙出海形态形成。此时，均线（除 5 日均线外）呈多头排列，MACD、KDJ 等技术指标开始走强，股价的强势特征已经显现，后市上涨的概率大。像这种情况，普通投资者可以在当日或次日跟庄进场逢低分批买入筹码。

8 月 31 日截图当日，该股跳空高开（向上跳空 3.95% 开盘），收出一根大阳线（收盘涨幅为 8.72%），突破前高，留下向上突破缺口，成交量较前一交易日放大 2 倍多，股价突破由 5 日、10 日、30 日均线形成的均线首次黏合形态，5 日、10 日、30 日均线由黏合开始向上发散，60 日、120 日均线向上移动。此时，均线呈多头排列，MACD、KDJ 等技术指标走强，股价的强势特征已经相当明显，后市快速上涨的概率大。像这种情况，普通投资者可以在当日或次日跟庄进场加仓买进筹码，然后持股待涨，待股价出现明显见顶信号时再撤出。

图4-17是300437清水源2021年11月11日星期四下午收盘时的K线走势图。从K线走势可以看出，8月31日，该股高开收出一根放量大阳线（涨幅为8.72%），突破前高，留下向上突破缺口，股价突破由5日、10日和30日均线形成的均线首次黏合形态，5日、10日和30日均线由黏合开始向上发散，60日、120日均线向上移动，均线呈多头排列，股价的强势特征相当明显。

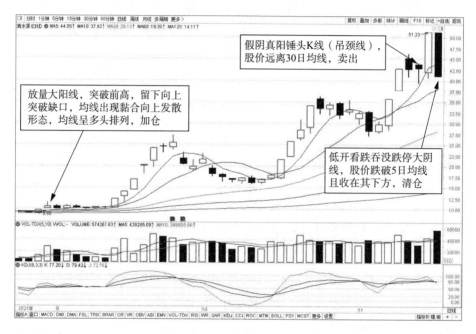

图 4-17

从9月1日起至8日，主力机构连续强势调整了6个交易日，调整没有完全回补8月31日留下的向上突破缺口，成交量呈萎缩状态，正是普通投资者跟庄进场逢低买进筹码的好时机。从9月9日开始，主力机构依托5日均线，采用直线拉升、盘中洗盘、迅速拔高的操盘手法，急速拉升股价，至2021年9月17日，7个交易日的时间，拉出了7根阳线（一根假阴真阳十字星），其中有4个涨停板（3个大阳线涨停板、1个T字涨停板）。

9月29日，该股大幅跳空低开（向下跳空14.30%开盘），股价回落跌停，收出一根跌停阴K线，成交量较前一交易日大幅萎缩，展开缩量回调洗盘行情，此时普通投资者可以在当日或次日逢高先卖出手中筹码，待股价回调洗盘到位后再将筹码接回来（当然，也可以持股先观察，视情况再做决策）。10月20日，该股低开，收出一个大阳线涨停板，突破前高，成交量较前一交易日萎缩，形成大阳线涨停K线形态。当日5日均线向上穿过10日均线形成金叉，股价收在5日和10日均线之上，回调洗盘行情结束。此时，均线呈多头排列，MACD、KDJ等技术指标开始走强，股价的强势特征已经显现。像这种情况，普通投资者可以在当日跟庄抢板或在次日跟庄进场加仓买入筹码。之后，主力机构连续拉出3根大阳线，其中2个为大阳线涨停板。

10月26日，该股大幅高开（向上跳空4.87%开盘），股价冲高回落，收出一根小阴线，成交量较前一交易日萎缩，再次展开缩量回调洗盘行情，此时普通投资者可以在当日或次日逢高先卖出手中筹码，待股价回调洗盘到位后再将筹码接回来（当然，也可以持股先观察，视情况再做决策）。11月4日，该股低开，收出一个大阳线涨停板，突破前高，成交量较前一交易日萎缩，形成大阳线涨停K线形态。当日5日均线向上穿过10日均线形成金叉，股价收在5日和10日均线之上，回调洗盘行情结束。像这种情况，普通投资者可以在当日跟庄抢板或在次日跟庄进场买入筹码。此后，该股再次展开拉升行情。

11月9日，该股高开，收出一根假阴真阳锤头K线，成交量较前一交易日萎缩，加上前一交易日收出的螺旋桨阴K线，透露出主力机构利用高开、盘中拉高的操盘手法，引诱跟风盘进场而大量派发出货的迹象。此时，股价远离30日均线且涨幅较大，KDJ等部分技术指标开始走弱，盘口的弱势特征已经显现。像这种情况，由于均线的滞后性特征，普通投资者如果当天手中还有筹码没有出完，可以不等5日均线走平或拐头向下，在次日逢高先卖出手中筹码。

11月11日截图当日，该股低开，股价回落，收出一根看跌吞没跌停大阴线（高位看跌吞没阴线为见顶信号），股价跌破5日均线且收在其下方，成交量较前一交易日明显放大，显露出主力机构毫无顾忌打压出货的坚决态度。此时，股价远离30日均线且涨幅大，MACD、KDJ等技术指标走弱，盘口的弱势特征已经相当明显。像这种情况，普通投资者如果手中还有筹码当天没有出完，次日应该逢高清仓。

（三）操盘感悟

实战操盘过程中，普通投资者值得注意的是，如果均线首次黏合向上发散形态出现在下行的 60 日（120 日）均线之下，则大多是反弹行情，如跟庄进场买进筹码，则要注意盯盘，出现明确调整信号后，可以先卖出筹码，继续跟踪观察，待股价突破 60 日均线之后，再跟庄进场加仓买入筹码。

五、均线首次交叉向上发散形态

均线首次交叉向上发散形态，是股价在较长时间下跌后，在止跌回升的过程中或股价横盘震荡洗盘吸筹的末期，短期均线向上穿过长期均线所形成的均线形态。

（一）形态分析

均线首次交叉向上发散形态，可称为均线首次复合金叉形态，是指个股经过较长时间下跌后止跌企稳，5 日、10 日和 30 日均线跟随股价由向下空头发散，然后逐渐收敛，到拐头向上首次同时交叉（黄金交叉）于一点，随后向上多头发散。

均线首次交叉向上发散形态，可以出现在长期下降趋势的中期反弹行情初期，或者长期上升趋势的中期调整行情末期，或者长期上升趋势的初期。5 日、10 日和 30 日均线，首次交叉逐渐向上多头发散后，演变成均线多头排列形态。

均线首次交叉向上发散形态与均线首次黏合向上发散形态都是在市场底部或者调整行情末期经常出现的一种均线买入信号，且这种首次交叉黏合向上发散形态出现后，一般都会有一波不错的上涨（反弹）行情。两者的主要区别是，均线首次黏合向上发散形态是股价止跌后，在底部或低位区域展开一段时间的（震荡）整理行情之后形成的，均线（5 日、10 日和 30 日均线）由向下移动拐头向上走平、逐渐缠绕黏合到黏合向上发散。而均线首次交叉向上发散形态，是均线跟随股价由向下空头发散，然后逐渐收敛，到拐头向上移动同时交叉向上发散形成的，股价牵引均线在底部区域可能有短时间的

（整理）盘升过程，但均线很少有缠绕黏合的状态。

均线首次交叉向上发散形态形成后，均线向上发散的角度越大，股价突破之后的短期上涨力度就越大。股价向上突破均线交叉形态，以及均线向上发散初期，如果有放大的成交量配合，突破的可信度和可靠性就更高，预示一波上涨行情即将展开。普通投资者可以在股价向上突破均线交叉形态或均线向上发散初期，择机跟庄进场逢低买进筹码。

这里主要对个股经过较长时间下跌后止跌企稳，所形成的均线首次交叉向上发散形态进行分析研究，出现在上涨中期横盘震荡整理末期形成的均线再次交叉向上发散形态，放在后面章节分析研究。

（二）实战运用

图 4-18 是 300984 金沃股份 2021 年 11 月 5 日星期五下午收盘时的 K 线走势图。在软件上将该股整个 K 线走势图缩小后可以看出，该股 2021 年 6 月 18 日上市，当日上涨至最高价 65.00 元回落，然后一路震荡下跌，至 2021 年 10 月 28 日的最低价 37.88 元止跌企稳，下跌时间虽然不长，但跌幅大，尤其是下跌后期的 2 个交易日，主力机构借助当时大盘大跌之势，加速杀跌洗盘，此时均线呈空头排列。股价下跌期间有过一次较大幅度的反弹。

2021 年 10 月 28 日股价止跌企稳后，该股展开强势横盘整理行情，主力机构洗盘吸筹。

11 月 3 日，该股低开，收出一根小阳线，成交量较前一交易日萎缩，5 日均线由向下移动翘头向上移动。11 月 4 日，该股继续低开，收出一根小阳线，成交量较前一交易日明显放大，股价向上突破 5 日均线且收在其上方，10 日均线翘头向上移动。

11 月 5 日截图当日，该股高开，收出一根大阳线，成交量较前一交易日放大 14 倍多，收盘涨幅为 11.17%，股价向上突破 5 日、10 日、30 日和 60 日均线（一阳穿四线），上涨初期均线蛟龙出海形态形成；当日 5 日均线向上穿过 10 日和 30 日均线形成黄金双交叉，30 日、60 日均线向上移动，均线首次交叉向上发散形态（或均线首次复合金叉形态）形成。此时，均线呈多头排列，MACD、KDJ 等技术指标走强，股价的强势特征已经相当明显，后市快速上涨的概率大。像这种情况，普通投资者可以在当日或次日跟庄进场加仓买进筹码。

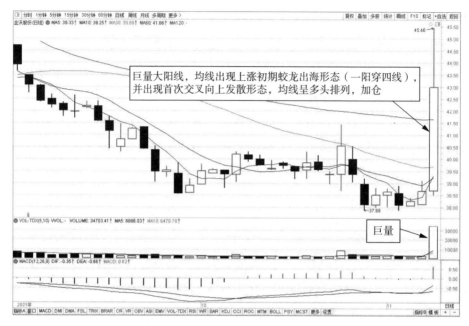

图 4-18

图 4-19 是 300984 金沃股份 2022 年 1 月 18 日星期二下午收盘时的 K 线走势图。从 K 线走势可以看出，2021 年 11 月 5 日，该股高开，收出一根巨量大阳线，股价向上突破 5 日、10 日、30 日和 60 日均线，均线蛟龙出海形态形成；5 日均线向上穿过 10 日和 30 日均线形成黄金双交叉，30 日、60 日均线上行，均线首次交叉向上发散形态（或均线首次复合金叉形态）形成，均线呈多头排列，股价的强势特征相当明显。之后，该股展开拉升行情。

11 月 10 日，该股大幅低开，收出一根中阴线，成交量较前一交易日大幅萎缩，展开强势缩量洗盘调整行情，普通投资者可以在当日或次日逢高先卖出手中筹码，待股价洗盘调整到位后再将筹码接回来（当然，也可以持股先观察，视情况再做决策）。洗盘调整期间，5 日、10 日均线相互缠绕时而上下交叉黏合，成交量呈间断性放（缩）量状态。

12 月 10 日，该股低开，收出一根中阳线，突破前高，成交量较前一交易日放大近 3 倍，股价向上突破 5 日、10 日均线且收在其上方，30 日、60 日和

120 日均线向上移动，洗盘调整行情结束。此时，均线呈多头排列，MACD、KDJ 等技术指标开始走强，股价的强势特征已经显现。像这种情况，普通投资者可以在当日或次日跟庄进场加仓买入筹码。此后，主力机构加速拉升股价。

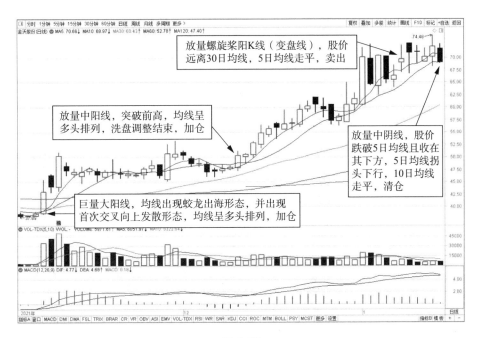

图 4-19

2022 年 1 月 11 日，该股大幅跳空高开，股价冲高回落，收出一根螺旋桨阳 K 线，成交量较前一交易日明显放大，加上前一交易日收出的螺旋桨阳 K 线，显露出主力机构利用高开、盘中拉高的操盘手法，引诱跟风盘进场而大量派发出货的迹象。此时，股价远离 30 日均线且涨幅较大，5 日均线走平，KDJ 等部分技术指标开始走弱，盘口的弱势特征已经显现。像这种情况，普通投资者如果手中还有筹码当天没有出完，次日应该逢高卖出。

1 月 18 日截图当日，该股低开，股价冲高回落，收出一根中阴线，成交量较前一交易日放大，股价跌破 5 日均线且收在其下方（当日股价跌破 10 日均线拉回），5 日均线拐头下行，10 日均线走平，显露出主力机构毫无顾忌打压出货的坚决态度。此时，股价远离 30 日均线且涨幅大，MACD、KDJ 等技

术指标走弱，盘口的弱势特征已经相当明显。像这种情况，普通投资者如果
手中还有筹码当天没有出完，次日应该逢高清仓，后市继续看跌。

图4-20是300153科泰电源2021年4月22日星期四下午收盘时的K线
走势图。在软件上将该股整个K线走势图缩小后可以看出，此时该股处于上
升趋势中。股价从前期相对高位，即2020年11月9日的最高价12.56元，一
路震荡下跌，至2021年2月9日的最低价4.38元止跌企稳，下跌时间虽然不
是很长，但跌幅大，尤其是下跌后期的几个交易日，主力机构借助当时大盘
下跌之势，加速杀跌洗盘，此时均线呈空头排列。股价下跌期间有过一次较
大幅度的反弹。

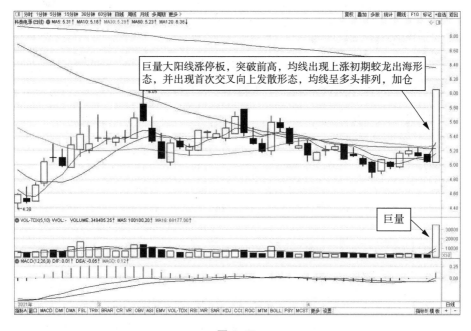

图 4-20

2021年2月9日股价止跌企稳后，主力机构快速推升股价，收集筹码。
然后该股展开横盘震荡整理洗盘吸筹行情。横盘震荡整理洗盘吸筹期间，短
期均线由下行逐渐走平，5日、10日均线最先缠绕交叉黏合，之后5日、10
日、30日和60日均线缠绕交叉黏合，120日均线在股价上方下行，成交量呈
萎缩状态。

4月22日截图当日，该股低开，收出一个大阳线涨停板，突破前高，成交量较前一交易日放大近13倍，形成巨量大阳线涨停K线形态。当日股价向上突破5日、10日、30日和60日均线（一阳穿四线），上涨初期均线蛟龙出海形态形成；5日均线向上穿过10日、30均线形成黄金双交叉，30日、60日均线向上移动，均线首次交叉向上发散形态（或均线首次复合金叉形态）形成。此时，均线（除120日均线外）呈多头排列，MACD、KDJ等技术指标走强，股价的强势特征已经相当明显，后市快速上涨的概率大。像这种情况，普通投资者可以在当日或次日跟庄进场加仓买进筹码。

图4-21是300153科泰电源2021年8月17日星期二下午收盘时的K线走势图。从K线走势可以看出，4月22日，该股低开，收出一个巨量大阳线涨停板，突破前高，形成大阳线涨停K线形态，当日股价向上突破5日、10日、30日和60日均线，均线出现上涨初期蛟龙出海形态，5日均线向上穿过10日、30日均线形成黄金双交叉，30日、60日均线向上移动，均线首次交叉向上发散形态（或均线首次复合金叉形态）形成，均线呈多头排列，股价的强势特征相当明显。之后，该股展开拉升行情。

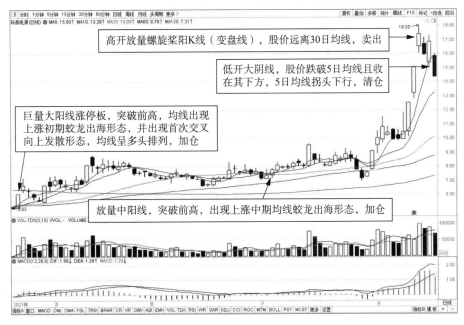

图 4-21

　　5月17日，该股大幅跳空高开（向上跳空7.41%开盘），股价回落，收出一根长下影线阴K线，成交量较前一交易日明显放大（前一交易日为大阳线涨停板，成交量自然较小），展开强势洗盘调整行情，此时普通投资者可以在当日或次日先卖出手中筹码，待股价洗盘调整到位后再将筹码接回来（当然，也可以持股先观察，视情况再做决策）。洗盘调整期间，5日、10日均线相互缠绕时而上下交叉黏合，成交量呈间断性放（缩）量状态。

　　7月5日，该股高开，收出一根中阳线，突破前高，成交量较前一交易日明显放大，股价向上穿过5日、10日、30日均线（一阳穿三线），60日、120日均线在股价下方向上移动，上涨中期均线蛟龙出海形态形成，洗盘调整结束。此后，股价依托5日均线一路上行，其间该股又展开过2次强势洗盘调整行情。7月26日开始的这一次洗盘调整属于主力机构快速拉升前的挖坑打压洗盘，时间虽然只有3个交易日，但股价跌破了60日均线，威慑力比较大。8月4日展开的这一次洗盘调整行情，属于快速拉升过程中的强势调整，股价跌破了5日均线但很快拉回，因为主力机构不想打压太深，一是怕丢失手中筹码；二是给普通投资者造成一种强势调整之后，股价将持续快速上涨的假象，以便在拉升过程中悄悄派发出货。之后，主力机构加速拉升股价。

　　8月12日，该股大幅跳空高开（向上跳空9.85%开盘），股价冲高回落，收出一根螺旋桨阳K线，成交量较前一交易日放大近2倍，显露出主力机构利用高开、盘中高位震荡的操盘手法，引诱跟风盘进场而大量派发出货的迹象。此时，股价远离30日均线且涨幅较大，KDJ等部分技术指标开始走弱，盘口的弱势特征已经显现。像这种情况，由于均线的滞后性特征，普通投资者如果当天手中还有筹码没有出完，可以不等5日均线走平或拐头下行，在次日逢高先卖出手中筹码。

　　8月17日截图当日，该股大幅跳空低开（向下跳空6.05%开盘），股价回落，收出一根大阴线（收盘涨幅为-14.96%），成交量较前一交易日萎缩，股价跌破5日均线且收在其下方，5日均线拐头下行，显露出主力机构毫无顾忌打压出货的坚决态度。此时，股价远离30日均线且涨幅大，MACD、KDJ等技术指标走弱，盘口的弱势特征已经相当明显。像这种情况，普通投资者如果手中还有筹码当天没有出完，次日应该逢高清仓，后市继续看跌。

（三）操盘感悟

理论上讲，均线首次交叉向上发散形态，一般要求 5 日、10 日和 30 日均线在同一时间、同一点位首次金叉，但在实战操盘中，这种情况出现得比较少。实战操盘中，可以把时间（距离）间隔很近的两个黄金交叉点视为首次交叉向上发散形态（比如，可以把形态较小的银山谷前 2 次金叉，当作首次交叉向上发散形态来看待）。

实战操盘中，普通投资者还要注意的是，如果均线首次交叉向上发散形态出现在下行的 60 日（120 日）均线之下，则大多是短期反弹行情，如跟庄进场买进筹码，则要注意盯盘，出现明确调整信号时，可以先逢高卖出手中筹码，继续跟踪观察，待股价突破 60 日（120 日）均线之后，再跟庄进场加仓买入筹码。

六、均线银山谷形态

均线银山谷形态，是在股价上涨过程中均线黄金交叉形态之后，短中期均线向上穿过中长期均线所形成的均线形态。

（一）形态分析

均线银山谷形态，也可称为银山谷或价托，是指个股经过较长时间下跌，在其企稳回升或震荡整理洗盘再度上涨后，均线跟随股价拐头向上移动，向上移动一定时间后，短期均线由下而上穿过中期均线，中期均线由下而上穿过长期均线，从而形成的一个尖头朝上的不规则三角形。这个不规则三角形，就是均线银山谷形态。

均线银山谷形态的形成，表明多方已经积蓄了足够大的上攻能量，这既是一个见底信号，也是一个后市看多、可以跟庄进场买进筹码的信号。

随着股价上涨，均线在相对低位逐步形成黄金交叉形态，然后再形成均线银山谷形态。均线银山谷形态的形成，显现出均线由空头排列形态逐渐演变为多头排列形态的过程，这就是后市股价上涨（或反弹）的信号。

（二）实战运用

图 4-22 是 002725 跃岭股份 2021 年 12 月 2 日星期四下午收盘时的 K 线

走势图。在软件上将该股整个 K 线走势图缩小后可以看出，此时该股处于上升趋势中。股价从前期相对高位，即 2020 年 7 月 14 日的最高价 13.14 元，一路震荡下跌，至 2021 年 10 月 28 日的最低价 5.95 元止跌企稳，下跌时间较长，跌幅大，尤其是下跌后期的几个交易日，主力机构借助当时大盘大跌之势，加速杀跌洗盘，收集了不少筹码，此时均线呈空头排列。股价下跌期间有过多次反弹，且反弹幅度较大。

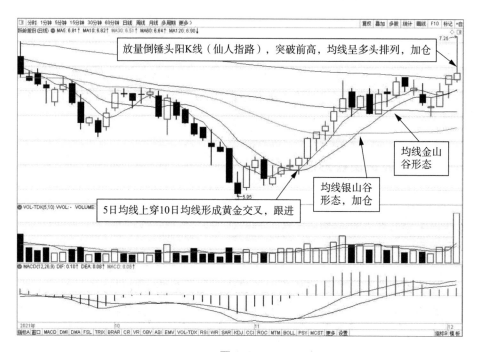

图 4-22

2021 年 10 月 28 日股价止跌企稳后，主力机构开始快速推升股价，收集筹码，K 线走势呈红多绿少、红肥绿瘦态势，底部逐渐抬高。

11 月 4 日，该股高开，收出一根小阳线，突破前高，成交量较前一交易日明显放大，股价突破 5 日均线且收在其上方，5 日均线由走平转为向上移动。

11 月 8 日，该股平开，收出一根小阳线，突破前高，成交量较前一交易日放大，股价突破 5 日、10 日均线且站在其上方，10 日均线由走平转为向上移动，当日 5 日均线向上穿过 10 日均线形成黄金交叉形态。此时，MACD、

KDJ 等技术指标开始走强，股价的强势特征开始显现，后市上涨的概率大。像这种情况，普通投资者可以在当日或次日跟庄进场逢低分批买进筹码。

11 月 12 日，该股高开，收出一根中阳线，突破前高，成交量较前一交易日明显放大，股价突破 30 日均线且收在其上方，当日 5 日均线向上穿过 30 日均线形成均线黄金交叉形态，30 日均线走平，主力机构继续拉升股价。

11 月 17 日，该股平开，收出一根小阳线，成交量与前一交易日基本持平，股价突破 60 日均线且站在其上方，5 日均线向上穿过 60 日均线形成交叉形态，60 日均线下行，30 日均线翘头上行。当日 10 日均线向上穿过 30 日均线形成均线黄金交叉形态，均线银山谷形态形成。此时，短期均线呈多头排列，MACD、KDJ 等技术指标走强，股价的强势特征已经比较明显，后市持续上涨的概率大。像这种情况，普通投资者可以在当日或次日跟庄进场逢低加仓买进筹码。

由于上方 120 日均线的压制，加上股价已拉升至 2021 年 9 月 14 日下跌以来的密集成交区，主力机构采用边拉边洗的操盘手法，缓慢推升股价，消化前期获利盘和套牢盘，等待 60 日和 120 日均线走强。

11 月 22 日，该股高开，收出一颗十字星，成交量较前一交易日萎缩，当日 10 日均线向上穿过 60 日均线形成均线黄金交叉形态，均线金山谷形态形成。

12 月 2 日截图当日，该股低开，收出一根长上影线倒锤头阳 K 线（可视为仙人指路 K 线），突破前高，成交量较前一交易日放大 3 倍多，股价向上突破 120 日均线且收在其上方。此时，5 日、10 日、30 日和 60 日均线向上移动，短中期均线呈多头排列，个股的强势特征十分明显，后市持续快速上涨的概率大。像这种情况，普通投资者可以在当日或次日跟庄进场逢低加仓买进筹码。

图 4-23 是 002725 跃岭股份 2021 年 12 月 21 日星期二下午收盘时的 K 线走势图。从 K 线走势可以看出，12 月 2 日，该股低开收出一根放量长上影线倒锤头阳 K 线，突破前高，股价向上突破 120 日均线且收在其上方，短中期均线呈多头排列，股价的强势特征相当明显。之后，该股展开拉升行情。

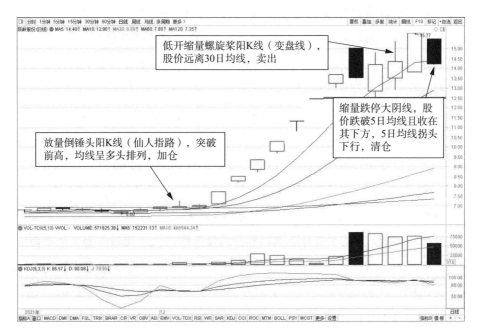

低开缩量螺旋桨阳K线（变盘线），股价远离30日均线，卖出

缩量跌停大阴线，股价跌破5日均线且收在其下方，5日均线拐头下行，清仓

放量倒锤头阳K线（仙人指路），突破前高，均线呈多头排列，加仓

图 4-23

从拉升情况看，12月3日，该股平开，收出一根小阳线，主力机构强势调整了一个交易日，成交量较前一交易日大幅萎缩，正是普通投资者跟庄进场买进筹码的好时机。从12月6日开始，主力机构依托5日均线，采用直线拉升、盘中洗盘、迅速拔高的操盘手法，急速拉升股价，至12月14日，7个交易日的时间，拉出了7个涨停板，其中有3个大阳线涨停板、2个小阳线涨停板、1个一字涨停板、1个T字涨停板，涨幅非常大。此后，该股继续展开震荡盘升行情，表面上看是拉升股价，实际上是主力机构在悄悄派发手中筹码。

12月17日，该股大幅跳空低开（向下跳空4.80%开盘），股价冲高回落，收出一根螺旋桨阳K线，成交量较前一交易日萎缩，加上前一交易日收出的螺旋桨阳K线，显露出主力机构采用盘中拉高的操盘手法，引诱跟风盘进场而大量派发出货的迹象。此时，股价远离30日均线且涨幅较大，KDJ等部分技术指标开始走弱，盘口的弱势特征已经显现。像这种情况，由于均线的滞后性特征，普通投资者如果当天手中还有筹码没有出完，可以不等5日均线走平或拐头下行，在次日逢高先卖出手中筹码。

12月21日截图当日，该股低开，股价直接回落，收出一根跌停大阴线，成交量较前一交易日大幅萎缩，股价跌破5日均线且收在其下方，5日均线拐头下行，显露出主力机构毫无顾忌坚决出货的态度。此时，股价远离30日均线且涨幅大，MACD、KDJ等技术指标走弱，盘口的弱势特征已经相当明显。像这种情况，普通投资者如果手中还有筹码当天没有出完，次日应该逢高清仓，后市继续看跌。

图4-24是301022海泰科2021年11月15日星期一下午收盘时的K线走势图。在软件上将该股整个K线走势图缩小后可以看出，该股2021年7月2日上市，股价上涨至当日的最高价72.06元回落（当日大盘大跌），然后一路震荡下跌，至2021年10月28日的最低价33.58元止跌企稳，下跌时间虽然不是很长但跌幅大，尤其是下跌后期的几个交易日，主力机构借助当时大盘大跌之势，加速杀跌洗盘，收集了不少筹码，此时均线呈空头排列。股价下跌期间有过1次较大幅度的反弹。

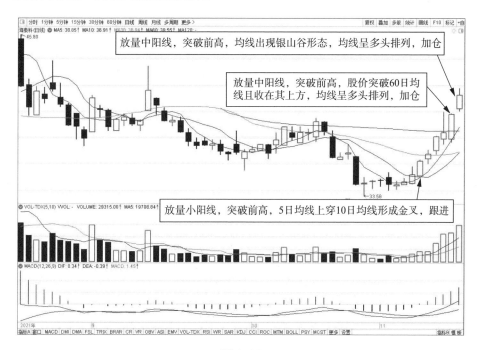

图4-24

2021 年 10 月 28 日股价止跌企稳后，主力机构开始快速推升股价，收集筹码，K 线走势呈红多绿少、红肥绿瘦态势，成交量温和放大，底部逐渐抬高。

11 月 4 日，该股低开，收出一根小阳线，突破前高，成交量较前一交易日明显放大，股价突破 5 日均线且收在其上方，5 日均线由走平转为上行。11 月 5 日，该股低开，收出一根小阳线，成交量较前一交易日明显放大，股价突破 5 日、10 日均线且收在其上方。

11 月 8 日，该股低开，收出一根小阳线，突破前高，成交量较前一交易日明显放大，当日 5 日均线向上穿过 10 日均线形成黄金交叉形态，10 日均线走平。此时，MACD、KDJ 等技术指标开始走强，股价的强势特征开始显现，后市上涨的概率大。像这种情况，普通投资者可以在当日或次日跟庄进场逢低分批买进筹码。

11 月 10 日，该股高开，收出一根中阳线，突破前高，成交量较前一交易日明显放大，股价突破 30 日均线且收在其上方。11 月 11 日，该股低开，收出一根小阳线，突破前高，成交量较前一交易日有效放大，当日 5 日均线向上穿过 30 日均线形成均线黄金交叉形态，30 日均线走平。11 月 12 日，该股低开，收出一根中阳线，突破前高，成交量较前一交易日放大，股价突破 60 日均线且收在其上方。此时，短中期均线呈多头排列，MACD、KDJ 等技术指标走强，股价的强势特征已经比较明显，后市持续上涨的概率大。像这种情况，普通投资者可以在当日或次日跟庄进场逢低加仓买进筹码。

11 月 15 日截图当日，该股跳空高开，收出一根中阳线，突破前高，成交量较前一交易日明显放大，股价突破 60 日均线且收在其上方；当日 5 日均线向上穿过 60 日均线形成黄金交叉形态，30 日均线、60 日均线向上移动；当日 10 日均线向上穿过 30 日均线形成均线黄金交叉形态，均线银山谷形态形成。此时，短中期均线呈多头排列，MACD、KDJ 等技术指标走强，股价的强势特征已经相当明显，后市持续快速上涨的概率大。像这种情况，普通投资者可以在当日或次日跟庄进场逢低加仓买入筹码。

图 4-25 是 301022 海泰科 2021 年 11 月 29 日星期一下午收盘时的 K 线走势图。从 K 线走势可以看出，11 月 15 日，该股跳空高开收出一根放量中阳

线，突破前高，股价突破 60 日均线且收在其上方；当日 5 日均线向上穿过 60 日均线形成黄金交叉形态，30 日、60 日均线向上移动；当日 10 日均线向上穿过 30 日均线形成均线黄金交叉形态，均线银山谷形态形成，短中期均线呈多头排列，股价的强势特征相当明显。之后，该股展开拉升行情。

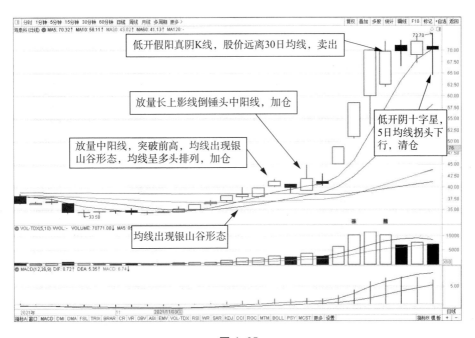

图 4-25

从拉升情况看，11 月 16 日，该股低开，收出一根长下影线锤头阴 K 线，主力机构强势调整了一个交易日，成交量较前一交易日萎缩，正是普通投资者跟庄进场买进筹码的好时机。11 月 17 日，该股低开，收出一根长上影线倒锤头中阳线，成交量较前一交易日明显放大，股价的强势特征再现，普通投资者可以在当日或次日跟庄进场逢低加仓买进筹码。11 月 18 日，该股低开，收出一根长上影线倒锤头阴 K 线，主力机构再次强势调整了一个交易日，成交量较前一交易日大幅萎缩，同样是普通投资者跟庄进场买进筹码的好时机。几经周折之后，从 11 月 19 日开始，主力机构依托 5 日均线，采用直线拉升、盘中洗盘、迅速拔高的操盘手法，急速拉升股价，至 11 月 23 日，连续拉出 2 个大阳线涨停板和 1 根大阳线（收盘涨幅为 19.64%），3 个交易日总涨幅近

60%，相当可观。

11月24日，该股大幅低开（向下跳空10.71%开盘），收出一根假阳真阴K线（高位假阳真阴，千万小心），成交量较前一交易日略有萎缩，显露出主力机构采用大幅低开然后盘中对敲拉高的操盘手法，引诱跟风盘进场而大量派发出货的迹象（其实从前一交易日的分时看，主力机构是尾盘封的涨停板，临近收盘涨停板被打开，主力机构已经派发了不少筹码，有筹码的普通投资者当日就应该趁机迅速卖出手中筹码）。此时，股价远离30日均线且涨幅大，KDJ等部分技术指标开始走弱，盘口的弱势特征已经显现。像这种情况，由于均线的滞后性特征，普通投资者如果当天手中还有筹码没有出完，可以不等5日均线走平或拐头下行，在次日逢高先卖出手中筹码。

11月29日截图当日，该股低开，收出一颗阴十字星，成交量较前一交易日萎缩，股价跌破5日均线后拉回5日均线附近收盘，5日均线拐头下行。此时，股价远离30日均线且涨幅大，MACD、KDJ等技术指标走弱，盘口的弱势特征已经非常明显。像这种情况，普通投资者如果手中还有筹码当天没有出完，次日要逢高清仓，后市继续看跌。

（三）操盘感悟

实战操盘过程中，普通投资者要时刻关注均线银山谷形态上方中期或长期均线的运行趋势和方向，若股价没有跌破均线银山谷形态上方的中期或长期均线，就可以继续持股待涨，一旦跌破，应该先卖出手中筹码，待股价调整到位后再接回来。

七、均线金山谷形态

均线金山谷形态，是指在股价上涨过程中均线形成银山谷形态之后，短中期均线向上穿过中长期均线所形成的均线形态。

（一）形态分析

均线金山谷形态，也可称为金山谷，与均线银山谷形态的特征是一样的，都是短期均线由下往上穿过中期均线和长期均线，中期均线由下往上穿过长期均线，从而形成的一个尖头朝上不规则三角形。主要区别在于，最先形成的不规则三角形为均线银山谷形态，后面出现的不规则三角形为均线金山谷形态。

股价经过较长时间的下跌后止跌回升，均线跟随股价在相对低位首先形成均线黄金交叉形态，然后再形成均线银山谷形态，普通投资者可以在均线黄金交叉形态和均线银山谷形态形成后，跟庄进场逢低分批买入筹码。股价上涨到一定幅度后，由于受均线银山谷形态上方长期均线的压制或主力机构有意打压股价洗盘吸筹（抑或大盘大跌）等的影响，目标股票展开调整洗盘行情（此时普通投资者可以先卖出手中筹码，待均线黄金交叉形态再次形成后再进场），调整洗盘行情结束后股价再次上涨，上涨过程中形成的不规则三角形就是均线金山谷形态。此时，目标股票的 K 线走势可能出现 W 底形态。实战操盘过程中，普通投资者可以将均线金山谷形态作为均线银山谷形态的一种确认信号来对待。

均线金山谷形态可以形成于均线银山谷形态相近的位置，也可以形成于高过均线银山谷形态的位置。均线金山谷形态与均线银山谷形态相隔时间越长，所处的位置越高，跟庄进场买进的信号就越准确，之后股价的上升空间也就越大。

均线金山谷形态的形成，和均线银山谷形态一样，表明多方已经积蓄了足够的上攻能量，这既是一个股价洗盘调整行情结束的信号，也是一个后市看多、可以积极跟庄进场逢低买进筹码的信号。但均线金山谷形态是建立在均线黄金交叉形态和均线银山谷形态之上的一种买入信号，其准确率要高于前者，一般情况下，目标股票即将展开一波较大幅度的上涨行情。

（二）实战运用

图 4-26 是 000795 英洛华 2021 年 11 月 17 日星期三下午收盘时的 K 线走势图。在软件上将该股整个 K 线走势图缩小后可以看出，此时该股处于上升趋势中。股价从前期相对高位，即 2019 年 5 月 30 日的最高价 10.30 元，一路震荡下跌，至 2020 年 2 月 4 日的最低价 4.59 元止跌企稳，下跌时间虽然不是很长，但跌幅大，尤其是下跌后期的几个交易日，主力机构借助当时大盘大跌之势，加速杀跌洗盘。股价下跌期间有过 2 次反弹，且反弹的幅度较大。

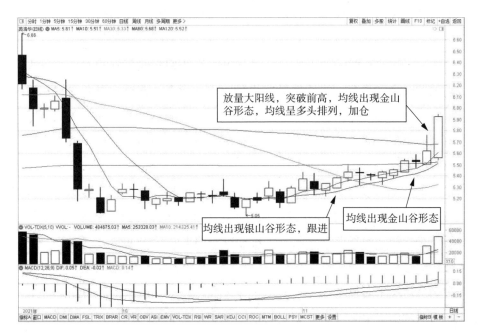

图 4-26

2020 年 2 月 4 日股价止跌企稳后，主力机构快速推升股价，收集筹码。然后该股展开了长时间大幅度的横盘震荡行情，主力机构高抛低吸赚取差价赢利与洗盘吸筹并举，折磨和考验普通投资者的信心和耐力。大幅横盘震荡期间，短中长期均线呈现出交叉黏合的态势，成交量呈间断性放（缩）量状态。

2021 年 9 月 16 日（大幅横盘震荡行情持续 1 年 7 个多月后），主力机构利用大盘大跌之机，进行挖坑（打压股价）洗盘吸筹。9 月 30 日，该股高开，收出一根中阳线，股价止跌企稳，挖坑洗盘吸筹行情结束，此时均线呈空头排列。随后该股展开小幅震荡盘升行情，主力机构继续洗盘吸筹，成交量逐步放大，底部慢慢抬高，K 线走势呈红多绿少、红肥绿瘦态势，5 日、10 日均线由走平慢慢转为向上移动。

10 月 29 日，该股平开，收出一根中阳线，突破前高，成交量较前一交易日略有萎缩，当日 5 日均线向上穿过 10 日均线形成黄金交叉形态。

11 月 5 日，该股平开，收出一根小阳线，突破前高，成交量较前一交易日明显放大，当日 5 日均线向上穿过 30 日均线形成黄金交叉形态，30 日、60

日均线下行，120 日均线上行。11 月 9 日，该股低开，收出一颗阴十字星，成交量较前一交易日明显萎缩，当日 10 日均线向上穿过 30 日均线形成黄金交叉形态，均线银山谷形态形成。此时，MACD 等部分技术指标开始走强，股价的强势特征开始显现，后市上涨的概率大。像这种情况，普通投资者可以在当日或次日跟庄进场逢低分批买进筹码。

11 月 12 日，该股低开，收出一根小阳线，突破前高，成交量较前一交易日放大，股价突破 120 日均线且收在其上方。11 月 16 日，该股低开，收出一根中阳线，突破前高，成交量较前一交易日放大 2 倍多，股价突破 120 日均线且收在其上方，当日 5 日均线向上穿过 120 日均线形成黄金交叉形态。

11 月 17 日截图当日，该股低开，收出一根大阳线（收盘涨幅为 5.34%），突破前高，成交量较前一交易日明显放大，股价突破 60 日均线且收在所有均线上方，10 日均线向上穿过 120 日均线形成黄金交叉形态，均线金山谷形态形成。此时，均线呈多头排列之势，MACD、KDJ 等技术指标走强，股价的强势特征已经相当明显，后市持续快速上涨的概率大。像这种情况，普通投资者可以在当日或次日跟庄进场逢低加仓买进筹码。

图 4-27 是 000795 英洛华 2021 年 12 月 3 日星期五下午收盘时的 K 线走势图。从 K 线走势可以看出，11 月 17 日，该股低开收出一根放量大阳线，突破前高，股价突破 60 日均线且收在所有均线上方，10 日均线向上穿过 120 日均线形成黄金交叉形态，均线金山谷形态形成，均线呈多头排列，股价的强势特征相当明显。之后，该股展开拉升行情。

从拉升情况看，11 月 18 日、19 日、22 日，该股连续收出 2 颗十字星和一根小阳线，展开了 3 个交易日的强势小幅调整行情，主力机构的目的是进行拉升前的再一次洗盘吸筹，这也正是普通投资者跟庄进场逢低买进筹码的好时机。强势整理期间，成交量呈萎缩状态，股价均收在 5 日均线上方；22 日当日，10 日均线向上穿过 60 日均线形成均线黄金交叉形态，股价的强势特征已经非常明显。从 11 月 23 日开始，主力机构依托 5 日均线，采用直线拉升、盘中洗盘、迅速拔高的操盘手法，急速拉升股价，至 11 月 29 日，连续拉出 5 个涨停板，其中有 1 个一字涨停板、1 个小阳线涨停板和 3 个大阳线涨停板，涨幅相当可观。

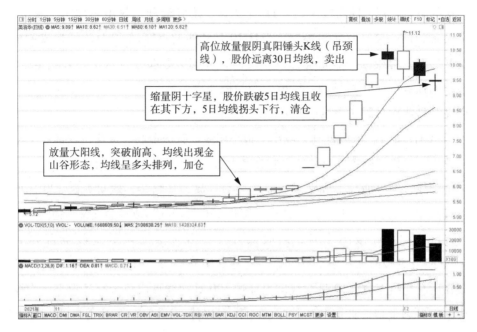

高位放量假阴真阳锤头K线（吊颈线），股价远离30日均线，卖出

缩量阴十字星，股价跌破5日均线且收在其下方，5日均线拐头下行，清仓

放量大阳线，突破前高、均线出现金山谷形态，均线呈多头排列，加仓

图 4-27

11 月 30 日，该股大幅高开（向上跳空 7.73%开盘），股价回落，收出一根假阴真阳锤头 K 线，收盘涨幅为 4.95%，当日成交量较前一交易日放大 6 倍多，显露出主力机构采用大幅高开、盘中高位震荡盘整的操盘手法，引诱跟风盘进场而大量派发出货的迹象。此时，股价远离 30 日均线且涨幅大，KDJ 等部分技术指标开始走弱，盘口的弱势特征已经显现。像这种情况，由于均线的滞后性特征，普通投资者如果当天手中还有筹码没有出完，可以不等 5 日均线走平或拐头下行，在次日逢高先卖出手中筹码。

12 月 3 日截图当日，该股低开，收出一颗阴十字星，成交量较前一交易日萎缩，股价跌破 5 日均线且收在其下方，5 日均线拐头下行。此时，股价远离 30 日均线且涨幅大，MACD、KDJ 等技术指标已经走弱，盘口的弱势特征非常明显。像这种情况，普通投资者如果手中还有筹码当天没有出完，次日要逢高清仓，后市继续看跌。

图 4-28 是 605168 三人行 2021 年 12 月 14 日星期二下午收盘时的 K 线走势图。在软件上将该股整个 K 线走势图缩小后可以看出，该股 2020 年 5 月 28

日上市后，股价上涨至 7 月 10 日的最高价 307.00 元，然后一路震荡下跌，至 2021 年 10 月 28 日的最低价 104.00 元止跌企稳，下跌时间较长，跌幅大，尤其是下跌后期的几个交易日，主力机构借助当时大盘大跌之势，加速杀跌洗盘，此时均线呈空头排列。股价在下跌期间有过多次反弹，且反弹幅度大。

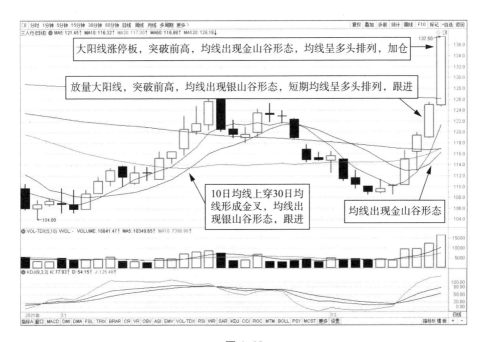

图 4-28

2021 年 10 月 28 日股价止跌企稳后，主力机构快速推升股价，收集筹码，成交量温和放大，底部逐渐抬高。

11 月 4 日，该股高开，收出一根中阳线，突破前高，成交量较前一交易日放大，当日 5 日均线向上穿过 10 日均线形成黄金交叉形态。

11 月 12 日，该股平开，收出一根小阳线，突破前高，成交量较前一交易日略有萎缩，股价突破 30 日均线且收在其上方，当日 5 日均线向上穿过 30 日均线形成黄金交叉形态。此时，MACD、KDJ 等技术指标开始走强，股价的强势特征已经开始显现，后市上涨的概率大。像这种情况，普通投资者可以在当日或次日跟庄进场逢低分批买进筹码。

11 月 15 日，该股高开，收出一根大阳线，突破前高，成交量较前一交易日明显放大，当日 10 日均线向上穿过 30 日均线形成黄金交叉形态，30 日均线走平，均线银山谷形态形成。该股的强势特征比较明显，普通投资者可以在当日或次日跟庄进场加仓买入筹码。

11 月 18 日，该股高开，股价冲高至当日最高价 126.33 元回落，收出一根大阴线，成交量较前一交易日萎缩，股价跌破 5 日均线且收在其下方，展开缩量回调洗盘行情。回调洗盘的原因：一是该股已有一定涨幅，主力机构有调整的意图；二是受 120 日均线压制，股价有调整需求。普通投资者可以在回调洗盘的当日或次日先卖出手中筹码，待股价调整到位后再将筹码接回来。

12 月 6 日，该股低开，收出一根小阴线，当日股价探至最低价 108.60 元止跌企稳，此时均线呈空头排列。随后主力机构快速推升股价，继续收集筹码。

12 月 9 日，该股高开，收出一根大阳线，突破前高，成交量较前一交易日放大 2 倍多，股价突破 5 日、10 日均线且收在其上方。

12 月 10 日，该股高开，收出一根大阳线，突破前高，成交量较前一交易日放大，股价突破 30 日、60 日均线，且收在 60 日均线上方，当日 5 日均线向上穿过 10 日均线形成黄金交叉形态，此时 5 日、10 日和 30 日均线向上移动，短期均线呈多头排列。

12 月 13 日，该股低开，收出一根大阳线，突破前高，成交量较前一交易日明显放大，当日 5 日均线向上穿过 30 日、60 日均线形成黄金双交叉形态，均线银山谷形态形成。此时，短期均线呈多头排列，MACD、KDJ 等技术指标开始走强，股价的强势特征已经开始显现，后市上涨的概率大。像这种情况，普通投资者可以在当日或次日跟庄进场逢低买进筹码。

12 月 14 日截图当日，该股低开，收出一个大阳线涨停板，突破前高，成交量较前一交易日明显放大，形成大阳线涨停 K 线形态。当日 10 日均线向上穿过 30 日和 60 日均线形成黄金交叉形态，60 日均线翘头上行，均线金山谷形态形成。此时，均线（除 120 日均线外）呈多头排列，股价的强势特征相当明显，普通投资者可以在当日或次日跟庄进场加仓买入筹码。

图 4-29 是 605168 三人行 2022 年 1 月 19 日星期三下午收盘时的 K 线走

势图。从 K 线走势可以看出，2021 年 12 月 14 日，该股低开，收出一个放量大阳线涨停板，突破前高，形成大阳线涨停 K 线形态，当日 10 日均线向上穿过 30 日和 60 日均线形成黄金交叉形态，60 日均线翘头上行，均线金山谷形态形成，均线呈多头排列，股价的强势特征相当明显。之后，主力机构继续拉升股价。

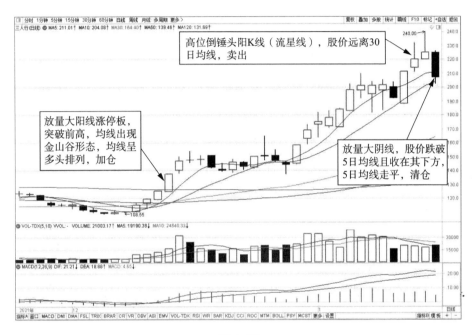

图 4-29

12 月 15 日，该股跳空高开，收出一根大阳线，突破前高，留下向上突破缺口，成交量较前一交易日放大近 2 倍。

12 月 16 日，该股高开，股价冲高至当日最高价 153.80 元回落，收出一颗假阴真阳十字星，成交量较前一交易日萎缩，展开强势缩量洗盘调整行情，此时普通投资者可以在当日或次日逢高先卖出手中筹码，待股价洗盘调整到位后再将筹码接回来（当然，也可以持股先观察，视走势情况再做决策）。洗盘调整的原因：一是股价已上涨至 2021 年 6 月 30 日下跌密集成交区，主力机构有调整的意图；二是受当时大盘下行的影响，且股价已有一定涨幅，个股有调整需求。洗盘调整期间，5 日、10 日均线逐渐走平黏合，成交量呈萎缩状态，股价没有完全回补 12 月 15 日留下的向上突破缺口。

12 月 30 日，该股高开，收出一个大阳线涨停板，突破前高和平台，成交量较前一交易日放大，股价向上突破 5 日、10 日均线且收在其上方，强势缩量洗盘调整行情结束。此时，均线呈多头排列，MACD、KDJ 等技术指标走强，股价的强势特征相当明显。像这种情况，普通投资者可以在当日跟庄抢板或在次日跟庄进场加仓买入筹码。之后，主力机构依托 5 日均线快速拉升股价。

2022 年 1 月 17 日，该股高开，股价冲高回落，收出一根倒锤头阳 K 线，成交量较前一交易日萎缩，显露出主力机构采用高开、盘中震荡拉高的操盘手法，引诱跟风盘进场而大量派发出货的迹象。此时，股价远离 30 日均线且涨幅大，KDJ 等部分技术指标开始走弱，盘口的弱势特征已经显现。像这种情况，由于均线的滞后性特征，普通投资者如果当天手中还有筹码没有出完，可以不等 5 日均线走平或拐头下行，在次日逢高先卖出手中筹码。

1 月 19 日截图当日，该股低开，股价回落，收出一根大阴线（盘中一度跌停），成交量较前一交易日明显放大，股价跌破 5 日均线且收在其下方，5 日均线走平，显露出主力机构毫无顾忌打压出货的坚决态度。此时，股价远离 30 日均线且涨幅大，MACD、KDJ 等技术指标走弱，盘口的弱势特征已经相当明显。像这种情况，普通投资者如果手中还有筹码当天没有出完，次日应该逢高清仓，后市继续看跌。

（三）操盘感悟

实战操盘过程中，普通投资者要时刻关注均线金山谷形态上方中期或长期均线的运行趋势和方向，若股价没有跌破金山谷形态上方的中期均线或长期均线，可继续持股待涨，如果跌破，最好先卖出手中筹码，然后进行跟踪观察。

第五章

上涨中期强势均线形态实战技法

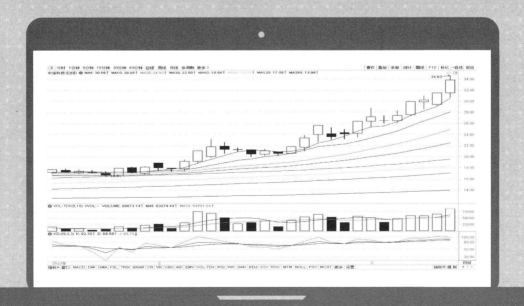

个股经过初期上涨之后，有了一定幅度的涨幅，积累了不少获利盘，主力机构利用此时政策面、基本面、消息面和大盘等因素的影响，通过小幅回调强势洗盘或深度调整或横盘震荡整理洗盘等手法，来消化获利盘，拉高新进场普通投资者的入场成本，减轻后市上行压力。洗盘调整结束后，随着主力机构慢慢推升股价，各种中期强势均线形态逐渐形成，普通投资者跟庄进场买进筹码的时机已经到来。

比如，横盘震荡整理末期，均线由黏合逐渐向上发散，如果有放大的成交量配合，这种均线形态就是上涨中期强势均线形态，即均线再次黏合向上发散形态。均线再次黏合向上发散形态，意味着股价突破平台，即将迎来一波上涨行情，是普通投资者跟庄进场买进筹码的明确信号。

像这样的上涨中期强势均线形态，还有上涨中期均线黄金交叉、均线再次交叉向上发散、上涨中期均线蛟龙出海、烘云托月等均线形态。由于股价初期上涨之后调整幅度和调整时间的不确定性，加上主力机构操盘手法诡谲多变，调整过程中某种均线形态（比如均线黄金交叉、均线黏合向上发散等）可能重复出现多次，这就要求我们在分析研究和运用上涨中期强势均线形态时，不管是把握大势还是确定买卖点，都不能仅看均线形态，一定要结合政策面，大盘走势，消息面，目标股票的基本面、成交量以及其他技术指标进行综合分析、准确判断。

一、上涨中期均线黄金交叉形态

上涨中期均线黄金交叉形态，是在股价初期上涨行情之后，再次形成的均线黄金交叉形态。

（一）形态分析

上涨中期均线黄金交叉形态，是指个股经过初期上涨（或者反弹）之后，由于有了一定涨幅，或股价远离30日均线，或受到上方周期较长均线的压制等，展开洗盘调整行情，洗盘调整到位确认后，均线跟随股价上行所形成。市场表现为，股价止跌，均线拐头向上跟随股价移动，向上移动一定时间后，周期较短的均线由下而上穿过周期较长的均线，且周期较长的均线同时向上移动所形成。

由于受政策面、大盘走势、基本面、消息面等因素的影响，加上主力机构操盘手法诡谲多变，导致股价上涨过程中的调整洗盘频率、调整幅度等不尽相同，个股走势自然错综复杂、千变万化。个股在上涨的过程中，可能会形成多次黄金交叉形态，我们将第二次黄金交叉形态称为上涨中期均线黄金交叉形态。

（二）实战运用

图5-1是002048宁波华翔2019年12月17日星期二下午收盘时的K线走势图。在软件上将该股整个K线走势图缩小后可以看出，此时该股处于上升趋势中。股价从前期相对高位，即2019年4月15日的最高价14.65元，一路震荡下跌，至2019年8月8日的最低价9.37元止跌企稳，下跌时间虽然不是很长，但跌幅较大（如从2017年11月13日最高价27.99元下跌开始算起，下跌时间长、跌幅大，主力机构洗盘比较彻底，吸筹比较充分），此时均线呈空头排列。

2019年8月8日股价止跌企稳后，主力机构开始推升股价，收集筹码。8月13日，该股低开，收出一颗阴十字星，股价突破5日均线且收在其上方，成交量较前一交易日萎缩，当日5日均线翘头向上移动。

8月16日，该股平开，收出一颗阳十字星，股价突破5日、10日均线且收在其上方，成交量较前一交易日萎缩，当日5日均线向上穿过10日均线形成交叉，5日、10日均线向上移动，均线上涨初期黄金交叉形态形成，股价的强势特征开始显现。像这种情况，普通投资者可以在当日或次日跟庄进场逢低分批买进筹码。此后，股价依托5日均线一路上涨（其间收出了2个一字涨停板、1个小T字涨停板）。

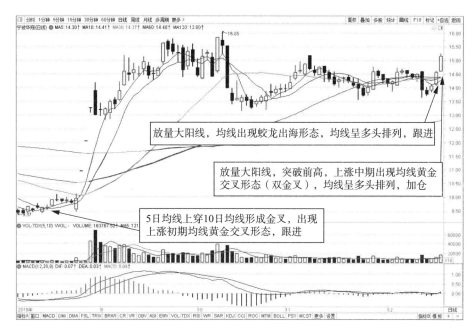

放量大阳线，均线出现蛟龙出海形态，均线呈多头排列，跟进

放量大阳线，突破前高，上涨中期出现均线黄金交叉形态（双金叉），均线呈多头排列，加仓

5日均线上穿10日均线形成金叉，出现上涨初期均线黄金交叉形态，跟进

图 5-1

　　9 月 23 日，该股高开，股价回落，收出一根阴 K 线，成交量较前一交易日大幅萎缩，展开强势横盘震荡洗盘调整行情，此时普通投资者可以在当日或次日逢高先卖出手中筹码，待股价洗盘调整到位后再将筹码接回来（当然，也可以持股先观察，视情况再做决策）。调整的原因：一是股价已上涨至 2018 年 4 月 12 日下跌密集成交区，主力机构有调整的意图；二是受当时大盘下跌的影响，且股价已有相当的涨幅，个股有调整的需求。横盘震荡调整洗盘期间，均线由多头排列逐渐走平，短中期均线由走平逐渐转为交叉黏合，120 日均线在股价下方向上移动，成交量呈间断性放（缩）量状态。

　　12 月 16 日，该股高开，收出一根大阳线，突破前高，成交量较前一交易日明显放大，股价向上突破 5 日、10 日、30 日和 60 日均线（一阳穿四线），120 日均线在股价下方上行，均线蛟龙出海形态形成。此时，均线（除 60 日均线外）呈多头排列，KDJ 等部分技术指标开始走强，股价的强势特征比较明显，后市上涨的概率大。像这种情况，普通投资者可以在当日或次日跟庄进场逢低分批买入筹码。

191

12月17日截图当日，该股高开，收出一根大阳线，突破前高，成交量较前一交易日明显放大，股价收在所有均线上方，横盘震荡调整洗盘行情结束。当日10日均线向上穿过30日、60日均线形成上涨中期均线黄金交叉形态（双金叉形态），且均线有黏合向上发散态势。此时，均线呈多头排列，MACD、KDJ等技术指标走强，股价的强势特征非常明显，后市持续快速上涨的概率大。像这种情况，普通投资者可以在当日或次日跟庄进场逢低加仓买入筹码。

图5-2是002048宁波华翔2020年3月6日星期五下午收盘时的K线走势图。从K线走势可以看出，2019年12月17日，该股高开，收出一根放量大阳线，突破前高，股价收在所有均线上方，横盘震荡洗盘调整行情结束，当日10日均线向上穿过30日和60日均线形成上涨中期均线黄金交叉形态（双金叉形态），且均线有黏合向上发散态势，均线呈多头排列，股价的强势特征相当明显。此后，主力机构继续快速拉升股价。

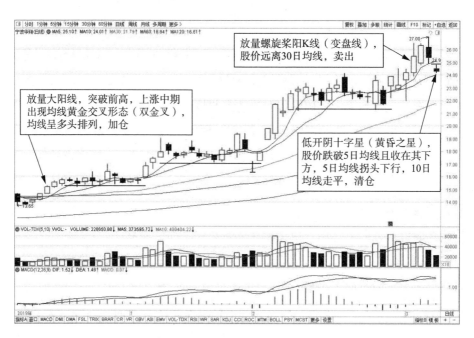

图 5-2

从拉升情况看，主力机构采用台阶式推升的操盘手法，依托5日均线拉升股价。因为股价从低位起来，主力机构筹码锁定比较好，采用台阶式拉升的操盘手法，主要是通过台阶震荡整理手法，进一步清洗获利盘、调仓换筹、拉高新入场投资者的买入成本，确保股价稳中上行、一个台阶一个台阶往上走。该股在上涨过程中形成了3个台阶，每个台阶整理的时间都比较长，但调整的幅度不大，基本没有跌破10日均线（即使跌破也很快拉回）。从K线走势看，整个上涨过程比较顺畅，股价涨幅较大。

2020年3月3日，该股高开，股价冲高回落，收出一根长上影线螺旋桨阳K线，成交量较前一交易日放大，加上前一交易日收出的高开锤头阳K线，显露出主力机构采用高开、盘中震荡拉高的操盘手法，引诱跟风盘进场而大量派发出货的迹象。此时，股价远离30日均线且涨幅大，KDJ等部分技术指标开始走弱，盘口的弱势特征已经显现。像这种情况，由于均线的滞后性特征，普通投资者如果当天手中还有筹码没有出完，可以不等5日均线走平或拐头下行，在次日逢高先卖出手中筹码。

3月6日截图当日，主力机构大幅低开（向下跳空3.24%开盘），收出一颗阴十字星，留下向下突破缺口，成交量较前一交易日明显萎缩。当日股价跌破5日均线且收在其下方，5日均线拐头下行，10日均线走平。此时，MACD、KDJ等技术指标已经走弱，盘口的弱势特征非常明显。像这种情况，普通投资者如果手中还有筹码当天没有出完，次日要逢高清仓，后市继续看跌。

图5-3是600617国新能源2021年8月5日星期四下午收盘时的K线走势图。在软件上将该股整个K线走势图缩小后可以看出，此时该股处于上升趋势中。股价从前期相对高位，即2020年8月10日的最高价5.74元，一路震荡下跌，至2021年2月8日的最低价3.40元止跌企稳，此时均线呈空头排列形态。股价下跌时间虽然不是很长，但跌幅较大（如从2015年4月7日最高价39.30元下跌开始算起，下跌时间长，跌幅大，主力机构洗盘比较彻底，吸筹比较充分）。

2021年2月8日股价止跌企稳后，主力机构开始快速推升股价，收集筹码。2月18日，该股平开，收出一根中阳线，股价突破5日均线且收在其上方，成交量较前一交易日萎缩，当日5日均线翘头向上移动。

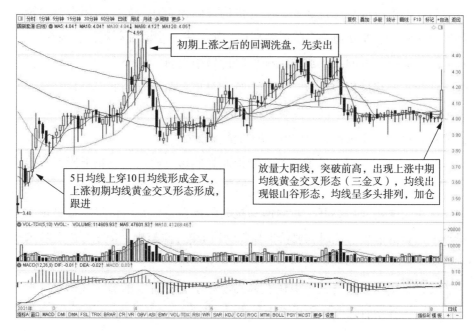

图 5-3

2月19日，该股平开，收出一根大阳线，突破前高，成交量较前一交易日明显放大，股价突破5日、10日均线且收在其上方，当日5日均线向上穿过10日均线形成金叉，5日、10日均线向上移动，上涨初期均线黄金交叉形态形成，股价的强势特征开始显现。普通投资者可以在当日或次日跟庄进场逢低分批买进筹码。此后，股价依托5日均线震荡上行。

4月7日，该股低开，股价冲高至当日最高价4.49元回落，收出一根长上影线倒锤头阴K线，成交量较前一交易日明显萎缩，展开震荡洗盘吸筹行情，此时普通投资者可以在当日或次日逢高先卖出手中筹码，待股价洗盘调整到位后再将筹码接回来。震荡洗盘调整的原因：一是股价已上涨至2020年12月28日下跌密集成交区，主力机构有调整的意图；二是股价已有相当的涨幅，主力机构通过大幅震荡洗盘，进一步清洗获利盘和套牢盘，同时增补部分仓位。震荡洗盘吸筹期间，短中长期均线由走平逐渐转为交叉黏合，成交量呈间断性放（缩）量状态。

8月5日截图当日，该股低开，收出一根大阳线，突破前高，成交量较前一交易日放大 4 倍多，股价向上突破 5 日、10 日、30 日、60 日和 120 日均线（一阳穿五线），均线蛟龙出海形态形成。当日 5 日均线向上穿过 10 日、30 日、60 日均线，形成上涨中期均线黄金交叉形态（三金叉形态），10 日均线向上穿过 30 日均线，均线银山谷形态形成。此时，均线（除 30 日均线外）呈多头排列，MACD、KDJ 等技术指标开始走强，股价的强势特征相当明显，后市持续快速上涨的概率大。像这种情况，普通投资者可以在当日或次日跟庄进场逢低加仓买进筹码。

图 5-4 是 600617 国新能源 2021 年 9 月 15 日星期三下午收盘时的 K 线走势图。从 K 线走势可以看出，8 月 5 日，该股低开收出一根放量大阳线，突破前高，股价向上突破 5 日、10 日、30 日、60 日和 120 日均线，均线出现蛟龙出海形态，当日 5 日均线向上穿过 10 日、30 日、60 日均线，形成上涨中期黄金交叉形态（三金叉形态），10 日均线向上穿过 30 日均线，均线银山谷形态形成，均线呈多头排列，股价的强势特征相当明显。此后，主力机构快速拉升股价。

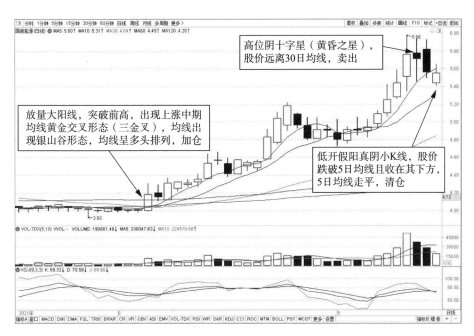

图 5-4

从拉升情况看，主力机构依托 5 日均线拉升股价，其间进行过 2 次强势洗盘调整。8 月 16 日该股展开的洗盘调整行情，时间为 5 个交易日，调整幅度不大，股价回调跌（刺）破 5 日均线很快拉回。8 月 26 日该股展开的洗盘调整行情，时间为 8 个交易日，股价回调跌（刺）破 5 日、10 日均线很快拉回，10 日均线起到了较强的支撑作用，整个拉升过程比较顺畅，涨幅较大。

9 月 13 日，该股高开，股价冲高回落，收出一颗长上下影线阴十字星，成交量较前一交易日大幅萎缩，加上前一交易日收出的高开放量螺旋桨阳 K 线（当日股价盘中涨停封板时间达 40 多分钟），显露出主力机构采用高开、盘中震荡拉高的操盘手法，引诱跟风盘进场而大量派发出货的迹象。此时，股价远离 30 日均线且涨幅大，KDJ 等部分技术指标开始走弱，盘口的弱势特征已经显现。像这种情况，由于均线的滞后性特征，普通投资者如果当天手中还有筹码没有出完，可以不等 5 日均线走平或拐头下行，在次日逢高先卖出手中筹码。

9 月 15 日截图当日，该股低开，股价冲高回落，收出一根假阳真阴小 K 线，成交量较前一交易日明显萎缩，股价跌破 5 日均线且收在其下方，5 日均线走平。此时，MACD、KDJ 等技术指标已经走弱，盘口的弱势特征非常明显。像这种情况，普通投资者如果手中还有筹码当天没有出完，次日要逢高清仓，后市继续看跌。

（三）操盘感悟

实战操盘中，上涨中期均线黄金交叉形态形成后，由于此时主力机构筹码集中度较高、控盘比较到位，股价即将展开拉升行情。此时，虽然股价前期已经有了一定的涨幅，但后市上涨空间仍然很大，普通投资者应该大胆跟庄进场加仓买进筹码，耐心持股，待股价出现明显见顶信号时撤出。

二、上涨中期均线蛟龙出海形态

上涨中期均线蛟龙出海形态，是在股价初期上涨行情之后，再次形成的均线蛟龙出海形态。

（一）形态分析

上涨中期均线蛟龙出海形态，是指个股经过初期上涨行情之后，由于有了一定涨幅，或股价远离30日均线，或受到上方周期较长均线的压制等，展开调整洗盘行情，调整洗盘到位后，主力机构开启新一波上涨行情时所形成。市场表现为，洗盘调整行情末期，突然收出一根放量大阳线（最好是涨停板），向上突破（穿过）至少3条均线（如5日、10日、30日均线），且股价收在3条以上均线的上方，预示新的一波上升行情正式开启。

上涨中期均线蛟龙出海形态，是目标股票经过较长时间的横盘震荡整理或回调洗盘到位之后出现的，是一种确认走势，表明洗盘调整行情结束，股价将重拾升势，接续原来的上升趋势。

（二）实战运用

图5-5是000756新华制药2022年4月20日星期三下午收盘时的K线走势图。在软件上将该股整个K线走势图缩小后可以看出，此时该股处于上升趋势中。股价从前期相对高位，即2020年3月27日的最高价13.30元，一路震荡下跌，至2021年11月8日的最低价7.32元止跌企稳，下跌时间长，跌幅大，尤其是下跌后期，主力机构借助当时大盘大跌之势，加速杀跌洗盘，收集了不少筹码，此时均线呈空头排列形态。股价下跌期间有过多次反弹，且反弹幅度大。

2021年11月8日股价止跌企稳后，主力机构开始推升股价，收集筹码，K线走势呈红多绿少、红肥绿瘦态势，成交量慢慢放大，底部逐渐抬高。

11月10日，该股高开，收出一根中阳线，突破前高，股价突破5日、10日均线且收在其上方，成交量较前一交易日明显放大，当日5日均线与10日均线交叉黏合。11月11日，该股低开，收出一颗假阳真阴十字星，成交量较前一交易日明显萎缩，股价突破5日、10日均线且收在其上方，当日5日均线向上穿过10日均线形成金叉，5日、10日均线向上移动，均线上涨初期黄金交叉形态形成。此时，MACD、KDJ等技术指标开始走强，股价的强势特征开始显现，后市上涨的概率大。像这种情况，普通投资者可以在当日或次日跟庄进场逢低分批买入筹码。

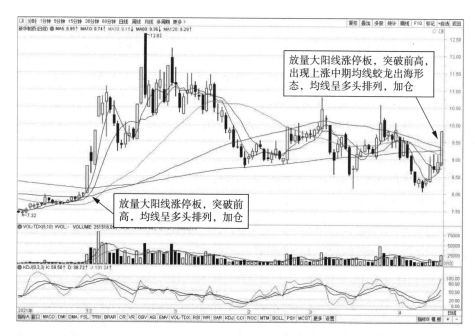

图 5-5

11 月 16 日，该股平开，收出一根中阳线，突破前高，成交量较前一交易日放大 3 倍多，股价突破 30 日均线且收在其上方，当日 5 日均线向上穿过 30 日均线形成黄金交叉。11 月 22 日，该股低开，收出一颗阴十字星，成交量较前一交易日放大，当日 10 日均线向上穿过 30 日均线形成黄金交叉，均线银山谷形态形成。

12 月 1 日，该股平开，收出一个大阳线涨停板，突破前高，成交量较前一交易日放大 7 倍多，形成巨量大阳线涨停 K 线形态，当日股价突破 120 日均线且收在所有均线的上方。此时，均线（除 120 日均线外）呈多头排列，MACD、KDJ 等技术指标走强，股价的强势特征非常明显，后市快速上涨的概率大。像这种情况，普通投资者可以在当日或次日跟庄进场加仓买入筹码。此后，该股展开了一波上涨行情（初期上涨），其间收出了 6 个大阳线涨停板。

12 月 31 日，该股大幅高开（向上跳空 2.14% 开盘），股价回落，收出一根大阴线，成交量较前一交易日明显放大，主力机构展开回调洗盘行情，此时普通投资者可以在当日或次日逢高先卖出手中筹码，待洗盘调整到位后再将筹码接回来。回调洗盘的原因：一是股价已经上涨至 2020 年 3 月 27 日和 7月 24 日的下跌密集成交区，主力机构有调整的意图；二是受当时大盘持续下跌的影响，且股价已有相当的涨幅，个股有调整需求。回调洗盘期间，均线由多头排列逐渐走平，短中长期均线由走平逐渐转为交叉黏合，成交量呈萎缩状态。

2022 年 4 月 20 日截图当日（回调洗盘 3 个多月后），该股低开，收出一个大阳线涨停板，突破前高，成交量较前一交易日放大 2 倍多，形成大阳线涨停 K 线形态。当日股价向上突破 10 日、30 日、60 日和 120 日均线（一阳穿四线），5 日均线在股价下方向上移动，上涨中期均线蛟龙出海形态形成。此时，均线（除 30 日、60 日均线外）呈多头排列，MACD、KDJ 等技术指标开始走强，股价的强势特征已经开始显现，后市快速上涨的概率大。像这种情况，普通投资者可以在当日跟庄抢板或在次日跟庄进场加仓买入筹码。

图 5-6 是 000756 新华制药 2022 年 5 月 31 日星期二下午收盘时的 K 线走势图。从 K 线走势可以看出，2022 年 4 月 20 日，该股低开收出一个放量大阳线涨停板，突破前高，股价向上突破 10 日、30 日、60 日和 120 日均线（一阳穿四线），5 日均线在股价下方向上移动，上涨中期均线蛟龙出海形态形成，均线（除 30 日、60 日均线外）呈多头排列，股价的强势特征相当明显。之后，主力机构依托 5 日均线继续拉升股价。

4 月 22 日，该股平开，股价冲高回落，收出一根跌停大阴线，成交量较前一交易日明显放大，再次展开回调洗盘行情（此时普通投资者可以先持股观察 1~2 个交易日股价的走势，再做买卖决策）。

4 月 25 日，该股大幅低开（向下跳空 7.92% 开盘），收出一根假阳真阴倒锤头 K 线（当日股价低开高走），成交量较前一交易日萎缩。当日股价向上突破 10 日、30 日、60 日和 120 日均线（一阳穿四线），5 日均线在股价上方向上移动，上涨中期均线蛟龙出海形态再次形成。此时，均线（除 30 日、60 日均线外）呈多头排列，股价的强势特征依然十分明显，后市快速上涨的概率大。像这种情况，普通投资者可以在当日或次日跟庄进场加仓买进筹码。

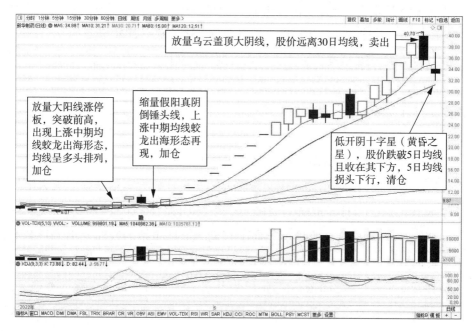

图 5-6

之后，主力机构快速拉升股价。从拉升情况看，主力机构依托 5 日均线，采用直线拉升、盘中洗盘、迅速拔高的操盘手法，急速拉升，至 2022 年 5 月 13 日，11 个交易日的时间，拉出了 11 个涨停板，其中有 8 个一字涨停板、3 个大阳线涨停板，涨幅巨大。

5 月 16 日，该股大幅低开（向下跳空 5.16% 开盘），收出一根假阳真阴锤头线（当日股价低开高走），成交量较前一交易日萎缩，展开强势洗盘调整行情，调整时间不长，回调幅度不大，股价回调跌（刺）破 5 日均线但很快拉回。5 月 23 日，该股高开，收出一个大阳线涨停板，成交量较前一交易日萎缩，当日股价向下跌（刺）破 10 日均线但很快拉回，收盘收在所有均线上方，强势洗盘调整行情结束。此时，均线呈多头排列，MACD、KDJ 等技术指标开始走强，股价的强势特征十分明显，后市快速上涨的概率大。像这种情况，普通投资者可以在当日跟庄抢板或在次日跟庄进场加仓买进筹码。此后，该股展开第二波向上快速拉升行情。从 K 线走势看，整个拉升过程比较干净顺畅，涨幅大。

5月30日，该股大幅跳空高开（向上跳空3.55%开盘），股价冲高回落，收出一根乌云盖顶大阴线（乌云盖顶阴线是常见的看跌反转信号），成交量较前一交易日明显放大，显露出主力机构利用大幅高开、盘中拉高的操盘手法，引诱跟风盘进场而大量派发出货的迹象（从当日分时走势看，股价盘中几度跌停，也显露出主力机构毫无顾忌出货的坚决态度）。此时，股价远离30日均线且涨幅大，MACD、KDJ等技术指标开始走弱，盘口的弱势特征已经显现。像这种情况，普通投资者如果手中还有筹码当天没有出完，次日应该逢高卖出。

5月31日截图当日，该股大幅跳空低开（向下跳空4.44%开盘），股价冲高回落，收出一颗阴十字星，留下向下突破缺口，成交量较前一交易日萎缩，股价跌破5日均线且收在其下方，5日均线拐头下行。此时，股价远离30日均线且涨幅大，MACD、KDJ等技术指标走弱，盘口的弱势特征已经相当明显。像这种情况，普通投资者如果手中还有筹码当天没有出完，次日应该逢高清仓，后市继续看跌。

图5-7是600657信达地产2022年3月18日星期五下午收盘时的K线走势图。在软件上将该股整个K线走势图缩小后可以看出，此时该股处于上升趋势中。股价从前期相对高位，即2020年7月7日的最高价5.93元，一路震荡下跌，至2021年11月2日的最低价3.10元止跌企稳，此时均线呈空头排列形态。股价下跌时间较长，跌幅大，尤其是下跌后期，主力机构借助当时大盘大跌之势，加速杀跌洗盘，收集了不少筹码。下跌期间有过多次反弹，且反弹幅度大。

2021年11月2日股价止跌企稳后，主力机构快速推升股价，收集筹码。然后该股展开震荡盘升行情，主力机构洗盘吸筹并举，K线走势呈红多绿少、红肥绿瘦态势，底部逐渐抬高。

11月10日，该股平开，收出一根中阳线，突破前高，成交量较前一交易日明显放大，股价突破5日、10日均线且收在其上方，当日5日均线向上穿过10日均线形成黄金交叉，5日、10日均线向上移动，均线上涨初期黄金交叉形态形成。此时，MACD、KDJ等技术指标开始走强，股价的强势特征比较明显，后市上涨的概率大。像这种情况，普通投资者可以在当日或次日跟庄进场逢低分批买进筹码。

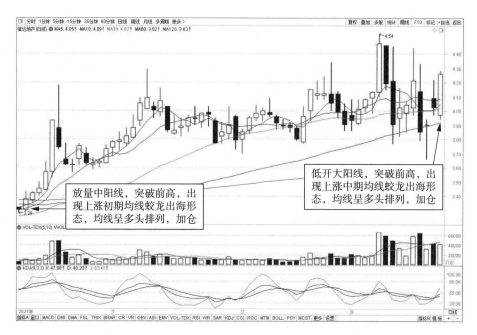

图 5-7

12月15日，该股平开，收出一根中阳线，突破前高，成交量较前一交易日放大近2倍，股价向上突破5日、10日、60日、120日均线（一阳穿四线），且收盘收在120日均线上方，30日均线在股价下方向上移动，上涨初期均线蛟龙出海形态形成。此时，短期均线呈多头排列，MACD、KDJ等技术指标走强，股价的强势特征相当明显，后市持续快速上涨的概率大。像这种情况，普通投资者可以在当日或次日跟庄进场逢低加仓买入筹码。此后，该股依托5日均线展开震荡盘升行情。震荡盘升期间，短期均线由多头排列逐渐走平，然后缠绕交叉黏合，中长期均线继续上行，股价偶尔跌（刺）破30日均线但很快拉回，成交量呈间断性放大状态。

2022年3月18日截图当日，该股低开，收出一根大阳线，突破前高，成交量与前一交易日基本持平，股价向上突破5日、10日、30日均线（一阳穿三线），且收盘收在3条均线的上方，60日、120日均线在股价下方向上移动，上涨中期均线蛟龙出海形态形成。此时，均线呈多头排列，MACD、KDJ等技术指标开始走强，股价的强势特征相当明显，后市快速上涨的概率大。

像这种情况，普通投资者可以在当日或次日跟庄进场加仓买进筹码，然后持股待涨，待股价出现明显见顶信号时再撤出。

图5-8是600657信达地产2022年4月7日星期四下午收盘时的K线走势图。从K线走势可以看出，3月18日，该股低开，收出一根大阳线，突破前高，股价向上突破5日、10日、30日均线（一阳穿三线），且收盘收在3条均线的上方，60日、120日均线在股价下方向上移动，上涨中期均线蛟龙出海形态形成，均线呈多头排列，股价的强势特征相当明显。之后，主力机构依托5日均线快速拉升股价。

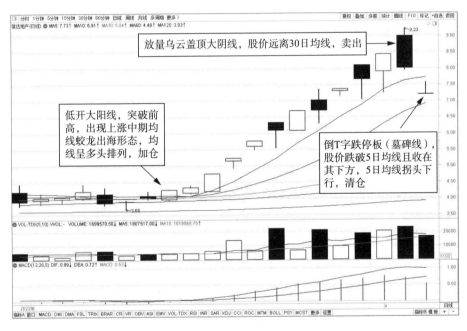

图 5-8

从拉升情况看，3月21日，该股低开，收出一根小阳线，突破前高，成交量较前一交易日放大，主力机构强势调整了一个交易日，正是普通投资者跟庄进场加仓买入筹码的好时机。从3月22日起，主力机构依托5日均线，采用直线拉升、盘中洗盘、迅速拔高的操盘手法，急速拉升股价，至4月1日，9个交易日的时间，拉出了9根阳线（3根为假阴真阳K线），其中有6个涨停板（3个小阳线涨停板和3个大阳线涨停板），涨幅相当可观。

4月6日，该股大幅跳空高开（向上跳空6.76%开盘），股价冲高回落，收出一根乌云盖顶大阴线，成交量较前一交易日明显放大，显露出主力机构利用大幅高开、盘中拉高等手法，引诱跟风盘进场而大量派发出货的迹象（从当日分时走势看，下午开盘后，股价开始震荡回落，尾盘有加速下跌趋势，也显露出主力机构毫无顾忌出货的坚决态度）。此时，股价远离30日均线且涨幅大，KDJ等部分技术指标开始走弱，盘口的弱势特征已经显现。像这种情况，普通投资者如果手中还有筹码当天没有出完，次日应该逢高卖出。

4月7日截图当日，主力机构跌停开盘，收出一个倒T字跌停板（股价盘中有所反弹），成交量较前一交易日萎缩，留下向下突破缺口，股价跌破5日均线且收在其下方，5日均线拐头下行。此时，股价远离30日均线且涨幅大，MACD、KDJ等技术指标走弱，盘口的弱势特征已经相当明显。像这种情况，普通投资者如果手中还有筹码当天没有出完，次日应该逢高清仓，后市继续看跌。

（三）操盘感悟

实战操盘中，上涨中期均线蛟龙出海形态形成后，表明中期洗盘调整行情结束。此时，如果有放大的成交量配合，则是多方吹响了向上攻击的冲锋号，普通投资者应该积极跟庄进场加仓买入筹码，后期涨幅可能会出乎一般人的意料。

三、均线再次黏合向上发散形态

均线再次黏合向上发散形态，是形成于股价中长期上升趋势初期（或初期上涨行情之后）的均线黏合向上发散形态。

（一）形态分析

均线再次黏合向上发散形态，是指目标股票出现第一次均线黏合向上发散形态之后，股价有了一定的涨幅，或股价远离30日均线，或股价上涨受到上方周期较长均线的压制等，个股展开震荡整理洗盘行情，洗盘调整到位，均线跟随股价上行所形成。市场表现为，洗盘调整结束，均线拐头向上跟随股价移动，再次出现5日、10日和30日均线黏合形态，随后股价向上突破，形成均线再次黏合向上多头发散形态。

均线再次黏合向上发散形态与均线首次黏合向上发散形态，两者技术特征和形态结构完全相同，唯一的区别是形态所处的位置不同。均线再次黏合向上发散形态所处的位置要高于均线首次黏合向上发散形态。

均线再次黏合向上发散形态形成后，由于主力机构在震荡整理、调整洗盘期间收集了足够多的筹码，其上涨的可信度要高于均线首次黏合向上发散形态，虽然此时有了一定涨幅，但后市空间仍然广阔，且该股即将展开拉升行情，普通投资者可以积极跟庄进场买入筹码做多。

（二）实战运用

图 5-9 是 601069 西部黄金 2022 年 2 月 14 日星期一下午收盘时的 K 线走势图。在软件上将该股整个 K 线走势图缩小后可以看出，此时该股处于高位下跌之后的反弹趋势中。股价从前期相对高位，即 2020 年 8 月 6 日的最高价 18.35 元，一路震荡下跌，至 2021 年 8 月 9 日的最低价 11.07 元止跌企稳，此时均线呈空头排列。股价下跌时间较长，跌幅较大，尤其是下跌后期，主力机构借助当时大盘大跌之势，加速杀跌洗盘，收集了不少筹码。

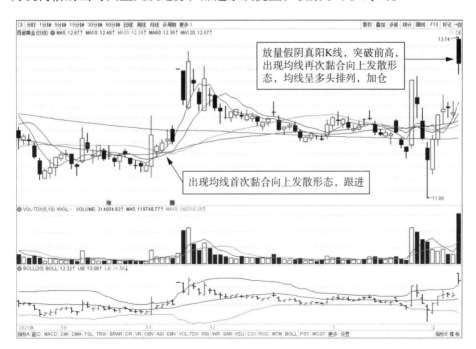

图 5-9

2021 年 8 月 9 日股价止跌企稳后，主力机构开始推升股价，收集筹码，K 线走势呈红多绿少、红肥绿瘦态势，底部逐渐抬高。

9 月 16 日，该股低开，股价冲高至当日最高价 12.85 元回落，收出一根长上影线倒锤头阴 K 线，成交量较前一交易日明显放大，展开回调洗盘吸筹行情，此时普通投资者可以在当日或次日先卖出手中筹码，待股价回调洗盘到位后再将筹码接回来。

11 月 2 日，该股低开，收出一根大阳线，突破前高，成交量较前一交易日放大 5 倍多，股价向上突破 5 日、10 日、30 日和 60 日均线（一阳穿四线），且收盘收在 4 条均线上方，上涨初期均线蛟龙出海形态形成。此时，MACD、KDJ 等技术指标开始走强，股价的强势特征比较明显，后市上涨的概率大。像这种情况，普通投资者可以在当日或次日跟庄进场买进筹码。

11 月 4 日，该股低开，收出一根小阳线，突破前高，成交量与前一交易日基本持平，当日 5 日、10 日、30 日、60 日均线交叉黏合，5 日、10 日、60 日均线向上发散，均线首次黏合向上发散形态形成。加上 11 月 2 日出现的均线蛟龙出海形态，股价的强势特征已经非常明显，普通投资者可以在当日或次日跟庄进场加仓买入筹码。此后，股价依托 5 日均线快速上行。

11 月 26 日，该股低开，收出一颗阴十字星，成交量较前一交易日大幅萎缩，再次展开回调洗盘吸筹行情，此时普通投资者可以在当日或次日先卖出手中筹码，待股价回调洗盘到位后再将筹码接回来。回调洗盘期间，均线由多头排列逐渐走平，再到缠绕交叉黏合，成交量呈萎缩状态。

2022 年 2 月 8 日，该股平开，收出一根中阳线，突破前高，成交量较前一交易日萎缩，股价向上突破 5 日、10 日、30 日、60 日、120 日均线（一阳穿五线），且收盘收在所有均线的上方，上涨中期均线蛟龙出海形态形成。此时，均线（除 5 日均线外）呈多头排列，MACD、KDJ 等技术指标开始走强，股价的强势特征比较明显，后市快速上涨的概率大。像这种情况，普通投资者可以在当日或次日跟庄进场加仓买入筹码。

2 月 14 日截图当日，该股大幅跳空高开（向上跳空 9.77% 开盘），收出一根假阴真阳 K 线（股价盘中一度涨停，收盘涨幅为 6.49%），突破前高，留下向上突破缺口，成交量较前一交易日放大 5 倍多，股价向上突破均线黏合向上发散形态（从 2 月 10 日开始，5 日、10 日、30 日和 60 日均线开始交叉黏合），均线再次黏合向上发散形态确认形成。此时，均线呈多头排列，股价的强势特征已经非常明显，普通投资者可以在当日或次日跟庄进场加仓买入筹码。

图 5-10 是 601069 西部黄金 2022 年 3 月 3 日星期四下午收盘时的 K 线走势图。从该股的 K 线走势可以看出，2 月 14 日，该股大幅跳空高开收出一根放量假阴真阳 K 线，突破前高，股价向上突破均线黏合向上发散形态，均线再次黏合向上发散形态确认形成，均线呈多头排列，股价的强势特征相当明显。之后，主力机构快速拉升股价。

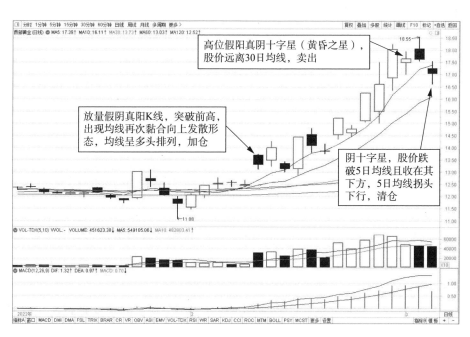

图 5-10

从拉升情况看，主力机构依托 5 日均线，基本采用直线拉升、盘中洗盘、迅速拔高的操盘手法，急速拉升股价，至 2 月 28 日，10 个交易日的时间，拉出了 6 根阳线，其中有 3 个涨停板，涨幅相当不错。

3 月 1 日，该股大幅低开（向下跳空 3.05% 开盘），股价冲高回落，收出一颗假阳真阴十字星，成交量较前一交易日大幅萎缩，显露出股价上涨乏力，主力机构采用低开、盘中拉高的操盘手法，引诱跟风盘进场而大量派发出货的迹象。此时，股价远离 30 日均线且涨幅大，KDJ 等部分技术指标开始走弱，盘口的弱势特征已经显现。像这种情况，由于均线的滞后性特征，普通投资者如果当天手中还有筹码没有出完，可以不等 5 日均线走平或拐头下行，在次日逢高先卖出手中筹码。

3 月 3 日截图当日，该股大幅跳空低开（向下跳空 2.04% 开盘），收出一颗阴十字星，成交量较前一交易日萎缩，股价跌破 5 日均线且收在其下方，5 日均线拐头下行。此时，MACD、KDJ 等技术指标已经走弱，盘口的弱势特征非常明显。像这种情况，普通投资者如果手中还有筹码当天没有出完，次日要逢高清仓，后市继续看跌。

图 5-11 是 600986 浙文互联 2021 年 12 月 10 日星期五下午收盘时的 K 线走势图。在软件上将该股整个 K 线走势图缩小后可以看出，此时该股处于上升趋势中。该股从前期相对高位，即 2021 年 5 月 11 日的最高价 4.82 元，展开回调洗盘行情，至 2021 年 7 月 28 日的最低价 3.78 元止跌企稳，此时均线呈空头排列。股价下跌时间虽然不是很长，但跌幅较大（如从 2020 年 7 月 13 日最高价 6.26 元下跌开始算起，下跌时间长，跌幅大，主力机构洗盘比较彻底、吸筹比较充分），下跌后期的几个交易日，主力机构借助当时大盘大跌之势，加速洗盘杀跌，收集了不少筹码。

2021 年 7 月 28 日股价止跌企稳后，主力机构快速推升股价，收集筹码。随后该股展开大幅震荡盘升行情，主力机构高抛低吸赚取差价赢利与洗盘吸筹并举。

8 月 25 日，该股高开，收出一根小阳线，突破前高，成交量较前一交易日明显放大，当日股价向上突破 5 日、10 日、30 日均线，5 日、10 日和 30 日均线形成交叉黏合形态（也可当作上涨初期均线蛟龙出海形态对待）。

8 月 26 日，该股低开，收出一根中阳线，突破前高，成交量较前一交易日放大近 2 倍，当日股价向上突破均线黏合向上发散形态，5 日、10 日和 30 日均线向上发散，均线首次黏合向上发散形态形成。此时，短期均线呈多头排列，MACD、KDJ 等技术指标开始走强，股价的强势特征比较明显，后市上

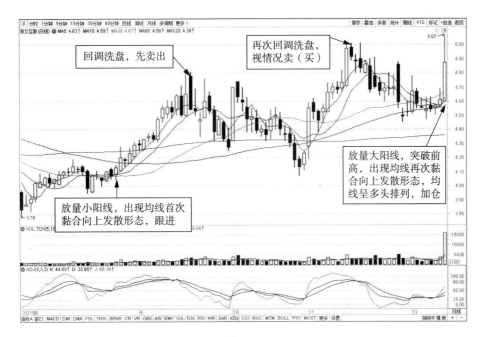

图 5-11

涨的概率大。像这种情况，普通投资者可以在当日或次日跟庄进场买进筹码。随后，主力机构继续推升股价。

9月16日，该股高开，股价回落，收出一根中阴线，成交量较前一交易日放大，展开回调洗盘吸筹行情，此时普通投资者可以在当日或次日先逢高卖出手中筹码，待股价回调洗盘到位后再将筹码接回来。回调洗盘期间，短中期均线由多头排列逐渐走平，再到缠绕交叉黏合，长期均线在股价下方向上移动，成交量呈萎缩状态。

11月1日，该股跳空高开，收出一根大阳线（收盘涨幅为7.57%），突破前高，成交量较前一交易日放大近3倍，当日股价向上突破5日、10日、30日、60日和120日均线（一阳穿五线），且收盘收在所有均线上方，上涨中期均线蛟龙出海形态形成。此时，均线（除30日均线外）呈多头排列，MACD、KDJ等技术指标开始走强，股价的强势特征比较明显，后市快速上涨的概率大。像这种情况，普通投资者可以在当日或次日跟庄进场买进筹码。

11月12日，该股高开，股价回落，收出一根小阴线，成交量较前一交易日大幅萎缩，再次展开回调洗盘吸筹行情，此时普通投资者可以视情况买卖筹码。回调洗盘期间，5日、10日均线由多头排列逐渐走平，30日、60日和120日均线在股价下方向上移动，短中长期均线逐渐靠拢并缠绕交叉黏合，成交量呈萎缩状态。

12月10日截图当日，该股低开，股价冲高回落，收出一根大阳线（盘中一度涨停，收盘涨幅为5.64%），突破前高，成交量较前一交易日放大近5倍，当日股价向上突破均线黏合向上发散形态（从12月8日开始，5日、10日和60日均线开始交叉黏合），均线再次黏合向上发散形态确认形成。此时，均线呈多头排列之势，股价的强势特征已经非常明显，普通投资者可以在当日或次日跟庄进场加仓买入筹码。

图5-12是600986浙文互联2022年1月6日星期四下午收盘时的K线走势图。从K线走势可以看出，2021年12月10日，该股低开，收出一根放量大阳线，突破前高，股价向上突破均线黏合向上发散形态，均线再次黏合向上发散形态确认形成，均线呈多头排列，股价的强势特征相当明显。之后，主力机构快速拉升股价。

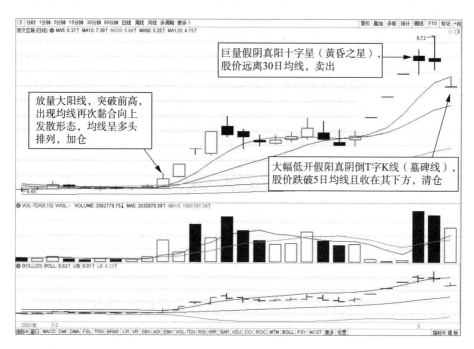

图5-12

从拉升情况看，12 月 13 日、14 日、15 日，主力机构连续收出 3 个涨停板。12 月 16 日，该股高开，股价冲高回落，收出一根倒锤头阴 K 线，成交量较前一交易日大幅放大，展开洗盘调整行情，此时普通投资者可以在当日或次日先卖出手中筹码，待股价洗盘调整到位后再将筹码接回来（当然，也可以持股先观察，视情况再做决策）。洗盘调整期间，5 日、10 日均线由多头排列逐渐向下靠拢再到缠绕交叉黏合，30 日、60 日和 120 日均线在股价下方向上移动，成交量呈逐步萎缩状态。

12 月 28 日，该股大幅高开（向上跳空 3.33% 开盘），股价冲高回落，收出一根高开小阳线（收盘涨幅为 5.50%），突破前高，成交量较前一交易日放大，股价突破 5 日、10 日均线且收在 2 条均线上方，洗盘调整行情结束。此时，均线呈多头排列，MACD、KDJ 等技术指标开始走强，股价的强势特征比较明显，后市快速上涨的概率大。像这种情况，普通投资者可以在当日或次日跟庄进场加仓买进筹码。此后，该股展开第二波向上快速拉升行情，主力机构一口气连续拉出 3 个一字涨停板。从 K 线走势看，整个拉升过程还是比较顺畅，涨幅大。

2022 年 1 月 4 日，该股大幅高开（向上跳空 7.35% 开盘，股价盘中一度涨停），股价冲高回落，收出一颗假阴真阳十字星，成交量较前一交易日放大 27 倍多（有前一交易日一字涨停板缩量的原因）。从当日分时走势看，早盘该股大幅高开后，股价急速回落然后震荡盘升封上涨停板，涨停板反复打开封回，下午开盘后，股价震荡回落至收盘，收盘涨幅为 5.34%，显露出股价上涨乏力，主力机构采用大幅高开、盘中拉高、涨停、涨停板打开等操盘手法，引诱跟风盘进场而大量派发出货的迹象。此时，股价远离 30 日均线且涨幅较大，KDJ 等部分技术指标开始走弱，盘口的弱势特征已经显现。像这种情况，由于均线的滞后性特征，普通投资者如果当天手中还有筹码没有出完，可以不等 5 日均线走平或拐头下行，在次日逢高先卖出手中筹码。

1 月 6 日截图当日，主力机构大幅低开（向下跳空 9.72% 开盘，差 2 分钱跌停），收出一根假阳真阴倒 T 字 K 线（盘中股价有所反弹，跌停时间长），成交量较前一交易日大幅萎缩，留下向下跳空突破缺口，股价跌破 5 日均线且收在其下方。此时，股价远离 30 日均线且涨幅大，MACD、KDJ 等技术指标已经走弱，盘口的弱势特征已经相当明显。像这种情况，普通投资者如果手中还有筹码当天没有出完，次日应该逢高清仓，后市继续看跌。

（三）操盘感悟

实战操盘中，均线再次黏合向上发散形态的形成，表明主力机构做多态度坚决，股价将重拾升势，接续原来的上升趋势，如果有成交量放大的配合，后市将有一波涨幅不错的上涨行情。在跟庄进场的时机上，最佳的买入点应该是均线刚刚形成向上发散形态的初期，普通投资者可以积极跟庄进场加仓买进筹码。

四、均线再次交叉向上发散形态

均线再次交叉向上发散形态，是形成于长期上升趋势的中期调整行情末期（或长期上升趋势初期）的均线交叉向上发散形态。

（一）形态分析

均线再次交叉向上发散形态，又称均线再次复合金叉形态，是指个股出现第一次均线交叉向上发散形态之后，股价有了一定的涨幅，或股价远离30日均线，或受到上方周期较长均线的压制等，该股展开震荡整理洗盘或回调洗盘行情，洗盘调整到位后，均线出现再次交叉向上发散形态。市场表现为，5日、10日、30日均线由向下空头发散逐渐收敛向上，然后在同一时间、同一点位形成黄金交叉，随后股价向上突破，形成均线再次交叉向上发散形态。

均线再次交叉向上发散形态，出现在长期上升趋势初期或长期上升趋势的中期调整行情末期，比均线首次交叉向上发散形态的位置要高，5日、10日和30日均线，再次交叉逐渐向上多头发散后，演变成均线多头排列形态，随后开启一波上升行情，个股上涨的速度和幅度要大于均线首次交叉向上发散形态。

均线再次交叉向上发散形态形成后，如果有放大的成交量配合，突破后个股短期的上涨力度和幅度会更大，普通投资者可以在股价向上突破均线交叉形态或均线向上发散初期，择机跟庄进场逢低加仓买进筹码，待股价出现明显见顶信号时撤出。

（二）实战运用

图5-13是000818航锦科技2019年11月14日星期四下午收盘时的K线走势图。在软件上将该股整个K线走势图缩小后可以看出，此时该股处于上升趋势中。股价从前期相对高位，即2019年4月8日的最高价14.44元，一路震荡下跌，至2019年8月12日的最低价7.50元止跌企稳，此时均线呈空头排列。股价下跌时间虽然不是很长，但跌幅大（如从2018年5月8日的最高价15.07元下跌开始算起，下跌时间长、跌幅大，主力机构洗盘比较彻底、吸筹比较充分）。下跌后期的几个交易日，主力机构借助当时大盘大跌之势，加速洗盘杀跌，收集了不少筹码。

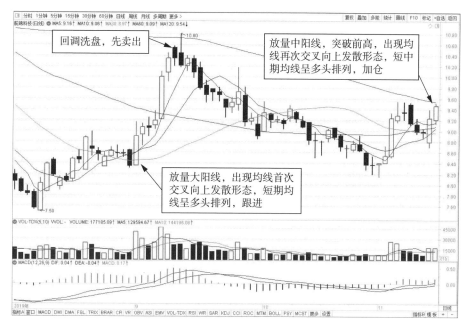

图 5-13

2019年8月12日该股止跌企稳后，主力机构快速推升股价，收集筹码，股价快速上涨。

9月2日，该股高开，收出一根大阳线（涨幅为6.71%），突破前高，成交量较前一交易日放大4倍多，当日股价向上突破5日、10日、30日均线（一阳穿三线，也可当作上涨初期均线蛟龙出海形态对待），均线首次交叉向

213

上发散形态形成（5 日、10 日和 30 日均线从 8 月 28 日开始逐步形成金叉形态）。此时，短期均线呈多头排列，MACD、KDJ 等技术指标开始走强，股价的强势特征比较明显，后市上涨的概率大。像这种情况，普通投资者可以在当日或次日跟庄进场买进筹码。此后，主力机构继续推升股价。

9 月 10 日，该股高开，股价回落，收出一根小阴线，成交量较前一交易日大幅萎缩，展开回调洗盘吸筹行情，此时普通投资者可以在当日或次日先卖出手中筹码，待股价回调洗盘到位后再将筹码接回来。回调洗盘期间，短中期均线由多头排列逐渐走平，再到交叉黏合形态，长期均线由股价上方下行，成交量呈萎缩状态。

11 月 13 日，该股低开，收出一根中阳线，突破前高，成交量较前一交易日放大 2 倍多，当日股价向上突破 5 日、10 日、30 日和 60 日均线（一阳穿四线，也可当作上涨中期均线蛟龙出海形态对待），形成均线再次交叉向上发散形态。

11 月 14 日截图当日，该股低开，收出一根中阳线，突破前高，成交量较前一交易日放大，股价向上突破均线交叉形态，均线再次交叉向上发散形态确认形成。此时，短中期均线呈多头排列，MACD、KDJ 等技术指标走强，股价的强势特征比较明显，后市股价持续快速上涨的概率大。像这种情况，普通投资者可以在当日或次日跟庄进场逢低加仓买进筹码，然后持股待涨，待股价出现明显见顶信号时再撤出。

图 5-14 是 000818 航锦科技 2020 年 2 月 24 日星期一下午收盘时的 K 线走势图。从 K 线走势可以看出，2019 年 11 月 14 日，该股低开，收出一根放量中阳线，突破前高，股价向上突破均线交叉形态，均线再次交叉向上发散形态确认形成，短中期均线呈多头排列，股价的强势特征相当明显。之后，主力机构快速拉升股价。

从拉升情况看，主力机构采用波段式拉升的操盘手法拉升股价。拉升过程中，由于股价离 30 日均线较远，该股展开过 2 次洗盘调整行情（普通投资者可以在调整当日或次日先卖出手中筹码，待股价洗盘调整到位后再将筹码接回来；当然，也可以持股先观察，视情况再做决策），洗盘调整时间较长，股价跌（刺）破 10 日均线但很快拉回（2020 年 1 月 23 日展开的洗盘调整行

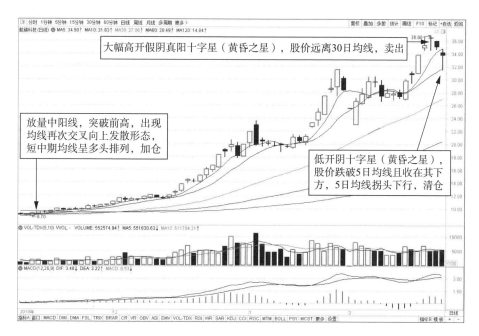

图 5-14

情幅度较大）。洗盘调整过程中，普通投资者要注意盯盘，每次回调洗盘到位，都是跟庄进场加仓买入筹码的机会（比如 2020 年 1 月 13 日、2 月 14 日的回调确认，应该是跟庄进场加仓买入筹码的好时机）。

2020 年 2 月 20 日，该股大幅高开（向上跳空 3.46% 开盘），股价冲高回落，收出一颗假阴真阳十字星，成交量较前一交易日萎缩，加上前一交易日收出的倒锤头阳 K 线，显露出股价上涨乏力，主力机构采用大幅高开、盘中拉高的操盘手法，引诱跟风盘进场而大量派发出货的迹象。此时，股价远离 30 日均线且涨幅大，KDJ 等部分技术指标有走弱的迹象，盘口的弱势特征开始显现。像这种情况，由于均线的滞后性特征，普通投资者如果当天手中还有筹码没有出完，可以不等 5 日均线走平或拐头下行，应该在次日逢高先卖出手中筹码。

2 月 24 日截图当日，该股跳空低开，收出一颗阴十字星，成交量与前一交易日基本持平，股价跌破 5 日均线且收在其下方，5 日均线拐头下行。此时，股价远离 30 日均线且涨幅大，MACD、KDJ 等技术指标已经走弱，盘口的弱势特征已经相当明显。像这种情况，普通投资者如果手中还有筹码当天没有出完，次日应该逢高清仓，后市继续看跌。

图 5-15 是 002895 川恒股份 2021 年 8 月 11 日星期三下午收盘时的 K 线走势图。在软件上将该股整个 K 线走势图缩小后可以看出，此时该股处于上升趋势中。股价从前期相对高位，即 2020 年 8 月 18 日的最高价 15.36 元，一路震荡下跌，至 2021 年 4 月 29 日的最低价 9.60 元止跌企稳，此时均线呈空头排列形态。股价下跌时间虽然不长，但跌幅较大，其间该股展开过 2 次较大幅度的反弹行情。

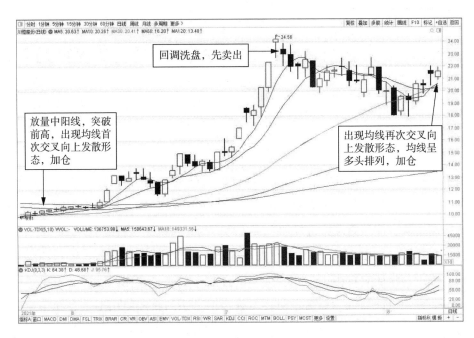

图 5-15

2021 年 4 月 29 日股价止跌企稳后，该股展开强势整理行情，主力机构继续洗盘吸筹，K 线走势呈红多绿少、红肥绿瘦态势。

5 月 24 日，该股低开，收出一根大阳线（收盘涨幅为 4.07%），突破前高，成交量较前一交易日放大 3 倍多，股价向上突破 5 日、10 日和 30 日均线（一阳穿三线），上涨初期均线蛟龙出海形态形成。

5 月 25 日，该股低开，股价冲高回落，收出一根长上影线小阴线，成交量较前一交易日大幅萎缩，当日 5 日、10 日和 30 日均线开始形成复合金叉形态。

5 月 26 日，该股高开，收出一根中阳线，成交量较前一交易日明显放大，股价向上突破由 5 日、10 日和 30 日均线形成的复合金叉形态，均线首次交叉向上发散形态形成，加上 5 月 24 日形成的上涨初期均线蛟龙出海形态，股价的强势特征已经非常明显。像这种情况，普通投资者可以在当日或次日跟庄进场加仓买入筹码。此后，该股展开了一大波拉升行情，其间主力机构拉出了 7 个涨停板。

7 月 13 日，该股大幅低开，股价回落，收出一根阴 K 线，成交量较前一交易日萎缩，展开回调洗盘吸筹行情，此时普通投资者可以在当日或次日逢高先卖出手中筹码，待股价回调洗盘到位后再将筹码接回来。回调洗盘期间，5 日、10 日均线由多头排列拐头下行逐渐走平，且与 30 日均线缠绕交叉，中长期均线由股价下方向上移动，成交量呈萎缩状态。

8 月 6 日，该股低开，收出一根大阳线（收盘涨幅为 6.86%），突破前高，成交量较前一交易日萎缩，股价向上突破 5 日、10 日和 30 日均线（一阳穿三线），上涨中期均线蛟龙出海形态形成。

8 月 10 日，该股大幅跳空高开（向上跳空 5.92% 开盘），收出一颗假阴真阳十字星，成交量较前一交易日放大 2 倍多，股价突破 5 日、10 日、30 日均线且收在其上方，回调洗盘行情结束。当日 5 日、10 日和 30 日均线形成复合金叉形态，均线再次交叉向上发散形态形成。

8 月 11 日截图当日，该股低开，收出一根小阳线，成交量较前一交易日萎缩，股价向上突破均线再次交叉向上发散形态，均线再次交叉向上发散形态确认形成。此时，均线呈多头排列，MACD、KDJ 等技术指标开始走强，股价的强势特征比较明显，后市持续快速上涨的概率大。像这种情况，普通投资者可以在当日或次日跟庄进场逢低加仓买进筹码。

图 5-16 是 002895 川恒股份 2021 年 9 月 17 日星期五下午收盘时的 K 线走势图。从 K 线走势可以看出，8 月 11 日，该股低开收出一根小阳线，股价向上突破均线交叉形态，均线再次交叉向上发散形态确认形成，此时均线呈多头排列，股价的强势特征相当明显。之后，主力机构快速拉升股价。

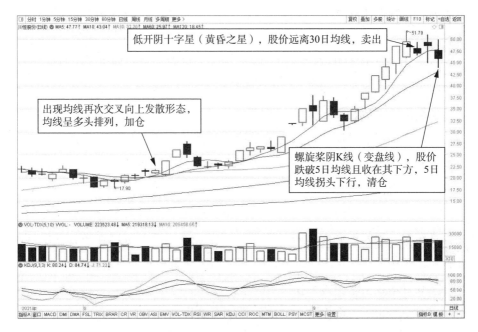

图 5-16

从拉升情况看，主力机构采用波段式拉升的操盘手法拉升股价。拉升过程中，由于股价离30日均线较远，该股展开过2次洗盘调整行情（普通投资者可以在调整当日或次日先逢高卖出手中筹码，待股价洗盘调整到位后再将筹码接回来。当然，也可以持股先观察，视情况再做决策），洗盘调整时间不长，调整幅度不大，股价跌（刺）破10日均线但很快拉回。在洗盘调整过程中，普通投资者要注意盯盘，每次股价回调洗盘到位，都是跟庄进场加仓买入筹码的机会（比如2021年8月20日和9月7日的股价回调确认，应该是跟庄进场加仓买入筹码的好时机）。

9月15日，该股大幅低开，股价冲高回落，收出一颗阴十字星，成交量较前一交易日萎缩，显示股价上涨乏力，主力机构盘中拉高股价的目的是震荡调整出货，且主力机构出货态度比较坚决。此时，股价远离30日均线且涨幅大，MACD、KDJ等技术指标开始走弱，盘口的弱势特征已经显现。像这种情况，普通投资者如果当天手中还有筹码没有出完，次日应该逢高卖出。

9月17日截图当日，该股低开，股价冲高回落，收出一根螺旋桨阴K线，成交量较前一交易日萎缩，股价跌破 5 日均线且收在其下方，5 日均线拐头下行。此时，MACD、KDJ 等技术指标已经走弱，盘口的弱势特征非常明显。像这种情况，普通投资者如果手中还有筹码当天没有出完，次日要逢高清仓，后市继续看跌。

（三）操盘感悟

实战操盘中，由于受政策面、基本面、消息面以及大盘走势等因素的影响，加上主力机构操盘手法和风格的不同，个股在上涨的过程中，可能会多次形成均线再次交叉向上发散形态，我们将位置高于第一次的均线交叉向上发散形态称为均线再次交叉向上发散形态。而且，均线再次交叉向上发散形态经常与蛟龙出海、旱地拔葱等看涨均线形态伴随出现，这是一种跟庄进场的加强信号，若出现这种情况，普通投资者可以择机跟庄进场逢低加仓买进筹码，持股待涨。

五、均线烘云托月形态

均线烘云托月形态，是形成于中长期上升趋势的初期（或长期上升趋势中的强势横盘震荡洗盘期间）的均线形态。

（一）形态分析

均线烘云托月形态，是均线多头排列形态的初始阶段，一般出现在中长期上升趋势的初期，或长期上升趋势中途强势调整洗盘之后。所以我们将其列为上涨中期强势均线形态。市场表现为，5 日均线和 10 日均线几乎黏合在一起，30 日均线始终在 5 日和 10 日均线的下方，保持一定的距离，平缓上行。在均线形态中，5 日和 10 日均线犹如一轮新月牙，30 日均线就像新月牙下轻轻飘动的白云，微托着新月牙及其上方的股价，月移云随、相伴相行，故称为"烘云托月"。

均线烘云托月形态出现在中长期上升趋势的初期，或长期上升趋势中的强势调整洗盘之后，与均线交叉黏合形态部分契合，整体上是多头排列形态的前一部分，属于蓄势起跑或起跑前强势蓄势整理状态。从整个 K 线走势看，股价仍然运行在上升趋势中。

均线烘云托月形态形成后，在放大的成交量配合下，股价向上突破均线黏合形态，或均线向上多头发散形成多头排列之时，便是普通投资者择机跟庄进场逢低买进筹码的最佳时机。

为了便于分析和阅读理解，这一节，我们去除原均线系统中的 60 日和 120 日均线，只留下 5 日、10 日和 30 日 3 条均线，来设置新的均线系统。

（二）实战运用

图 5-17 是 002761 浙江建投 2022 年 2 月 7 日星期一下午收盘时的 K 线走势图。在软件上将该股整个 K 线走势图缩小后可以看出，此时该股处于上升趋势中。股价从前期相对高位，即 2019 年 4 月 18 日的最高价 25.88 元，一路震荡下跌，至 2021 年 11 月 3 日的最低价 7.10 元止跌企稳，此时均线呈空头排列。股价下跌时间长，跌幅大，尤其是下跌后期，主力机构借助当时大盘大跌之势，加速杀跌洗盘，收集了不少筹码，下跌期间有过多次反弹，且反弹幅度大。

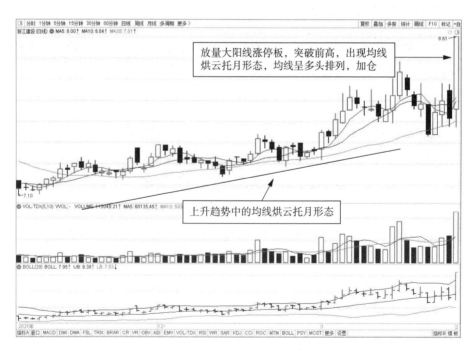

图 5-17

2021 年 11 月 3 日股价止跌企稳后，主力机构快速推升股价，收集筹码。然后该股展开震荡盘升行情，主力机构一边推升股价，一边洗盘吸筹，该股成交量逐步放大，底部逐渐抬高。

震荡盘升过程中，股价牵引均线平缓上行，5 日均线和 10 日均线时而交叉黏合，30 日均线始终在 5 日和 10 日均线的下方，保持一定的距离，平滑向上移动。股价偶尔跌（刺）破 30 日均线，但很快被拉回，均线依然平缓向上移动。这种状态，显示出主力机构将股价涨跌幅度控制在一定范围内，在确保股价运行于上升趋势的情况下，进行震荡洗盘吸筹，以清洗短期获利筹码，拉高普通投资者的入场成本，为后期拉升减轻压力。这就是强势蓄势之均线烘云托月形态。

从该股 K 线走势、均线形态和量价关系可以看出，2021 年 11 月 25 日、12 月 20 日，2022 年 1 月 4 日，该股连续出现股价（K 线）突破 5 日、10 日均线，5 日、10 日均线形成金叉，成交量明显放大等买入信号，但股价并没有大幅上涨，反而每次都是略有回调，均线继续黏合向上，依然运行在均线烘云托月形态中。但均线烘云托月形态没有随着股价的上涨而改变，只待跟庄进场时机的到来。

2022 年 2 月 7 日，该股高开，收出一个大阳线涨停板，突破前高，成交量较前一交易日放大近 2 倍，形成大阳线涨停 K 线形态。当日股价向上突破 5 日、10 日均线，30 日均线在股价下方向上移动，5 日均线向上穿过 10 日均线形成金叉，均线呈多头排列，均线烘云托月形态买点出现。此时，MACD、KDJ 等技术指标走强，股价的强势特征已经相当明显，后市持续快速上涨的概率大。像这种情况，普通投资者可以在当日跟庄抢板或在次日集合竞价时以涨停价挂买单排队等候买进，然后持股待涨，待股价出现明显见顶信号时再撤出。

图 5-18 是 002761 浙江建投 2022 年 3 月 23 日星期三下午收盘时的 K 线走势图。从该股的 K 线走势可以看出，2022 年 2 月 7 日，该股高开收出一个放量大阳线涨停板，突破前高，形成大阳线涨停 K 线形态，当日 5 日均线向上穿过 10 日均线形成金叉，均线呈多头排列，均线烘云托月形态买点出现，股价的强势特征十分明显。之后，主力机构快速拉升股价。

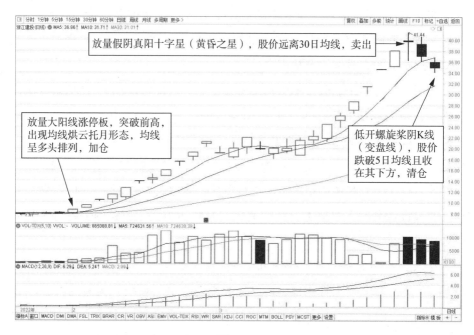

放量假阴真阳十字星（黄昏之星），股价远离30均线，卖出

放量大阳线涨停板，突破前高，出现均线烘云托月形态，均线呈多头排列，加仓

低开螺旋桨阴K线（变盘线），股价跌破5日均线且收在其下方，清仓

图 5-18

从拉升情况看，从 2 月 8 日起，主力机构依托 5 日均线，采用直线拉升、盘中洗盘、迅速拔高的操盘手法，急速拉升股价。3 月 1 日，由于股价涨幅过大且远离 30 日均线，该股展开强势洗盘调整行情，时间为 6 个交易日，其间股价跌（刺）破 10 日均线但很快收回，5 日均线走平。3 月 9 日，该股低开，收出一根大阳线（涨幅为 7.50%），股价突破 5 日和 10 日均线且收回到其上方，洗盘调整行情结束，此时均线呈多头排列，MACD、KDJ 等技术指标走强，股价的强势特征相当明显，普通投资者可以在当日或次日跟庄进场加仓买进筹码。此后，主力机构快速拉升股价。从整个 K 线走势看，从 2 月 7 日至 3 月 18 日 25 个交易日，一共拉出 22 根阳线，其中有 16 个涨停板，涨幅之大，令人惊叹。

3 月 21 日，该股大幅高开（向上跳空 5.04% 开盘），股价冲高回落，收出一颗假阴真阳十字星，成交量较前一交易日明显放大，显示股价上涨乏力，主力机构盘中拉高股价的目的是震荡调整出货。此时，股价远离 30 日均线且涨幅大，KDJ 等部分技术指标开始走弱，盘口的弱势特征已经显现。像这种情况，由于均线的滞后性特征，普通投资者如果当天手中还有筹码没有出完，可以不等 5 日均线走平或拐头下行，在次日逢高先卖出手中筹码。

3 月 23 日截图当日，该股跳空低开，股价冲高回落，收出一根小螺旋桨阴 K 线，成交量较前一交易日萎缩，股价跌破 5 日均线且收在其下方。此时，MACD、KDJ 等技术指标已经走弱，盘口的弱势特征非常明显。像这种情况，普通投资者如果手中还有筹码当天没有出完，次日要逢高清仓，后市继续看跌。

图 5-19 是 002037 保利联合 2022 年 1 月 26 日星期三下午收盘时的 K 线走势图。在软件上将该股整个 K 线走势图缩小后可以看出，此时该股处于上升趋势中。股价从前期相对高位，即 2019 年 4 月 8 日的最高价 10.60 元，一路震荡下跌，至 2021 年 2 月 8 日的最低价 5.71 元止跌企稳，此时均线呈空头排列。股价下跌时间长，跌幅大，尤其是下跌后期，主力机构借助当时大盘大跌之势，加速杀跌洗盘，收集了不少筹码，下跌期间有过多次反弹，且反弹幅度大。

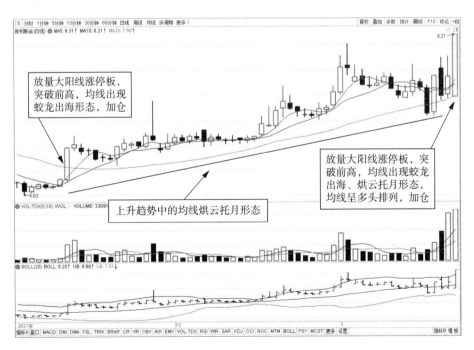

图 5-19

2021年2月8日股价止跌企稳后，主力机构快速推升股价，收集筹码。然后该股展开大幅震荡盘升行情，主力机构高抛低吸赚取差价赢利与洗盘吸筹并举，随着该股成交量的逐步放大，底部逐渐抬高。

8月4日，该股低开，收出一根中阳线，突破前高，成交量较前一交易日明显放大，当日股价向上突破5日、10日和30日均线，形成均线蛟龙出海形态。此时，均线呈多头排列，MACD、KDJ等技术指标开始走强，股价的强势特征开始显现，后市上涨的概率大。像这种情况，普通投资者可以在当日或次日跟庄进场买入筹码。

9月16日，该股高开（向上跳空2.05%，7.97元开盘），股价回落，收出一根中阴线，形成乌云盖顶之势，但成交量较前一交易日萎缩，展开缩量回调洗盘吸筹行情，此时普通投资者可以在当日或次日先卖出手中筹码，待股价回调洗盘到位后再将筹码接回来。回调洗盘期间，5日、10日均线由多头排列拐头下行逐渐走平形成交叉黏合形态，30日均线逐步下行，成交量呈萎缩状态。

11月10日，该股低开，收出一个大阳线涨停板，突破前高，成交量较前一交易日放大近5倍，形成巨量大阳线涨停K线形态。当日股价向上突破5日、10日和30日均线，形成均线蛟龙出海形态。此时，MACD、KDJ等技术指标走强，股价的强势特征比较明显，后市上涨的概率大。像这种情况，普通投资者可以在当日或次日跟庄进场逢低买进筹码。之后，该股走势步入均线烘云托月形态形成之中。股价在震荡盘升过程中，5日均线和10日均线交叉黏合，30日均线始终在5日和10日均线的下方，保持一定的距离，平缓向上移动。表明主力机构在确保股价运行于上升趋势的情况下，将股价涨跌幅度控制在一定范围内，继续强势洗盘吸筹，以清洗短期获利筹码，上升过程中，该股也曾多次发出买入信号，但股价并没有大幅上涨，反而每次都是略有回调，均线继续交叉黏合，依然运行在均线烘云托月形态中。

2022年1月21日，该股高开，收出一个大阳线涨停板，突破前高，成交量较前一交易日明显放大，形成大阳线涨停K线形态。当日股价向上突破5日、10日、30日均线，形成均线蛟龙出海形态。此时，均线呈多头排列，股价的强势特征已经相当明显。像这种情况，普通投资者可以在当日或次日跟庄进场加仓买进筹码。

1月26日截图当日，该股低开，收出一个大阳线涨停板，突破前高，成交量较前一交易日明显放大，形成大阳线涨停K线形态。当日股价突破5日、10日、30日均线（股价回调穿破30日均线收回），形成均线蛟龙出海形态，均线呈多头排列，均线烘云托月形态买点出现。此时，MACD、KDJ等技术指标走强，股价的强势特征非常明显，后市持续快速上涨的概率大。像这种情况，普通投资者可以在当日跟庄抢板或在次日跟庄进场买进筹码。

图5-20是002037保利联合2022年2月17日星期四下午收盘时的K线走势图。从K线走势可以看出，2022年1月26日，该股低开，收出一个放量大阳线涨停板，突破前高，形成大阳线涨停K线形态，当日股价突破5日、10日、30日均线（股价回调穿破30日均线收回），形成均线蛟龙出海形态，均线呈多头排列，均线烘云托月形态买点出现，股价的强势特征十分明显。之后，主力机构快速拉升股价。

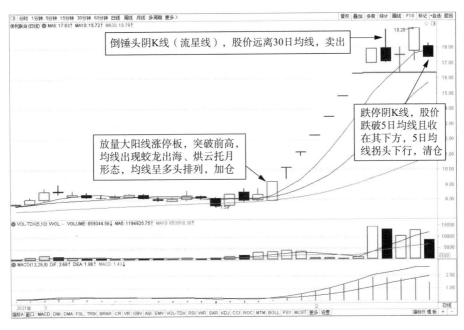

图 5-20

从拉升情况看，主力机构依托5日均线，采用直线拉升、盘中洗盘、迅速拔高的操盘手法，急速拉升股价。从 1 月 26 日至 2 月 11 日 8 个交易日时间，拉出了 8 个涨停板，其中有 4 个一字涨停板、2 个 T 字涨停板、2 个大阳线涨停板，涨幅巨大。从 1 月 27 日、28 日尤其是 27 日收出的 T 字板分时走势看，普通投资者如果想在主力机构拉升之初跟庄进场买进筹码的话，还是有机会的。

2 月 14 日，该股高开，股价冲高回落，收出一根长上影线倒锤头阴 K 线，成交量较前一交易日萎缩，显示股价上涨乏力，主力机构盘中拉高股价的目的是震荡调整出货。此时，股价远离 30 日均线且涨幅大，KDJ 等部分技术指标开始走弱，盘口的弱势特征已经显现。像这种情况，由于均线的滞后性特征，普通投资者如果当天手中还有筹码没有出完，可以不等 5 日均线走平或拐头下行，在次日逢高先卖出手中筹码。

2 月 17 日截图当日，该股大幅低开（向下跳空 6.12% 开盘），收出一根跌停阴 K 线（从当日分时走势看，早盘大幅低开后，股价迅速回落跌停，之后盘中有所反弹，但大部分时间股价都躺在跌停板上），成交量较前一交易日大幅萎缩，当日股价跌破 5 日均线且收在其下方，5 日均线拐头下行。此时，股价远离 30 日均线且涨幅大，MACD、KDJ 等技术指标已经走弱，盘口的弱势特征已经非常明显。像这种情况，普通投资者如果手中还有筹码当天没有出完，次日应该逢高清仓，后市继续看跌。

（三）操盘感悟

实战操盘过程中，由于受政策面、基本面、消息面以及大盘走势等因素的影响，加上主力机构操盘手法和风格的不同，在股价上升过程中（或强势调整洗盘末期），均线烘云托月形态的跟庄进场时间较难把握，普通投资者只有等出现明确进场信号后，才能跟庄进场买进筹码，买进后也要注意盯盘，如发现趋势走坏或出现明显见顶信号，要及时出局。

第六章

拉升阶段强势均线形态实战技法

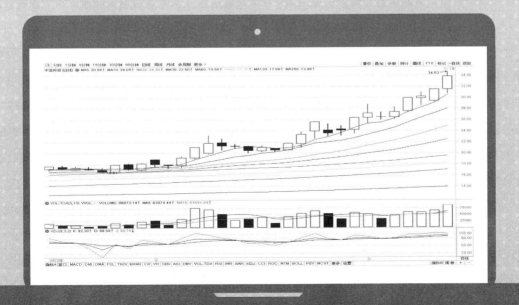

中期调整行情展开后，主力机构通过横盘震荡整理洗盘或回调洗盘等手法，清洗获利盘，拉高新进场普通投资者的入场成本，以减轻后市拉升的压力。当洗盘调整接近尾声、成交量大幅萎缩时，主力机构已经完成了增仓补仓工作，积蓄了充分的拉升能量。此时，各种拉升前的强势均线形态逐渐形成，普通投资者跟庄进场的时机即将到来。

由于受主力机构控盘程度、资金面和目标股票流通盘大小等各种因素的影响，加上主力机构操盘手法和风格的不同等，使得主力机构对目标股票采用的拉升方法不尽相同。筹码集中、控盘到位的主力机构可能采用直线式或单边上扬式拉升手法，资金实力不是太强、控盘一般的主力机构可能采用震荡式、台阶式或复合式拉升等操盘手法拉升股价。主力机构拉升手法的不同，使得个股上涨速度和幅度不同，同样使股价（K线）上涨走势和均线形态不同。

拉升阶段是主力机构坐庄操盘过程中至关重要的环节，无论主力机构采用什么样的拉升手法，所形成的均线形态都属于强势均线形态。比如均线多头排列形态、均线上山爬坡形态、均线逐浪上升形态、均线加速上涨形态、均线快速上涨形态等，下面逐一进行分析研究。

这一章，我们重新恢复均线系统中 5 日、10 日、30 日、60 日和 120 日的均线设置。

一、均线多头排列形态

均线多头排列形态，是形成于个股上升趋势中的均线形态，是股价强势上涨的一种均线形态信号。

（一）形态分析

均线多头排列形态，是指处于上升趋势中的个股，股价（K线）和均线的排列从上至下依次为，股价（K线）、短期均线、中期均线、长期均线，且所有均线向上移动，走势强劲。比如，处于上升趋势中的某个股，股价（K线）、5日、10日、30日、60日和120日均线，在K线走势图中从上至下依次排列，向上移动，就是多头排列。

多头排列出现在上升趋势中，一般由3条以上均线组成，按照短期、中期、长期均线呈自上而下顺序排列，是一种看涨做多的强势均线形态。该形态表明各均线周期内的投资者全部赢利，股价正处在快速上涨之中，是投资者关键的持股赢利阶段。

正常情况下，均线多头排列形态形成之前，均线呈交叉黏合态势，普通投资者可以在股价突破均线交叉黏合形态或均线向上发散之时跟庄进场买入筹码。但最好是选择在大阳线（或涨停板）突破均线交叉黏合形态且有成交量配合，至少有3条均线呈多头排列之时，积极跟庄进场买入筹码。

（二）实战运用

图6-1是603055台华新材2021年6月22日星期二下午收盘时的K线走势图。在软件上将该股整个K线走势图缩小后可以看出，此时该股处于上升趋势中。股价从前期相对高位，即2020年7月23日的最高价11.13元，一路震荡下跌，至2021年2月8日的最低价4.89元止跌企稳，此时均线呈空头排列。股价下跌时间虽然不是很长，但跌幅大，下跌后期，主力机构借助当时大盘大跌之势，加速杀跌洗盘，收集了不少筹码，下跌期间该股有过1次较大幅度的反弹。

2021年2月8日股价止跌企稳后，主力机构快速推升股价，收集筹码。然后该股展开横盘震荡洗盘吸筹行情，横盘震荡洗盘吸筹期间，短中长期均线逐渐靠拢，呈交叉黏合形态，该股成交量呈间断性放（缩）量状态，其间收出过一个大阳线涨停板，为吸筹建仓型涨停板。

6月8日，该股高开，收出一根大阳线，突破前高，成交量较前一交易日放大3倍多，股价向上突破5日、10日、30日、60日4条均线所形成的交叉黏合形态（一阳穿四线），且收盘收在4条均线上方，均线蛟龙出海形态形成。此时，均线（除120日均线外）呈多头排列，MACD、KDJ等技术指标开

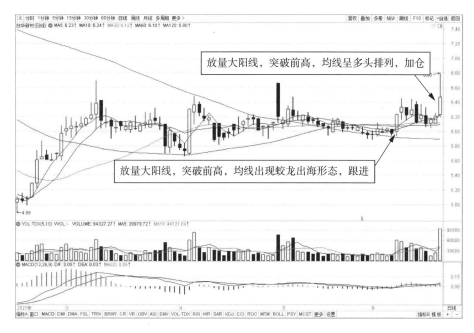

放量大阳线，突破前高，均线呈多头排列，加仓

放量大阳线，突破前高，均线出现蛟龙出海形态，跟进

图 6-1

始走强，股价的强势特征已经显现。像这种情况，普通投资者可以在当日或次日跟庄进场逢低分批买进筹码。

6月22日截图当日，该股高开，收出一根大阳线，突破前高，成交量较前一交易日放大4倍多，股价收在短中长期均线上方，且短中长期均线呈多头排列形态。此时，MACD、KDJ等技术指标走强，股价的强势特征已经相当明显，后市持续快速上涨的概率大。像这种情况，普通投资者可以在当日或次日跟庄进场加仓买进筹码。

图6-2是603055台华新材2021年9月17日星期五下午收盘时的K线走势图。从K线走势可以看出，6月22日，该股高开，收出一根放量大阳线，突破前高，收盘收在短中长期均线上方，且短中长期均线呈多头排列形态，股价的强势特征十分明显。之后，主力机构快速拉升股价。

从拉升情况看，主力机构依托5日均线，采用台阶式推升的操盘手法拉升股价。拉升过程中，只要股价离30日均线较远，该股就会展开洗盘调整行情，比如2021年7月8日、7月15日、8月2日、8月19日展开的4次强势洗盘调

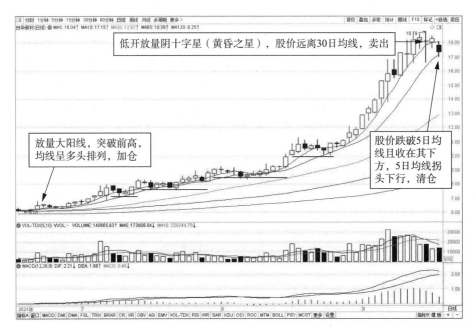

图 6-2

整行情。洗盘调整过程中，普通投资者要注意盯盘，每次洗盘调整到位，都是
跟庄进场加仓买入筹码的好时机。从 8 月 27 日开始，该股展开快速拉升行情。
整个拉升过程很顺畅，股价从 6 月 22 日均线多头排列形成当天的收盘价 6.47
元，上涨至 9 月 14 日高位阳十字星当天的收盘价 18.33 元，涨幅相当可观。

9 月 15 日，该股低开，股价冲高回落，收出一颗阴十字星，成交量较前
一交易日放大，加上前一交易日收出的一颗阳十字星，显示股价上涨乏力，
主力机构盘中拉高股价的目的是震荡调整出货。此时，股价远离 30 日均线且
涨幅大，MACD、KDJ 等技术指标开始走弱，盘口的弱势特征已经显现。像这
种情况，普通投资者如果当天手中还有筹码没有出完，次日应该逢高卖出。

9 月 17 日截图当日，该股大幅低开（向下跳空 2.62% 开盘），股价冲高
回落，收出一根螺旋桨阴 K 线，成交量较前一交易日放大，股价跌破 5 日均
线且收在其下方，5 日均线拐头下行。此时，MACD、KDJ 等技术指标已经走
弱，盘口的弱势特征已经非常明显。像这种情况，普通投资者如果手中还有
筹码当天没有出完，次日要逢高清仓。

图 6-3 是 002544 普天科技 2021 年 9 月 22 日星期三下午收盘时的 K 线走势图。在软件上将该股整个 K 线走势图缩小后可以看出,此时该股处于上升趋势中。该股从前期相对高位,即 2021 年 1 月 6 日的最高价 17.94 元,展开回调洗盘行情,至 2021 年 5 月 21 日的最低价 12.05 元止跌企稳,此时均线呈空头排列形态。股价下跌时间虽然不是很长,但跌幅较大,下跌后期,主力机构借助当时大盘下跌之势,加速杀跌洗盘,收集了不少筹码,下跌期间有过 1 次较大幅度的反弹。

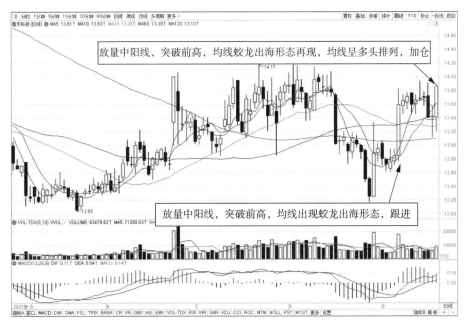

图 6-3

2021 年 5 月 21 日股价止跌企稳后,该股展开震荡盘升(挖坑)洗盘行情,主力机构高抛低吸赚取差价赢利与洗盘吸筹并举,该股成交量呈间断性放大状态。震荡盘升(挖坑)洗盘期间,短中长期均线逐渐靠拢,呈交叉形态,其间主力机构拉出过一个大阳线涨停板,为吸筹建仓型涨停板。

9 月 7 日,该股平开,收出一根大阳线,突破前高(基本到达坑沿),成交量较前一交易日放大 3 倍多,股价向上突破 5 日、10 日、30 日、60 日和 120 日均线(一阳穿五线),走出坑底,且收盘收在 5 条均线上方,均线蛟龙出海形态形成。此时，均线（除30日均线外）呈多头排列，MACD、KDJ等技术指标开始走强，股价的强势特征开始显现。像这种情况，普通投资者可以在当日或次日跟庄进场逢低分批买进筹码。

9月22日截图当日，该股低开，收出一根中阳线，突破前高，成交量较前一交易日明显放大，当日股价向上穿过5日、10日、30日和60日均线所形成的交叉黏合形态（股价回调穿破30日、60日均线但很快收回，一阳穿四线），且收盘收在所有均线上方，120日均线在股价下方向上移动，均线蛟龙出海形态再现，短中长期均线呈多头排列。此时，MACD、KDJ等技术指标走强，股价的强势特征已经相当明显，后市持续快速上涨的概率大。像这种情况，普通投资者可以在当日或次日跟庄进场加仓买进筹码。

图6-4是002544普天科技2021年11月16日星期二下午收盘时的K线走势图。从K线走势可以看出，9月22日，该股低开，收出一根放量中阳线，突破前高，当日股价向上穿过5日、10日、30日、60日均线（一阳穿四线），均线蛟龙出海形态再现，短中长期均线呈多头排列，股价的强势特征已经十分明显。之后，主力机构快速拉升股价。

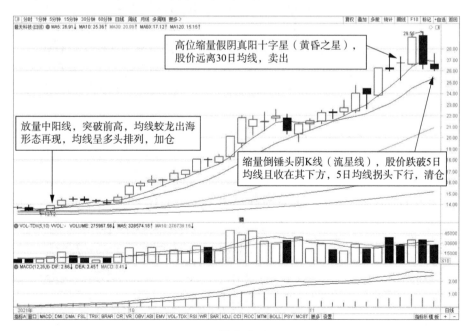

图6-4

从拉升情况看，从 9 月 23 日起，主力机构依托 5 日均线，拉升股价。拉升期间该股展开过 2 次强势洗盘调整行情，9 月 24 日的洗盘调整，持续了 4 个交易日，调整幅度不大，洗盘调整期间正是普通投资者跟庄进场买进筹码的好时机。10 月 25 日该股展开的洗盘调整行情，持续了 6 个交易日，股价跌（刺）破 5 日（10 日）均线但很快被拉回，11 月 2 日洗盘调整结束，也是普通投资者跟庄进场买进筹码的好时机。此后主力机构快速拉升股价。整个拉升过程比较干脆利落，涨幅大。

11 月 11 日，该股高开，股价冲高回落，收出一颗假阴真阳十字星，成交量较前一交易日萎缩，加上前一交易日收出的一颗阴十字星，显示股价上涨乏力，主力机构盘中拉高股价的目的是震荡调整出货。此时，股价远离 30 日均线且涨幅大，KDJ 等部分技术指标开始走弱，盘口的弱势特征已经显现。像这种情况，由于均线的滞后性特征，普通投资者如果当天手中还有筹码没有出完，可以不等 5 日均线走平或拐头下行，在次日逢高先卖出手中筹码。

11 月 16 日截图当日，该股高开，股价冲高回落，收出一根倒锤头阴 K 线，成交量较前一交易日萎缩，显示股价上涨乏力，主力机构盘中拉高股价的目的是震荡调整出货。此时，股价跌破 5 日均线且收在其下方，5 日均线拐头下行，MACD、KDJ 等技术指标已经走弱，盘口的弱势特征已经相当明显。像这种情况，普通投资者如果当天手中还有筹码没有出完，次日应该逢高清仓，后市继续看跌。

（三）操盘感悟

实战操盘中，均线多头排列形态形成之后，普通投资者要坚定持股的信心。一般情况下，主力机构快速拉升股价期间，个股会展开缩量回调洗盘行情，如果此时拉升幅度不大，这也是普通投资者跟庄进场买入筹码的好时机。当然，如果股价涨幅过大或走势已步入均线多头排列形态的后期（比如股价远离 30 日均线），出现其他明显见顶信号时，普通投资者就要逢高卖出，落袋为安。

二、均线上山爬坡形态

均线上山爬坡形态，是形成于个股上升趋势中的均线形态，是一种后市看涨，积极做多的均线形态信号。

（一）形态分析

均线上山爬坡形态，是指处于上升趋势中的个股，其短期均线、中期均线和长期均线呈多头排列的方式，股价牵引均线沿着一定的坡度（角度）缓慢向上运行（爬坡过程中有歇脚调整洗盘），因为这种均线形态类似于上山爬坡的走势，故称为均线上山爬坡形态。

均线上山爬坡形态，本质上可以归类于均线多头排列之中，是一种不太完美但却比较常见的均线形态，大多出现在股价缓慢上涨的趋势中。这种均线形态一般由 3 条以上均线组成，按照短期、中期、长期均线呈自上而下顺序排列，5 日均线和 10 日均线交叉黏合向上移动，中长期均线在短期均线下方走势坚挺，呈多头排列形态支撑短期均线向上运行。

均线上山爬坡形态是一种慢牛上山爬坡（盘升）行情，是比较典型的看涨做多和慢牛持股信号。股价虽然涨速不快，但整体走势缓慢平稳、持久向上运行，最终走出让人意想不到的涨幅。

正常情况下，普通投资者可以在爬坡（盘升）的初始阶段，即均线形成交叉黏合形态且均线呈多头排列时，跟庄进场逢低分批买入筹码，也可以在前期每次爬坡回调确认（多是均线交叉黏合）时介入。比如可以在股价回调至 10 日或 30 日均线附近且获得 10 日或 30 日均线支撑时，跟庄进场逢低买进或加仓买进筹码。普通投资者跟庄进场后，要保持平稳心态，在均线系统没有明显走弱之前，以耐心持股为主。

（二）实战运用

图 6-5 是 002779 中坚科技 2021 年 8 月 23 日星期一下午收盘时的 K 线走势图。在软件上将该股整个 K 线走势图缩小后可以看出，此时该股处于高位下跌之后的反弹趋势中。股价从前期相对高位，即 2020 年 8 月 14 日的最高价 21.67 元，一路震荡下跌，至 2021 年 2 月 9 日的最低价 9.04 元止跌企稳，此时均线呈空头排列形态。股价下跌时间虽然不是很长，但跌幅大，下跌后期，主力机构借助当时大盘下跌之势，加速杀跌洗盘，收集了不少筹码，下跌期间有过 2 次较大幅度的反弹。

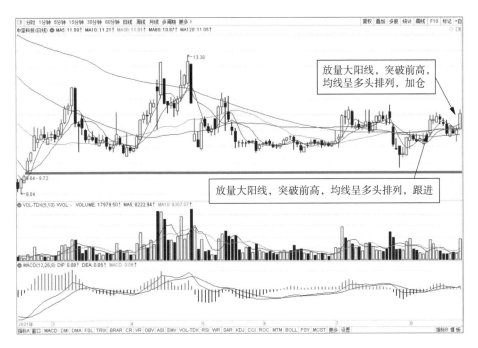

图 6-5

2021 年 2 月 9 日股价止跌企稳后，主力机构快速推升股价，收集筹码。然后该股展开大幅震荡整理行情，主力机构高抛低吸赚取差价赢利与洗盘吸筹并举。大幅震荡整理期间，短中长期均线逐渐靠拢呈交叉黏合形态，该股成交量呈间断性放（缩）量状态。

8 月 10 日，该股高开，收出一根大阳线，突破前高，成交量较前一交易日放大 2 倍多，股价突破由 5 日、10 日、30 日、60 日和 120 日均线形成的交叉黏合形态，且收盘收在 5 条均线的上方。此时，均线（除 60 日均线外）呈多头排列，MACD、KDJ 等技术指标开始走强，股价的强势特征已经显现。像这种情况，普通投资者可以在当日或次日跟庄进场逢低分批买进筹码。

8 月 23 日截图当日，该股高开，收出一根大阳线，突破前高，成交量较前一交易日放大 3 倍多，当日股价再次突破由 5 日、10 日、30 日、60 日、120 日均线形成的交叉黏合形态，且收盘收在 5 条均线上方，短中长期均线呈多头排列。此时，MACD、KDJ 等技术指标走强，股价的强势特征已经相当明显，后市持续快速上涨的概率大。像这种情况，普通投资者可以在当日或次日跟庄进场加仓买进筹码。

图6-6是002779中坚科技2022年3月11日星期五下午收盘时的K线走势图。从K线走势可以看出，2021年8月23日，该股高开，收出一根放量大阳线，突破前高，当日股价再次突破由5日、10日、30日、60日和120日均线形成的交叉黏合形态，且收盘收在5条均线上方，短中长期均线呈多头排列形态，股价的强势特征已经相当明显。之后，主力机构开始推升股价。

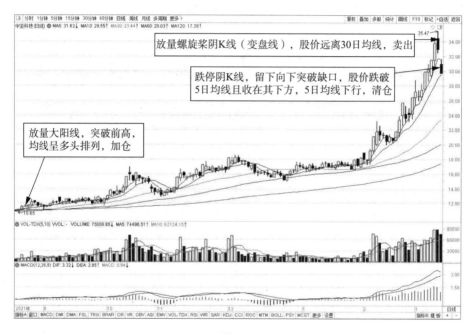

图6-6

从该股上涨情况看，主力机构依托5日均线，采用波段式推升的操盘手法拉升股价，股价缓慢上涨的过程中，短期均线呈慢牛上山爬坡形态。上涨过程中，股价出现多次强势洗盘调整，比如2021年8月27日、10月19日、12月6日以及2022年2月14日展开的洗盘调整行情，股价回调至10日或30日均线附近（2021年12月6日展开的洗盘调整行情，股价回调到60日均线附近）获得支撑确认后，都是普通投资者跟庄进场加仓买入筹码的好时机。2022年2月21日回调确认后，该股展开了一波快速拉升行情，形成加速上涨的诱多走势，成交量同步放大。

从整个慢牛上山爬坡走势看，自 2021 年 8 月 23 日均线多头排列形成当天的收盘价 11.52 元，至 2022 年 3 月 9 日高位收出螺旋桨阳 K 线当天的收盘价 33.80 元，涨幅相当可观。

2022 年 3 月 10 日，该股高开，股价回落收出一根螺旋桨阴 K 线，成交量较前一交易日放大，加上前一交易日收出的高开螺旋桨阳 K 线，显露出主力机构采用高开、盘中震荡拉高的操盘手法，引诱跟风盘进场接盘而大量派发出货的迹象。此时，股价远离 30 日均线且涨幅大，当日 5 日均线拐头下行，KDJ 等部分技术指标开始走弱，盘口的弱势特征已经显现。像这种情况，普通投资者如果当天手中还有筹码没有出完，次日应该逢高卖出。

3 月 11 日截图当日，该股大幅低开（向下跳空 6.07% 开盘），收出一根跌停阴 K 线（从当日分时看，早盘大幅低开后，股价急速回落跌停，之后盘中有所反弹，盘中跌停时间长），留下向下突破缺口，成交量较前一交易日萎缩，显露出主力机构打压出货（坚决出货）的决心和态度。当日股价跌破 5 日均线且收在其下方，5 日均线下行。此时，股价远离 30 日均线且涨幅大，MACD、KDJ 等技术指标走弱，盘口的弱势特征已经非常明显。像这种情况，普通投资者如果手中还有筹码当天没有出完，次日应该逢高清仓，后市继续看跌。

图 6-7 是 603667 五洲新春 2021 年 4 月 9 日星期五下午收盘时的 K 线走势图。在软件上将该股整个 K 线走势图缩小后可以看出，此时该股处于高位下跌之后的反弹趋势中。股价从前期相对高位，即 2020 年 1 月 9 日的最高价 10.49 元，一路震荡下跌，至 2021 年 2 月 4 日的最低价 6.46 元止跌企稳，此时均线呈空头排列。股价下跌时间较长，跌幅较大，尤其是下跌后期，主力机构借助当时大盘下跌之势，加速杀跌洗盘，收集了不少筹码，下跌期间该股有过 3 次较大幅度的反弹。

2021 年 2 月 4 日股价止跌企稳后，主力机构快速推升股价，收集筹码，该股呈震荡盘升态势，股价牵引短期均线迅速拐头上行并逐渐交叉黏合，中长期均线由下行逐渐走平并翘头向上移动，成交量呈间断性放大状态。

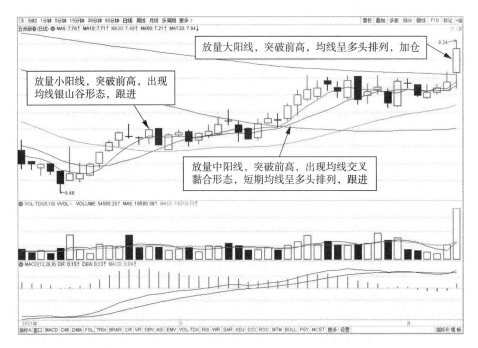

图 6-7

2月24日，该股平开，收出一根小阳线，突破前高，成交量较前一交易日放大，当日股价收在5日、10日和30日均线上方，10日均线向上穿过30日均线形成均线银山谷形态。此时，MACD、KDJ等技术指标开始走强，股价的强势特征开始显现，后市上涨的概率大。像这种情况，普通投资者可以在当日或次日跟庄进场逢低分批买进筹码。

3月16日，该股高开，收出一根中阳线，突破前高，成交量较前一交易日明显放大，当日5日、10日均线向上穿过60日均线形成均线交叉黏合形态，5日、10日、30日均线呈多头排列，股价的强势特征已经相当明显。像这种情况，普通投资者可以在当日或次日跟庄进场加仓买进筹码。

4月9日截图当日，该股跳空高开，收出一根大阳线，突破前高，成交量较前一交易日放大3倍多，当日5日均线向上穿过120日均线形成金叉，股价收盘收在所有均线的上方。此时，短中期均线（5日、10日、30日和60日均线）呈多头排列，MACD、KDJ等技术指标走强，股价的强势特征已经非常明显，后市持续快速上涨的概率大。像这种情况，普通投资者可以在当日或次日跟庄进场加仓买进筹码。

图 6-8 是 603667 五洲新春 2021 年 9 月 23 日星期四下午收盘时的 K 线走势图。从 K 线走势可以看出，4 月 9 日，该股跳空高开，收出一根放量大阳线，突破前高，当日 5 日均线向上穿过 120 日均线形成金叉，股价收盘收在所有均线的上方，短中期均线（5 日、10 日、30 日和 60 日均线）呈多头排列，股价的强势特征已经非常明显。之后，主力机构开始推升股价。

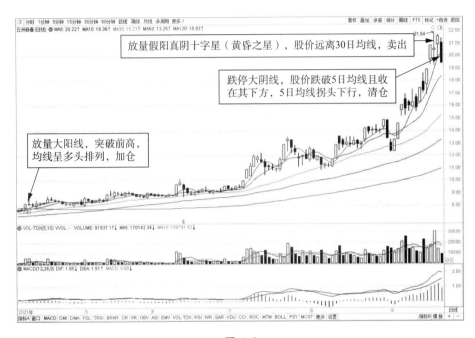

图 6-8

从该股上涨情况看，主力机构依托 5 日均线，采用波段式推升的操盘手法拉升股价，在股价缓慢上涨的过程中，短期均线呈慢牛上山爬坡形态，前期坡度较小，从 6 月 11 日洗盘调整开始，坡度逐渐变大。在上涨过程中，股价多次出现强势洗盘调整，比如 2021 年 6 月 11 日、7 月 13 日、7 月 23 日以及 8 月 31 日展开的洗盘调整行情，股价回调至 10 日或 30 日均线附近获得支撑确认后，都是普通投资者跟庄进场加仓买入筹码的好时机。9 月 3 日洗盘调整行情结束后，该股展开了一波快速拉升行情，形成加速上涨的诱多走势，成交量同步放大。

从整个慢牛上山爬坡走势看，自 2021 年 4 月 9 日该股跳空高开，收出一根放量大阳线，突破前高，短中期均线多头排列形成，当天的收盘价 8.14 元，至 9 月 16 日该股大幅跳空高开，收出一个大阳线涨停板，当日的收盘价 20.78 元，涨幅非常大。

9 月 17 日，该股低开，股价冲高回落，收出一颗假阳真阴十字星，成交量较前一交易日大幅放大，显示股价上涨乏力，主力机构盘中拉高股价的目的是震荡调整出货。此时，股价远离 30 日均线且涨幅大，KDJ 等部分技术指标开始走弱，盘口的弱势特征已经显现。像这种情况，由于均线的滞后性特征，普通投资者如果当天手中还有筹码没有出完，可以不等 5 日均线走平或拐头下行，在次日逢高先卖出手中筹码，落袋为安。

9 月 23 日截图当日，该股大幅低开（向下跳空 2.37% 开盘），股价回落，收出一根跌停大阴线（从当日分时看，早盘大幅低开后，股价小幅震荡回落至跌停，之后略有反弹，10:32 再次躺到跌停板上至收盘，盘中跌停时间长），成交量较前一交易日萎缩，显露出主力机构打压出货（坚决出货）的决心和态度。当日股价跌破 5 日均线且收在其下方，5 日均线拐头下行。此时，股价远离 30 日均线且涨幅大，MACD、KDJ 等技术指标走弱，盘口的弱势特征已经非常明显。像这种情况，普通投资者如果手中还有筹码当天没有出完，次日应该逢高清仓，后市继续看跌。

（三）操盘感悟

实战操盘中，均线上山爬坡行情的后期，该股一般会展开一波快速拉升行情，形成加速上涨的诱多走势，成交量同时放大。此时，普通投资者就要注意安全了，股价（K 线）走势即将出现见顶信号，比如可能出现高位十字星、螺旋桨 K 线、锤头（倒锤头）K 线、大阴线等。均线也随之出现转弱信号，比如 5 日均线走平或拐头下行或股价跌破 5 日均线等，普通投资者要及时逢高卖出手中筹码，落袋为安。

三、均线逐浪上升形态

均线逐浪上升形态，是形成于个股上涨趋势中的均线形态，是一种后市看涨，积极做多的均线形态信号。

（一）形态分析

均线逐浪上升形态，是指处于上升趋势中的个股，其短期均线（偶尔也包括中期均线）在中长期均线多头排列的支撑下，呈波浪状向上移动，因这种均线形态犹如波涛一样，此起彼伏（股价上涨时浪形越有规则，信号越可靠），但股价的整体走势却始终处于上升趋势，故称为均线逐浪上升形态。

均线逐浪上升形态，可归类于均线多头排列之中，是一种不太完美但却比较常见的均线形态，大多出现在股价上涨趋势中。这种形态一般由 3 条以上均线组成，按照短期、中期、长期均线呈自上而下的顺序排列，5 日均线和 10 日均线时而交叉黏合、时而向上发散，在一浪一浪中向上移动，中长期均线在短期均线下方呈多头排列，走势坚挺有力，支撑短期均线向上移动。

均线逐浪上升形态是一种比较典型的看涨和持股做多信号。短期均线呈交叉黏合、向上发散状态，波浪式向上移动，有时浪大且急，但中长期均线呈稳健上行走势，不改股价整体上升趋势。有的个股股价在上升时浪形很有规律（主力机构操盘风格使然），一旦规律形成，则后市延续这种走势的时间一般会较长，看涨信号更加可信，上升空间会更大。

正常情况下，普通投资者可以在第一浪开始之初跟庄进场，分批买入筹码，也可以在前期每一浪的浪底回调确认（多是均线交叉黏合）时介入。比如可以在股价回调至 10 日或 30 日均线附近，且获得 10 日或 30 日均线支撑时，跟庄进场逢低买进或加仓买进筹码（有时股价也会偶尔下穿中长期均线，只要不放量，回调确认后仍可跟进）。普通投资者跟庄进场买入筹码后，要保持平稳心态，在均线系统没有明显走弱之前，以耐心持股为主。

（二）实战运用

图 6-9 是 603398 沐邦高科 2021 年 8 月 25 日星期三下午收盘时的 K 线走势图。在软件上将该股整个 K 线走势图缩小后可以看出，此时该股处于上升趋势中。股价从前期相对高位，即 2019 年 5 月 21 日的最高价 17.45 元，一路震荡下跌，至 2021 年 2 月 9 日的最低价 7.32 元止跌企稳，此时均线呈空头排

列。股价下跌时间长、跌幅大，尤其是下跌后期，主力机构借助当时大盘下跌之势，加速杀跌洗盘，收集了不少筹码，下跌期间有多次反弹，且反弹幅度较大。

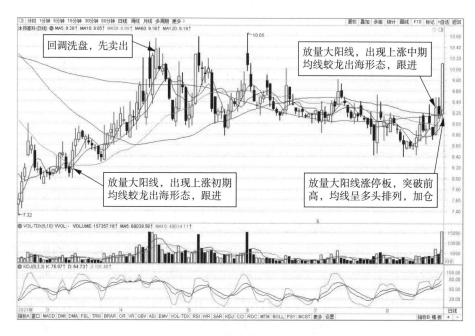

图 6-9

2021 年 2 月 9 日股价止跌企稳后，主力机构快速推升股价，收集筹码，该股底部逐渐抬高。

3 月 11 日，该股高开，收出一根大阳线（收盘涨幅为 5.07%），突破前高，成交量较前一交易日放大近 3 倍，股价向上突破 5 日、10 日和 30 日均线（一阳穿三线），上涨初期均线蛟龙出海形态形成。此时，MACD、KDJ 等技术指标开始走强，股价的强势特征开始显现，后市上涨的概率大。像这种情况，普通投资者可以在当日或次日跟庄进场逢低分批买进筹码。之后，主力机构继续推升股价。

4 月 19 日，该股低开，股价冲高至当日最高价 10.55 元回落，收出一根螺旋桨阳 K 线，成交量较前一交易日萎缩，展开回调洗盘吸筹行情，此时普通投资者可以在当日或次日先卖出手中筹码，待股价回调洗盘到位后再将筹码接回来。回调洗盘期间，短中长期均线由多头排列逐渐靠拢，然后缠绕交叉黏合，成交量呈萎缩状态。

8月23日，该股高开，收出一根大阳线，突破前高，成交量较前一交易日放大2倍多，当日股价向上突破5日、10日、30日、60日和120日均线（一阳穿五线），且收盘收在5条均线上方，上涨中期均线蛟龙出海形态形成，股价的强势特征已经相当明显。像这种情况，普通投资者可以在当日或次日跟庄进场加仓买进筹码。

8月24日，该股高开，股价回落，收出一根小阴线，成交量较前一交易日大幅萎缩，主力机构强势调整了一个交易日，当日10日均线向上穿过30日均线形成均线银山谷形态，正是普通投资者跟庄进场的好时机。

8月25日截图当日，该股平开，收出一个大阳线涨停板，突破前高，成交量较前一交易日放大3倍多，形成大阳线涨停K线形态。当日股价向上突破由短中长期均线形成的均线交叉黏合形态，且股价收在所有均线的上方，回调洗盘行情结束。此时，均线呈多头排列，MACD、KDJ等技术指标开始走强，股价的强势特征非常明显，后市持续快速上涨的概率大。像这种情况，普通投资者可以在当日或次日跟庄进场逢低加仓买进筹码。

图6-10是603398沐邦高科2022年1月12日星期三下午收盘时的K线走势图。从K线走势可以看出，2021年8月25日，该股平开收出一个放量大阳线涨停板，突破前高，形成大阳线涨停K线形态，当日股价向上突破由短中长期均线形成的均线交叉黏合形态，均线呈多头排列，股价的强势特征已经非常明显。之后，主力机构开始推升股价。

从该股上涨情况看，主力机构依托5日均线，采用波浪式推升的操盘手法拉升股价，股价缓慢上涨的过程中，短期均线呈均线逐浪上升式移动形态，前期2浪幅度较小，股价缓缓上行。从10月25日回调洗盘开始，波浪的幅度逐渐变大，5日均线和10日均线时而交叉黏合，时而向上发散，股价在一浪高过一浪中逐步上涨，偶尔跌（刺）破30日均线迅速拉回，中长期均线在短期均线下方呈多头排列形态，走势坚挺有力，支撑短期均线向上移动。

逐浪上升期间，每到浪底回调确认（均线交叉黏合）时，都是普通投资者跟庄进场加仓买入筹码的好时机。比如10月19日、11月2日、11月24日

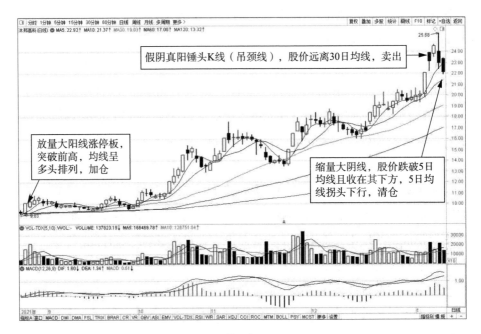

图 6-10

以及 12 月 20 日，股价回调至 10 日或 30 日均线附近获得支撑确认后，即可跟庄进场买入筹码。12 月 20 日回调确认后，该股展开了一波快速拉升行情，形成加速上涨的诱多走势。

从整个逐浪上升走势看，自 2021 年 8 月 25 日均线多头排列形成当天大阳线涨停板收盘价 10.10 元，至 2022 年 1 月 7 日收出一根假阴真阳锤头 K 线当天收盘价 23.09 元，涨幅还是不错的。

2022 年 1 月 7 日，该股大幅高开（向上跳空 8.44% 开盘），股价回落，收出一根假阴真阳锤头 K 线，成交量较前一交易日大幅放大，显露出主力机构采用高开、盘中震荡调整的操盘手法，引诱跟风盘进场而大量派发出货的迹象。此时，股价远离 30 日均线且涨幅大，KDJ 等部分技术指标开始走弱，盘口的弱势特征已经显现。像这种情况，由于均线的滞后性特征，普通投资者如果当天手中还有筹码没有出完，可以不等 5 日均线走平或拐头下行，在次日逢高先卖出手中筹码，落袋为安。

1 月 12 日截图当日，该股高开，股价回落，收出一根大阴线，成交量较前一交易日萎缩，当日股价跌破 5 日均线且收在其下方，5 日均线拐头下行。此时，股价远离 30 日均线且涨幅大，MACD、KDJ 等技术指标走弱，盘口的弱势特征已经非常明显。像这种情况，普通投资者如果手中还有筹码当天没有出完，次日应该逢高清仓，然后可继续跟踪观察。

图 6-11 是 300619 金银河 2021 年 6 月 18 日星期五下午收盘时的 K 线走势图。在软件上将该股整个 K 线走势图缩小后可以看出，此时该股处于上升趋势中。该股从前期相对高位，即 2020 年 11 月 19 日的最高价 33.84 元，展开回调洗盘行情，至 2021 年 2 月 9 日的最低价 16.52 元止跌企稳，此时均线呈空头排列形态。股价下跌时间虽然不是很长，但跌幅较大，下跌后期，主力机构借助当时大盘大跌之势，加速杀跌洗盘，收集了不少筹码，下跌期间有过 1 次较大幅度的反弹。

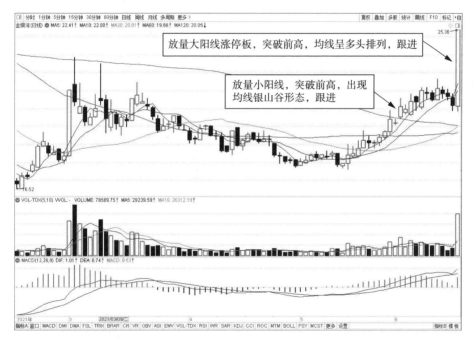

图 6-11

2021 年 2 月 9 日股价止跌企稳后，主力机构快速推升股价，收集筹码，K 线走势呈红多绿少、红肥绿瘦态势。短中期均线跟随股价迅速拐头向上移动并逐步交叉黏合，成交量呈放大状态。其间主力机构拉出了一个大阳线涨停板（20%的涨幅），为吸筹建仓型涨停板。

3月2日，该股高开，股价冲高至当日最高价23.84元回落，收出一根倒锤头阴K线，成交量较前一交易日放大，展开回调洗盘吸筹行情。此时，普通投资者可以在当日或次日先卖出手中筹码，待股价回调洗盘到位后再将筹码接回来。回调洗盘期间，5日、10日、30日均线由多头排列拐头下行逐渐交叉，60日、120日均线在股价上方依然下行，成交量呈萎缩状态。

5月27日，该股低开，收出一根小阳线，突破前高，成交量较前一交易日明显放大，当日10日均线向上穿过30日均线形成均线银山谷形态。此时，MACD、KDJ等技术指标开始走强，股价的强势特征开始显现，后市上涨的概率大。像这种情况，普通投资者可以在当日或次日跟庄进场逢低分批买进筹码。之后，股价继续上行。

6月18日截图当日，该股低开，收出一个大阳线涨停板，突破前高，成交量较前一交易日放大5倍多，形成巨量大阳线涨停K线形态，当日30日均线向上穿过120日均线形成金叉，股价收盘收在所有均线的上方。此时，均线（除120日均线外）呈多头排列，MACD、KDJ等技术指标走强，股价的强势特征已经非常明显，后市持续上涨的概率大。像这种情况，普通投资者可以在当日跟庄抢板或在次日跟庄进场逢低买入筹码。

图6-12是300619金银河2021年11月29日星期一下午收盘时的K线走势图。从该股的K线走势可以看出，6月18日，该股低开收出一个巨量大阳线涨停板，突破前高，形成大阳线涨停K线形态，当日30日均线向上穿过120日均线形成金叉，股价收盘收在所有均线的上方，均线（除120日均线外）呈多头排列，股价的强势特征已经非常明显。之后，主力机构开始推升股价。

从该股上涨情况看，主力机构依托5日均线，采用波浪式推升的操盘手法拉升股价，股价缓慢上涨的过程中，短期均线呈逐浪上升式移动形态，前期可作为1浪，幅度较小，股价缓缓上行。从8月10日回调洗盘开始，波浪的幅度逐渐变大，5日均线和10日均线时而交叉黏合，时而向上发散，股价在一浪高过一浪中逐步上涨，股价偶尔跌（刺）破30日均线但迅速拉回，中长期均线在短期均线下方呈多头排列，走势坚挺有力，支撑短期均线向上移动。

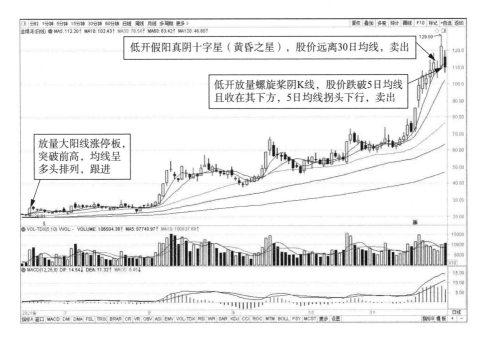

图 6-12

逐浪上升期间，每到浪底回调确认（均线交叉黏合）时，都是普通投资者跟庄进场加仓买入筹码的好时机。比如 8 月 4 日、9 月 13 日、10 月 22 日和 11 月 12 日，股价回调至 10 日或 30 日均线附近获得支撑确认后，即可跟庄进场买入筹码。11 月 12 日回调确认后，该股展开了一波快速拉升行情，形成加速上涨的诱多走势。

从整个逐浪上升走势看，自 2021 年 6 月 18 日均线多头排列形成当天大阳线涨停板收盘价 25.36 元，至 2021 年 11 月 24 日收出螺旋桨阳 K 线当天收盘价 112.51 元，上涨幅度相当可观。

11 月 25 日，该股大幅低开（向下跳空 4.38% 开盘），股价冲高回落，收出一颗假阳真阴十字星，成交量较前一交易日萎缩，加上前一交易日收出的螺旋桨阳 K 线，显示股价上涨乏力，主力机构盘中拉高股价的目的是震荡调整出货。此时，股价远离 30 日均线且涨幅大，KDJ 等部分技术指标开始走弱，盘口的弱势特征已经显现。像这种情况，由于均线的滞后性特征，普通投资者如果当天手中还有筹码没有出完，可以不等 5 日均线走平或拐头下行，在次日逢高先卖出手中筹码，落袋为安。

11月29日截图当日，该股大幅低开（向下跳空5.25%开盘），收出一根螺旋桨阴K线，成交量较前一交易日放大。当日股价跌破5日均线且收在其下方，5日均线拐头下行。此时，股价远离30日均线且涨幅大，MACD、KDJ等技术指标走弱，盘口的弱势特征已经非常明显。像这种情况，普通投资者如果手中还有筹码当天没有出完，次日应该逢高清仓。

（三）操盘感悟

实战操盘中，均线逐浪上升行情的后期，该股如果展开快速拉升行情，形成加速上涨诱多走势，成交量同时放大，则预示顶部形态即将出现。在逐波拉升过程中，主力机构一般采用高抛低吸、逐浪推升的操盘手法，如果后期没有快速拉升行情的出现，则最后一浪，就不能以成交量的放大来判断顶部特征。即使股价见顶，成交量也可能呈萎缩状态，因为在见顶前的几浪里，主力机构已经将手中的筹码基本派发出去了。因此，普通投资者应该以股价涨幅、K线、均线走势等特征来判断股价是否见顶，比如出现涨幅较大、高位十字星、螺旋桨K线、锤头线、5日均线走平或拐头下行或股价跌破5日均线等特征（现象），就预示股价已经见顶，普通投资者要及时逢高卖出手中筹码，落袋为安。

四、均线加速上涨形态

均线加速上涨形态，是形成于个股上涨过程中的均线形态，是一种上涨走势已经接近尾声，股价即将见顶的均线形态信号。

（一）形态分析

均线加速上涨形态，是指处于上升趋势中的个股，股价由此前的缓慢上行，突然转为加速上涨的走势，随着股价的加速上涨，股价牵引均线由缓慢或匀速向上移动转为加速向上移动，短期均线与中期长期均线呈多头排列且间距越拉越大，股价上涨的角度越来越陡峭，故称为均线加速上涨形态。

均线加速上涨形态，出现在长期上升趋势中的后期（也有的出现在长期下降趋势的中期反弹行情中），可归类于均线多头排列之中，是一种比较常见的均线形态，与均线上山爬坡形态后期的加速上涨诱多走势类似。通常情况下，股价依托 5 日均线加速上涨，其余均线在 5 日均线下方呈多头排列向右上方移动。

均线加速上涨形态，从严格意义上来说，是一种股价即将见顶的信号，但它又是主力机构前期不断谋划运作出来的一种目的很明确的均线形态，意图是通过最后的拉升来实现利润最大化。确实，均线加速上涨阶段，是目标股票整个上涨过程中赚钱效应最突出的阶段，如果普通投资者能及时坐上这趟末班车，并能在到达终点站之前下车的话，相当于跑了一趟只赚不赔的大生意。

正常情况下，普通投资者可以在均线加速上涨初期，即 5 日均线加速上涨拐点出现时，跟庄进场买入筹码。此时，目标股票 5 日、10 日均线呈交叉黏合状态，成交量温和放大。也可以在目标股票前期走势中出现明显进场信号时，提前逢低分批买入筹码，比如前期股价出现一阳穿三线（含三线以上）、股价突破均线交叉黏合形态时，就开始跟庄进场买入筹码，提前布局，静候加速上涨行情的到来。

（二）实战运用

图 6-13 是 300821 东岳硅材 2021 年 8 月 11 日星期三下午收盘时的 K 线走势图。在软件上将该股整个 K 线走势图缩小后可以看出，此时该股走势处于上升趋势中。该股从前期相对高位，即 2020 年 11 月 23 日的最高价 17.96 元，展开回调洗盘行情，至 2021 年 2 月 8 日的最低价 8.82 元止跌企稳，此时均线呈空头排列形态。股价下跌时间虽然不是很长（该股 2020 年 3 月 12 日上市，由于当时大盘走势不好，没有被过度炒作），但跌幅较大，下跌后期，主力机构借助当时大盘下跌之势，加速杀跌洗盘，收集了不少筹码。

2021 年 2 月 8 日股价止跌企稳后，主力机构快速推升股价，收集筹码。然后该股展开震荡盘升行情，股价牵引短期均线（5 日、10 日和 30 日均线）迅速拐头上行并逐渐交叉黏合，中长期均线（60 日和 120 日均线）由下行逐渐走平，与短期均线逐渐交叉黏合，该股成交量呈间断性放大状态。

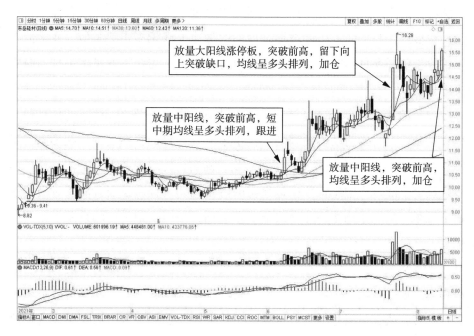

图 6-13

6月8日，该股平开，收出一根中阳线，突破前高，成交量较前一交易日放大3倍多，当日股价向上突破由5日、10日、120日均线形成的交叉黏合形态，30日、60日均线在股价下方向上移动，股价收盘在所有均线的上方。此时，短中期均线（5日、10日、30日和60日均线）呈多头排列，MACD、KDJ等技术指标开始走强，股价的强势特征开始显现，后市继续上涨的概率大。像这种情况，普通投资者可以在当日或次日跟庄进场逢低分批买进筹码。

7月22日，该股跳空高开，收出一个大阳线涨停板，突破前高，留下向上突破缺口，成交量较前一交易日放大5倍多，形成向上突破缺口和大阳线涨停K线形态。当日股价向上突破由5日、10日均线形成的交叉黏合形态，股价收盘收在所有均线的上方。此时，均线呈多头排列，MACD、KDJ等技术指标走强，股价的强势特征已经相当明显，后市继续上涨的概率大。像这种情况，普通投资者可以在当日或次日跟庄进场逢低加仓买入筹码。

7月23日，该股高开，股价冲高回落，收出一根倒锤头阳K线，展开强势回调洗盘行情，成交量呈萎缩状态，5 日、10 日均线由多头排列拐头下行，逐渐交叉黏合。

8 月 11 日截图当日，该股高开，收出一根中阳线，突破前高，成交量较前一交易日明显放大，股价收盘收在所有均线的上方，回调洗盘行情结束，5 日均线加速上涨拐点出现。此时，均线呈多头排列，MACD、KDJ 等技术指标走强，股价的强势特征已经非常明显，均线加速上涨初期跟庄进场时机出现。像这种情况，普通投资者可以在当日或次日跟庄进场加仓买入筹码，然后持股待涨，待股价出现明显见顶信号时再撤出。

图 6-14 是 300821 东岳硅材 2021 年 8 月 30 日星期一下午收盘时的 K 线走势图。从 K 线走势可以看出，8 月 11 日，该股高开，收出一根放量中阳线，突破前高，股价收盘收在所有均线的上方，均线呈多头排列，5 日均线加速上涨拐点出现，股价的强势特征已经非常明显。之后，主力机构开始向上快速拉升股价。

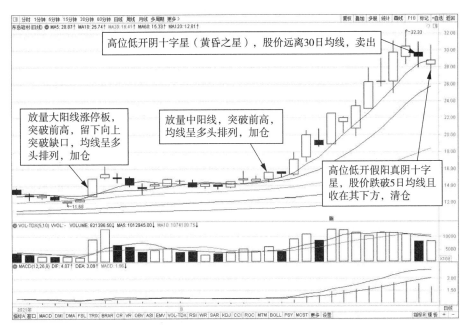

图 6-14

从该股上涨情况看，主力机构依托 5 日均线，采用盘中洗盘、迅速拔高的操盘手法，快速拉升股价，成交逐步放大，股价牵引均线由缓慢运行转为加速向上移动，且向上移动的角度越来越陡峭，短期均线与中期长期均线呈多头排列且距离越拉越大。股价进入加速上涨的后期，普通投资者一定要注意盯盘，并思考何时逢高卖出筹码。

8月27日，该股低开（向下跳空2.24%开盘），股价冲高回落，收出一颗阴十字星，成交量较前一交易日萎缩，加上前一交易日收出的螺旋桨阳K线，显示股价上涨乏力，主力机构盘中拉高股价的目的是震荡调整出货。此时，股价远离30日均线且涨幅大，KDJ等部分技术指标开始走弱，盘口的弱势特征已经显现。像这种情况，普通投资者如果当天手中还有筹码没有出完，次日应该逢高卖出，落袋为安。

8月30日截图当日，该股大幅低开（向下跳空3.05%开盘），股价冲高回落，收出一颗假阳真阴十字星，成交量较前一交易日萎缩，加上前一交易日收出的阴十字星，显示出股价上涨乏力，主力机构盘中拉高股价的目的是震荡调整出货。此时，股价远离30日均线且涨幅大，MACD、KDJ等技术指标走弱，盘口的弱势特征已经相当明显。像这种情况，普通投资者如果当天手中还有筹码没有出完，次日应该逢高清仓。

图6-15是000736中交地产2022年3月22日星期二下午收盘时的K线走势图。在软件上将该股整个K线走势图缩小后可以看出，此时该股处于上升趋势中。股价从前期相对高位，即2020年3月5日的最高价11.10元，一路震荡下跌，至2021年11月8日的最低价4.70元止跌企稳，此时均线呈空头排列。股价下跌时间长、跌幅大，尤其是下跌后期，主力机构借助当时大盘下跌之势，加速杀跌洗盘，收集了不少筹码，股价下跌期间有过多次反弹，且反弹幅度大。

2021年11月8日股价止跌企稳后，主力机构开始推升股价，收集筹码。然后该股展开震荡盘升（挖坑）洗盘吸筹行情，股价牵引短期均线（5日、10日和30日均线）迅速拐头上行并逐渐交叉黏合，中长期均线（60日和120日均线）由下行转为逐渐走平并与短期均线交叉黏合，然后缓慢向上移动。

2022年3月18日，该股低开，收出一根大阳线（收盘涨幅为7.75%），突破前高，成交量较前一交易日明显放大，股价向上突破5日、10日、30日

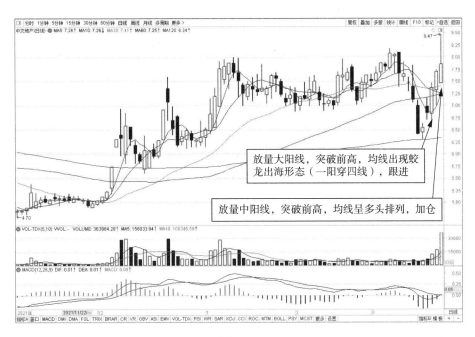

图 6-15

和 60 日均线（一阳穿四线），收盘收在 4 条均线的上方，120 日均线在股价下方向上移动，均线蛟龙出海形态形成。此时，MACD、KDJ 等技术指标开始走强，股价的强势特征开始显现，后市上涨的概率大。像这种情况，普通投资者可以在当日或次日跟庄进场逢低分批买进筹码。

3 月 22 日截图当日，该股低开，收出一根中阳线，突破前高，成交量较前一交易日放大 2 倍多，5 日均线向上穿过 10 日、30 日和 60 日均线形成交叉黏合形态（三金叉），股价收盘收在所有均线的上方，5 日均线加速上涨拐点出现。此时，均线（除 10 日均线外）呈多头排列，MACD、KDJ 等技术指标走强，股价的强势特征已经非常明显，均线加速上涨初期跟庄进场时机出现。像这种情况，普通投资者可以在当日或次日跟庄进场加仓买入筹码，然后持股待涨，待股价出现明显见顶信号时再撤出。

图 6-16 是 000736 中交地产 2022 年 4 月 18 日星期一下午收盘时的 K 线走势图。从该股的 K 线走势可以看出，3 月 22 日，该股低开，收出一根放量中阳线，突破前高，当日 5 日均线向上穿过 10 日、30 日和 60 日均线形成交

叉黏合形态（三金叉），股价收盘收在所有均线的上方，均线（除 10 日均线外）呈多头排列，5 日均线加速上涨拐点出现，股价的强势特征已经非常明显。之后，主力机构开始向上快速拉升股价。

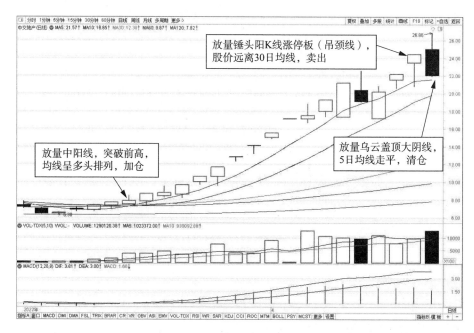

图 6-16

从该股的上涨情况看，主力机构依托 5 日均线，采用盘中洗盘、迅速拔高的操盘手法，快速拉升股价，成交量逐步放大，股价牵引均线由缓慢移动转为加速向上移动，且向上移动的角度越来越陡峭，短期均线与中期长期均线呈多头排列且距离越拉越大。股价进入加速上涨后期，普通投资者一定要注意盯盘，并思考何时逢高卖出筹码。

4 月 15 日，该股大幅高开（向上跳空 5.72% 开盘），收出一个长下影线锤头阳 K 线涨停板，成交量较前一交易日明显放大。从当日分时走势看，早盘该股大幅高开后，股价迅速回落，然后拐头向上冲高，展开高位大幅震荡盘整行情，14:44 封上涨停板至收盘，高位震荡盘整时间长、封板晚（尾盘封板），显露出主力机构利用高开、高位震荡、封上涨停板（涨停诱多）引诱跟风盘接盘而大量派发出货的迹象。此时，股价远离 30 日均线且涨幅大，

KDJ 等部分技术指标开始走弱，盘口的弱势特征已经显现。像这种情况，普通投资者如果手中还有筹码当天没有卖出，次日应该逢高卖出。

4 月 18 日截图当日，该股大幅跳空高开（向上跳空 2.38% 开盘），股价冲高回落，收出一根乌云盖顶大阴线（乌云盖顶阴线，是常见的看跌反转信号），成交量较前一交易日明显放大。从当日分时走势看，主力机构大幅高开后股价迅速回落，然后拐头震荡上行，10:42 封上涨停板，10:52 涨停板被打开，然后股价震荡下跌，盘中一度跌停，收盘涨幅为 -9.91%（差 2 分钱跌停）。从盘口看，一方面，显露出主力机构利用早盘大幅高开、盘中拉高、封上涨停板等手法，引诱跟风盘进场而大量派发出货的操盘意图。另一方面，涨停板被打开后股价快速下跌至跌停（下跌过程中略有反弹），也显露出主力机构毫无顾忌出货的坚决态度。此时，股价远离 30 日均线且涨幅大，5 日均线走平，MACD、KDJ 等技术指标走弱，盘口的弱势特征已经显现。像这种情况，普通投资者如果手中还有筹码当天没有出完，次日应该逢高清仓。

（三）操盘感悟

实战操盘中，普通投资者在均线加速上涨初期跟庄进场后，一定要注意盯盘跟踪，因为只有在股价见顶前卖出手中筹码，实现赢利，才算是股市赢家。一般情况下，我们可以通过分析成交量、K 线和均线走势等特征，来研判股价是否马上见顶。比如高位出现成交量放大股价却滞涨，股价收盘价低于前一天收盘价且出现高位十字星、螺旋桨 K 线、锤头线、倒锤头线、大阴线等，5 日均线走平或拐头下行或股价跌破 5 日均线等特征（现象），就预示股价已经见顶，普通投资者要及时逢高卖出手中筹码，落袋为安。

五、均线快速上涨形态

均线快速上涨形态，是形成于个股长期上升趋势中的均线形态，是一种上升走势已经接近尾声，股价即将见顶的均线形态信号。

（一）形态分析

均线快速上涨形态，是指处于上升趋势中的个股，股价由初始的缓慢上涨或强势整理状态，突然展开向上快速拉升逼空行情。随着股价的快速拉升，牵引均线（尤其是短期均线）由缓慢或平行移动态势，突然向上快速移动，且均线向上倾斜的角度越来越陡峭，故称为均线快速上涨形态。

均线快速上涨形态与均线加速上涨形态有些相似，都是出现在长期上升趋势中的后期（也有的出现在长期下降趋势的中期反弹行情中），都是上涨过程中的变速信号，可归类于均线多头排列形态之中，是一种比较常见的均线形态，类似于均线上山爬坡形态后期的加速上涨诱多走势。但均线快速上涨形态要比均线加速上涨形态提速快、涨势急、角度更加陡峭，甚至出现直线拉升连续逼空的走势，上涨基本一气呵成，股价依托 5 日均线快速上涨，其余均线在 5 日均线下方呈多头排列并向右上方移动。

均线快速上涨形态与均线加速上涨形态一样，是股价即将见顶的信号，是主力机构前期精心谋划运作出来的一种操盘目的很明确的均线形态，就是通过最后的快速拉升实现利润最大化。

均线快速上涨阶段，是目标股票整个上涨过程中赚钱效应最显著、利润最高的阶段，如普通投资者能在快速上涨启动阶段追涨跟进，并能在到达顶点之前安全出局的话，不仅能享受到坐轿的快乐，还能赢得丰厚的利润。

正常情况下，普通投资者可以在均线快速上涨初期，即 5 日均线由平行状态转为向上时（上涨拐点），跟庄进场买入筹码。此时，目标股票 5 日、10 日均线呈交叉黏合状态，成交量放大。也可以在目标股票前期走势中出现明显入场信号时，提前逢低分批买入筹码，比如前期股价出现一阳穿三线（含三线以上）时、股价突破均线交叉黏合形态时，跟庄进场买入筹码，提前布局，静候快速上涨行情的到来。

（二）实战运用

图 6-17 是 601789 宁波建工 2022 年 1 月 4 日星期二下午收盘时的 K 线走势图。在软件上将该股整个 K 线走势图缩小后可以看出，此时该股走势处于上升趋势中。股价从前期相对高位，即 2020 年 5 月 14 日的最高价 6.31 元，一路震荡下跌，至 2021 年 7 月 28 日的最低价 3.35 元止跌企稳，此时均线呈空头排列形态。股价下跌时间较长、跌幅较大，下跌后期，主力机构借助当时大盘大跌之势，加速杀跌洗盘，收集了不少筹码，下跌期间有过 2 次反弹，

且反弹幅度较大。

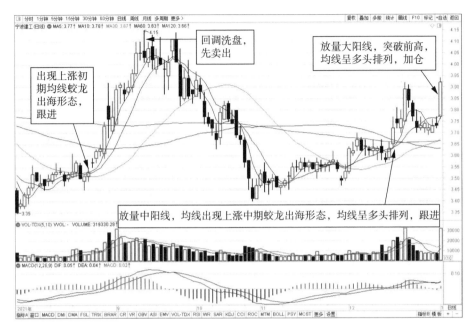

图 6-17

2021 年 7 月 28 日股价止跌企稳后，主力机构快速推升股价，收集筹码，K 线走势呈红多绿少、红肥绿瘦态势，底部逐渐抬高，短期均线跟随股价迅速拐头向上移动并逐步交叉黏合，成交量呈逐步放大状态。

8 月 23 日，该股平开，收出一根小阳线，突破前高，成交量与前一交易日基本持平，股价向上突破 5 日、10 日和 30 日均线（一阳穿三线），上涨初期均线蛟龙出海形态形成。此时，MACD、KDJ 等技术指标开始走强，股价的强势特征开始显现，后市上涨的概率大。像这种情况，普通投资者可以在当日或次日跟庄进场逢低分批买入筹码。此后，主力机构继续推升股价。

9 月 10 日，该股高开，股价冲高至当日最高价 4.15 元回落，收出一根倒锤头阴 K 线，成交量较前一交易日放大，展开回调（打压股价）洗盘吸筹行情，此时普通投资者可以在当日或次日先逢高卖出手中筹码，待股价回调洗盘到位后再将筹码接回来。回调洗盘期间，5 日、10 日、30 日均线由多头排列拐头下行，逐步向下穿过 60 日、120 均线形成死叉，成交量呈萎缩状态。

随着股价止跌回升，股价牵引短期均线拐头向上移动，逐步向上穿过中长期均线形成金叉，成交量呈逐步放大状态。

12月16日，该股高开，收出一根中阳线，突破前高，成交量较前一交易日明显放大，当日股价向上突破由5日、10日、60日、120日均线形成的交叉黏合形态（一阳穿四线），收盘收在4条均线的上方，30日均线在股价下方向上移动，上涨中期均线蛟龙出海形态形成。此时，短期均线（5日、10日、30日均线）呈多头排列，MACD、KDJ等技术指标开始走强，股价的强势特征开始显现，后市上涨的概率大。像这种情况，普通投资者可以在当日或次日跟庄进场逢低分批买入筹码。此后，主力机构继续推升股价。

2022年1月4日截图当日，该股高开，收出一根大阳线（收盘涨幅为5.09%），突破前高，成交量较前一交易日放大4倍多，股价向上突破由5日、10日均线形成的交叉黏合形态，30日、60日、120日均线在股价下方向上移动，股价收盘收在所有均线的上方，5日均线快速上涨拐点出现。此时，均线呈多头排列，MACD、KDJ等技术指标走强，股价的强势特征已经非常明显，均线快速上涨初期跟庄进场时机出现。像这种情况，普通投资者可以在当日或次日跟庄进场加仓买入筹码，然后持股待涨，待股价出现明显见顶信号时再撤出。

图6-18是601789宁波建工2022年2月25日星期五下午收盘时的K线走势图。从该股的K线走势可以看出，2022年1月4日，该股高开，收出一根放量大阳线，突破前高，股价向上突破由5日、10日均线形成的交叉黏合形态，30日、60日和120日均线在股价下方向上移动，股价收盘收在所有均线的上方，均线呈多头排列，5日均线快速上涨拐点出现，股价的强势特征已经非常明显。之后，主力机构开始向上快速拉升股价。

从该股的上涨情况看，主力机构依托5日均线快速拉升股价，成交量逐步放大，股价牵引均线由缓慢运行转为快速向上移动，且向上移动的角度越来越陡峭，短期均线与中期长期均线呈多头排列且距离越拉越大。尤其是从2月16日起，该股展开直线拉升连续逼空行情，主力机构一口气拉出7个涨停板，其中有1个大阳线涨停板、5个一字涨停板和1个小T字涨停板，涨幅巨大。股价进入快速拉升的后期，普通投资者一定要注意盯盘，并思考何时逢高撤出的问题。

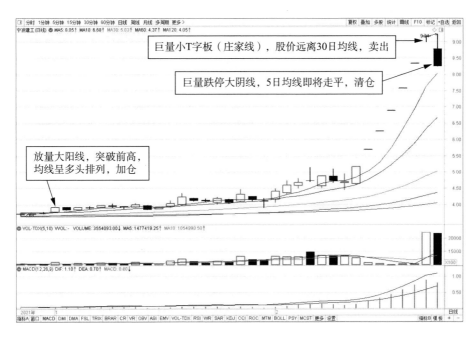

图 6-18

　　2 月 24 日，该股涨停开盘，收盘收出一个小 T 字板，成交量较前一交易日放大 38 倍多，明显是主力机构利用涨停诱多派发出货。从当日的分时走势看，14:00 后至收盘，万手以上的大卖单不断涌出，普通投资者是不可能有这么大的卖单量的。像这种情况，普通投资者可以在当日收盘前卖出手中筹码，当天没能卖出的，次日一定要逢高卖出。

　　2 月 25 日截图当日，该股大幅低开（向下跳空 4.25% 开盘），股价冲高回落，收出一根长上影线跌停大阴线（可当作射击之星对待），成交量与前一交易日基本持平。从当日分时看，早盘大幅低开后，股价略冲高即快速回落，然后震荡下行，14:10 跌停至收盘，显露出主力机构打压股价出货的坚决态度。此时，股价远离 30 日均线且涨幅大，5 日均线即将走平，MACD、KDJ 等技术指标开始走弱，盘口的弱势特征已经显现。像这种情况，普通投资者如果手中还有筹码当天没有出完，次日应该逢高清仓。

　　图 6-19 是 002613 北玻股份 2022 年 3 月 11 日星期五下午收盘时的 K 线走势图。在软件上将该股整个 K 线走势图缩小后可以看出，此时该股处于上

升趋势中。股价从前期相对高位，即 2020 年 2 月 27 日的最高价 7.59 元（此前有过一波大涨），一路震荡下跌，至 2021 年 2 月 4 日的最低价 2.92 元止跌企稳，此时均线呈空头排列。股价下跌时间较长、跌幅大，下跌后期，主力机构借助当时大盘下跌之势，加速杀跌洗盘，收集了不少筹码，下跌期间有过多次较大幅度的反弹。

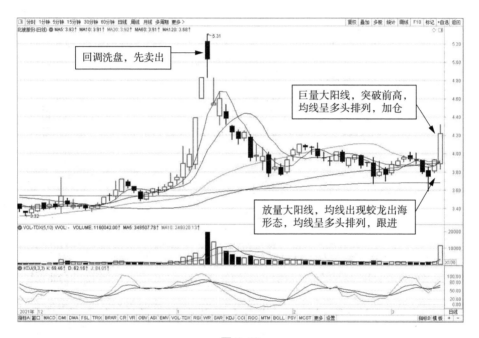

图 6-19

2021 年 2 月 4 日股价止跌企稳后，主力机构开始推升股价，收集筹码。然后该股展开大幅震荡盘升（挖坑）洗盘吸筹行情，主力机构高抛低吸赚取差价赢利与洗盘吸筹并举。震荡盘升期间，短期均线迅速拐头上行与中长期均线交叉，中长期均线由下行逐渐转为走平，然后与短期均线交叉黏合，成交量呈间断性放大状态；其间主力机构拉出过 4 个涨停板，均为吸筹建仓型涨停板。

2022 年 3 月 10 日，该股高开，收出一根大阳线（收盘涨幅为 4.80%），突破前高，成交量较前一交易日放大，股价向上突破 5 日、10 日、30 日和 60 日均线（一阳穿四线），120 日均线在股价下方向上移动，股价收盘收在 5 条均线的上方，均线蛟龙出海形态形成。此时，MACD、KDJ 等技术指标开始走强，股价的强势特征已经显现，后市上涨的概率大。像这种情况，普通投资者可以在当日或次日跟庄进场逢低分批买进筹码。

3月11日截图当日，该股低开，收出一根大阳线（收盘涨幅为7.38%），突破前高，成交量较前一交易日放大近7倍，股价向上突破由5日、10日、30日和60日均线形成的交叉黏合形态，120日均线在股价下方向上移动，股价收在所有均线的上方，5日均线快速上涨拐点出现。此时，均线呈多头排列，MACD、KDJ等技术指标走强，股价的强势特征已经非常明显，均线加速上涨初期跟庄进场时机出现。像这种情况，普通投资者可以在当日或次日跟庄进场加仓买入筹码，然后持股待涨，待股价出现明显见顶信号时再撤出。

图6-20是002613北玻股份2022年3月28日星期一下午收盘时的K线走势图。从K线走势可以看出，2022年3月11日，该股低开，收出一根巨量大阳线，突破前高，股价向上突破由5日、10日、30日和60日均线形成的交叉黏合形态，120日均线在股价下方向上移动，股价收盘收在所有均线的上方，均线呈多头排列，5日均线快速上涨拐点出现，股价的强势特征已经非常明显。之后，主力机构开始向上快速拉升股价。

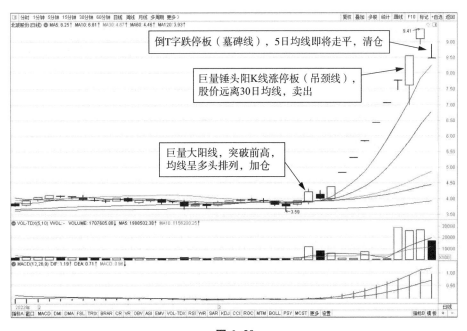

图 6-20

3月14日，该股低开，收出一根阴K线，成交量较前一交易日大幅萎缩，主力机构强势调整了一个交易日，收盘仍收在5条均线交叉黏合的上方，股价的强势特征依然十分明显，正是普通投资者跟庄进场逢低买进筹码的好时机。

从3月15日起，主力机构依托5日均线开始快速拉升股价，涨势迅速，连续逼空，均线由缓慢运行转为快速向上移动，且向上移动的角度越来越陡峭，短期均线与中期长期均线呈多头排列且距离越拉越大。至3月25日，主力机构一口气拉出9个涨停板，其中有2个大阳线涨停板、5个一字涨停板、1个T字涨停板和1个小阳线涨停板，涨幅巨大。进入快速拉升后期，普通投资者一定要注意盯盘跟踪，并思考何时逢高撤出的问题。

3月24日，该股低开，收出一个长下影线锤头阳K线涨停板，成交量较前一交易日萎缩（当日换手率达到45.59%）。从当日分时走势看，早盘低开后该股震荡回落，然后展开大幅震荡盘整走势，14:10跌停，14:31主力机构开始对敲急速拉升，14:52封上涨停板。从盘口看，下午跌停之前，主力机构利用盘中震荡盘整手法，引诱跟风盘进场而大量派发出货，然后再通过跌停打压手法出货，同时尾盘对敲拉回涨停板，实施涨停诱多，目的是次日高开出货。加上前一交易日收出的巨量T字板，显露出主力机构高位大量派发出货的迹象。此时，股价远离30日均线且涨幅大，KDJ等部分技术指标开始走弱，盘口的弱势特征已经显现。像这种情况，由于均线的滞后性特征，普通投资者如果当天手中还有筹码没有出完，可以不等5日均线走平或拐头下行，在次日逢高先卖出手中筹码。

3月28日截图当日，该股跌停开盘，收出一个倒T字跌停板（从分时走势看，当日盘中股价有所反弹，跌停时间长），成交量较前一交易日大幅萎缩，显露出主力机构毫无顾忌打压出货的坚决态度。此时，股价远离30日均线且涨幅较大，5日均线即将走平，MACD、KDJ等技术指标开始走弱，盘口的弱势特征已经相当明显。像这种情况，普通投资者如果手中还有筹码当天没有出完，次日要逢高清仓，后市继续看跌。

（三）操盘感悟

实战操盘过程中，普通投资者在均线快速上涨初期跟庄进场买进筹码后，只有在股价见顶前卖出手中筹码，实现赢利，才算跟庄操盘成功。一般情况下，我们可以通过分析成交量、K 线和均线走势的特征来判断股价是否见顶，比如在出现成交量放大股价却滞涨，股价收盘价低于前一交易日收盘价且出现高位十字星、螺旋桨 K 线、锤头线、倒锤头 K 线、大阴线及 5 日均线走平或拐头下行或股价跌破 5 日均线等特征（现象）时，就预示股价已经见顶了，普通投资者要及时逢高卖出手中筹码，落袋为安。

参 考 文 献

［1］明发．炒股就炒强势股①：强势分时盘口操盘跟庄实战技法［M］．北京：中国经济出版社，2023．

［2］明发．炒股就炒强势股②：强势 K 线组合形态操盘跟庄实战技法［M］．北京：中国经济出版社，2023．

［3］黑马王子．股市天经：量波逮涨停［M］．北京：经济日报出版社，2022．

［4］丁力．猎杀龙头股［M］．广州：广东经济出版社，2022．

［5］凌波．量价时空：波段操作精解［M］．天津：天津人民出版社，2021．

［6］麻道明．短线抓涨停［M］．北京：中国经济出版社，2020．

［7］李星飞．股市擒牛 15 式［M］．北京：中国宇航出版社，2020．

［8］郭建勇．分时图超短线实战：分时图捕捉买卖点技巧［M］．北京：中国宇航出版社，2020．

［9］吴行达．买入强势股［M］．北京：经济管理出版社，2019．

［10］均线上的舞者．涨停接力［M］．北京：清华大学出版社，2019．

［11］张华．狙击涨停板：修订本［M］．成都：四川人民出版社，2019．

［12］麻道明．庄家意图：股市技术图表背后的庄家操盘手法［M］．北京：中国经济出版社，2019．

［13］毕全红．新盘口语言解密与实战［M］．成都：四川人民出版社，2019．

［14］股震子．强势股操盘技术入门与精解［M］．北京：中国宇航出版社，2019．

［15］麻道明．游资操盘手法与实录［M］．北京：中国经济出版社，2018．

［16］杨金．参透 MACD 指标：短线操盘、盘口分析与 A 股买卖点实战［M］．北京：人民邮电出版社，2018．

［17］杨金．分时图实战：解读获利形态、准确定位买卖点、精通短线交易［M］．北京：人民邮电出版社，2018．

［18］杨金．极简投资法：用 11 个关键财务指标看透 A 股［M］．北京：人民邮电出版社，2018．

［19］李洪宇．从零开始学 KDJ 指标：短线操盘、盘口分析与 A 股买卖点实战［M］．北京：人民邮电出版社，2018．

［20］李洪宇．从零开始学布林线指标：短线操盘、盘口分析与 A 股买卖点实战［M］．北京：人民邮电出版社，2018．

［21］杨金．从零开始学筹码分布：短线操盘、盘口分析与 A 股买卖点实战［M］．北京：人民邮电出版社，2017．

［22］杨金．从零开始学量价分析：短线操盘、盘口分析与 A 股买卖点实战［M］．北京：人民邮电出版社，2017．

［23］曹明成．一本书搞懂龙头股战法［M］．上海：立信会计出版社，2017．

［24］曹明成．龙头股必杀技［M］．北京：中国宇航出版社，2017．

［25］齐晓明．强势股交易从入门到精通［M］．北京：机械工业出版社，2017．

［26］孟庆宇．短线炒股实战：股票交易策略与操盘心经［M］．北京：人民邮电出版社，2016．

［27］王江华．短线：典型股票交易实战技法［M］．北京：清华大学出版社，2016．

［28］王江华．成交量：典型股票分析全程图解［M］．北京：清华大学出版社，2016．

［29］王江华．操盘：新股民炒股必知的 128 个细节［M］．北京：清华大学出版社，2016．

［30］安佳理财．股票涨停策略与实战［M］．北京：清华大学出版社，2016.

［31］无形．一天一个涨停板之寻找强势股［M］．北京：中国经济出版社，2016.

［32］高开．涨停揭秘：跟操盘高手学炒股［M］．北京：清华大学出版社，2016.

［33］邢岩．盘口三剑客：K线、量价与分时图操作实战［M］．北京：清华大学出版社，2015.

［34］尼尉圻．实战掘金：跟操盘高手学炒股［M］．北京：清华大学出版社，2015.

［35］杨明．均线：典型股票盘口分析［M］．北京：清华大学出版社，2015.

［36］笑看股市．跟庄：典型股票分析全程图解［M］．北京：清华大学出版社，2015.

［37］翁富．主力行为盘口解密（一）［M］．北京：地震出版社，2015.

［38］翁富．主力行为盘口解密（二）［M］．北京：地震出版社，2015.

［39］翁富．主力行为盘口解密（三）［M］．北京：地震出版社，2015.

［40］翁富．主力行为盘口解密（四）［M］．北京：地震出版社，2015.

［41］翁富．主力行为盘口解密（五）［M］．北京：地震出版社，2015.

［42］翁富．主力行为盘口解密（六）［M］．北京：地震出版社，2019.

［43］翁富．主力行为盘口解密（七）［M］．北京：地震出版社，2020.

［44］黑马王子．伏击涨停［M］．北京：清华大学出版社，2014.

［45］黑马王子．涨停密码［M］．北京：清华大学出版社，2014.

［46］黑马王子．股市天经（之一）：量柱擒涨停［M］．成都：四川人民出版社，2014.

［47］黑马王子．股市天经（之二）：量线捉涨停［M］．成都：四川人民出版社，2014.

［48］黑马王子．黑马王子操盘手记（一）［M］．北京：清华大学出版社，2016.

［49］黑马王子．黑马王子操盘手记（二）［M］．北京：清华大学出版社，2016．

［50］黑马王子．黑马王子操盘手记（三）［M］．北京：清华大学出版社，2016．

［51］黑马王子．黑马王子操盘手记（四）［M］．北京：清华大学出版社，2016．

［52］黑马王子．黑马王子操盘手记（五）［M］．北京：清华大学出版社，2016．

［53］黑马王子．黑马王子操盘手记（六）［M］．北京：清华大学出版社，2017．

［54］黑马王子．黑马王子操盘手记（七）［M］．北京：清华大学出版社，2017．

［55］黑马王子．黑马王子操盘手记（八）［M］．北京：清华大学出版社，2017．

［56］黑马王子．黑马王子操盘手记（九）［M］．北京：清华大学出版社，2017．

［57］鲁斌．龙头股操作精要［M］．北京：中信出版社，2015．

［58］鲁斌．捕捉强势股分时启动点［M］．北京：中信出版社，2015．

［59］王坚宁．股市常用技术指标买卖形态图谱大全［M］．北京：清华大学出版社，2014．

［60］股震子．短线追涨一本就通［M］．北京：中国劳动社会保障出版社，2014．

［61］股震子．强势股精析：股票投资入门决胜 95 个技巧［M］．北京：中国劳动社会保障出版社，2013．

［62］孤帆远影．做强势股就这么简单［M］．北京：中国电力出版社，2014．

［63］蒋幸霖．主力操盘手法揭秘［M］．北京：清华大学出版社，2013．

［64］沈良．一个农民的亿万传奇［M］．北京：中国经济出版社，2013．

［65］启赋书坊．股市实战如何精准把握买卖点［M］．北京：电子工业

出版社，2013.

[66] 张文，赵振国．龙头股实战技巧［M］．北京：中国宇航出版社，2013.

[67] 王恒．一眼看破涨停天机［M］．广州：广东经济出版社，2012.

[68] 王恒．一眼看破K线天机［M］．广州：广东经济出版社，2012.

[69] 王恒．一眼看破均线天机［M］．广州：广东经济出版社，2012.

[70] 王恒．一眼看破盘口天机［M］．广州：广东经济出版社，2011.

[71] 名道．如何在股市快速赚钱：点杀强势股：修订版［M］．广州：广东经济出版社，2012.

[72] 钟海澜．巴菲特说炒股［M］．北京：北京理工大学出版社，2012.

[73] 盘古开天．如何在股市聪明卖出［M］．北京：机械工业出版社，2012.

[74] 操盘圣手．K线买卖点大全［M］．北京：中国经济出版社，2012.

[75] 蒋幸霖．散户必知的200个买卖点［M］．北京：清华大学出版社，2012.

[76] 吴振锋．量波抓涨停［M］．北京：清华大学出版社，2012.

[77] 股震子．狙击涨停一本就通［M］．北京：中国劳动社会保障出版社，2012.

[78] 韦雨田．炒股就是炒盘口：两星期炼成盘口实战高手［M］．广州：广东经济出版社，2011.

[79] 一舟．强势股操作技术精要［M］．北京：地震出版社，2011.

[80] 股海淘金．从三万到千万：短线盈利实战技法［M］．上海：上海财经大学出版社，2011.

[81] 潘平．只做强势股［M］．武汉：华中科技大学出版社，2011.

[82] 斯科特·菲利普斯（Scott Phillips）．未来十年的六大价值投资领域［M］．王佳艺，译．北京：人民邮电出版社，2011.

[83] 上海操盘手．五线开花（1）：稳操股市胜券的密码［M］．上海：上海财经大学出版社，2010.

[84] 上海操盘手．五线开花（2）：股票最佳买卖点［M］．上海：上海

财经大学出版社，2011.

[85] 上海操盘手．五线开花（3）：倚天剑与屠龙刀［M］．上海：上海财经大学出版社，2012.

[86] 上海操盘手．五线开花（4）：神奇的密码线［M］．上海：上海财经大学出版社，2012.

[87] 上海操盘手．五线开花（5）：K线其实不简单［M］．上海：上海财经大学出版社，2012.

[88] 上海操盘手．五线开花（6）：港股就这样操盘［M］．上海：上海财经大学出版社，2015.

[89] 上海操盘手．五线开花（7）：散户决战涨停板［M］．上海：上海财经大学出版社，2015.

[90] 上海操盘手．五线开花（8）：攻击个股临界点［M］．上海：上海财经大学出版社，2016.

[91] 上海操盘手．五线开花（9）：期货揭秘与实战［M］．上海：上海财经大学出版社，2016.

[92] 上海操盘手．五线开花（10）：股市操练大全［M］．上海：上海财经大学出版社，2017.

[93] 刘元吉．跟庄就这几招［M］．2版．北京：中国纺织出版社，2010.

[94] 高竹楼，高海宁．炒股就是炒趋势［M］．深圳：海天出版社，2009.

[95] 善强．看透股市：中国股市运行分析［M］．北京：中国财政经济出版社，2009.

[96] 张健．炒股不败的49个细节［M］．北京：当代世界出版社，2008.

[97] 赵衍红，史潮．手把手教你炒股［M］．兰州：甘肃文学出版社，2007.

[98] 魏丰杰．操盘揭秘：股票分时战法［M］．北京：中国科学技术出版社，2007.

[99] 潘伟君．看盘细节［M］．北京：地震出版社，2007.

[100] 吴献海．股道真经：波浪理论实战技巧［M］．北京：地震出版社，2007.

[101] 善强．中国股市机构主力操盘思维：市场分析篇［M］．北京：企

业管理出版社，2004.

［102］王都发．庄家兵法［M］．北京：经济管理出版社，2004.

［103］杨新宇．股市博弈论［M］．西安：陕西师范大学出版社，2000.

［104］钟麟．智战者［M］．广州：广东经济出版社，2000.

［105］钟麟．胜战者［M］．广州：广东经济出版社，1999.

［106］钟麟．善战者［M］．广州：广东经济出版社，1999.

［107］唐能通．短线是银：短线高手的操盘技巧［M］．成都：四川人民出版社，1999.

［108］童牧野．庄家克星：职业操盘手投资要诀［M］．成都：四川人民出版社，1999.

［109］徐敏毅．牛心熊胆：股市投资心理分析［M］．成都：四川人民出版社，1999.

［110］赵正达．投资与投机：拉近巴菲特与索罗斯［M］．成都：四川人民出版社，1999.

［111］李志林．走近赢家：股市中的悟性与天机［M］．成都：四川人民出版社，1999.

［112］喻树根．投资手册［M］．广州：广东经济出版社，1999.

［113］青木．炒股方略［M］．广州：岭南美术出版社，1999.

［114］李梦龙，李晓明．庄家操作定式解密［M］．广州：广东经济出版社，1999.

［115］李克．庄家内幕［M］．成都：四川人民出版社，1999.

［116］何安平．得意图形：经典技术理论在中国股市的实战应用［M］．北京：中国经济出版社，1999.

［117］李幛喆．炒股就这几招［M］．北京：改革出版社，1999.

［118］李铁鹰．四维K线图：股票买卖秘诀［M］．上海：上海交通大学出版社，1997.

后 记

20多年的股市投资经历，我积累了太多的经验和教训，特别是在操盘跟庄强势股之余，有针对性地陆续研读了100多本证券类图书之后，开阔了思维眼界，提升了操盘境界，有了许多感悟和启示，萌生了创作一套操盘跟庄强势股方面的丛书的想法。

从2020年初开始动手码字，至2023年2月"炒股就炒强势股"系列丛书前2本的出版，3年时间，很短，也很长。3年的艰辛和迷茫，3年被新冠疫情所困的焦虑感、无力和无奈感，历历在目，挥之不去，细思极恐。新冠疫情终于随风散去，人间重现烟火气，此时也迎来了丛书后3本的陆续付梓，愿丛书能给读者带来好运，愿以后的日子里，山河无恙、人间皆安、岁月静好，也祝读者朋友所求皆如愿，所行化坦途，所得皆所期，多喜乐，长安宁。

本书得以顺利出版，非常感谢中国经济出版社的大力支持，特别感谢本书责任编辑叶亲忠先生的精心指导、无私帮助，其专业水准和敬业精神，始终值得作者和读者信赖和期待。感谢万利、郝建国、许存权、钱海宁、吴涛、杨军、刘建、颜昌庚等老师和朋友的指导帮助。感谢谷芬女士的理解、支持、包容和奉献。

在本书创作过程中，作者查阅、参考了大量相关作品和资料，从中得到了不少启发，也参考借鉴了一些非常有价值的观点。但由于阅读参考的文献资料来源广泛，部分资料可能没有注明来源或出处，在此表示感谢和歉意。

本书虽然几易其稿，也经过反复校对，但由于仓促成文，加之作者水平有限，肯定有不少错误、残缺或不当之处，尚祈读者批评指正，不胜感激。

明　发

2023 年 5 月　于北京